0《ゼロ》から学ぶ「日本史」講義

戦国・江戸篇

出口治明
Haruaki Deguchi
立命館アジア太平洋大学 学長

文藝春秋

0《ゼロ》から学ぶ「日本史」講義 戦国・江戸篇 ◉ 目次

第3章 家康による戦国の終焉

第4章 武断政治から文治政治へ

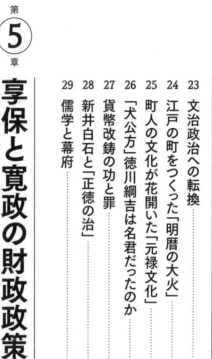

第5章 享保と寛政の財政政策

第6章 列強のアジア進出で揺らぐ幕府

第7章

開国と富国と強兵

戦国・江戸篇まとめ

江戸時代に生まれてみたい？

第8章

はじめに

本書は、『0から学ぶ「日本史」講義』の第三巻、戦国・江戸篇です。

ところで、数字はとても面白くて、いろいろな数字を眺めていると一向に飽きません。例えば、カプレカ数という概念があります。「6174」が4桁で唯一のカプレカ数です。この四つの数字を使って最大の数をつくると「7641」、最小は「1467」になります。両者を引き算すると、「6174」に戻るというまるで手品のような話です。

日本史で古代と中世の分水嶺《ぶんすいれい》は、摂関政治が終わった一〇六八年、百七十年ぶりに藤原氏を母としない後三条天皇が即位した年です。そして中世と近世の分水嶺は、織田信長が足利義昭を奉じて上洛した一五六八年です。この間の五百年がいわゆる中世にあたります。そして織田信長から始まった近世は一八六八年の明治維新で終わります。近世はちょうど三百年、本書はその三百年が舞台となりますが、「68」という数字が暗合しているところがなんとも面白いとは思いませんか。

近世は、戦国・江戸時代ともいわれており、日本史ではもっとも人気のある時代です。NHKの大河ドラマの大半はこの時代を背景にしています。信長・秀吉・家康の三傑や、戦国大名の熾烈な生き残り合戦はたしかに面白く、それに続く江戸時代は平和で牧歌的な理想的な時代だったと持ち上げる人もたくさんいます。本書では、そうした俗説に対して、数字（データ、エビデンス）・ファクト（事実）・ロジックに照らしてみると、江戸時代は日本史上では最低の時代だったのではないかという問題提起を行っています。

僕は歴史学者ではなく、単に歴史が好きな市井の素人にすぎません。そんな僕の書いたものを「面白い」と言ってくださるファンがいます。本当に、ありがたいことです。なかには「出口史観の誕生ですね」と褒めてくださる方もいらっしゃいます。でも、「出口史観」という言葉ほど、僕の感覚から遠いものはありません。僕は、歴史は科学だと思っています。過去の出来事をあらゆる学問の手段を駆使して再現しようとする学問が歴史であって、個人の解釈が歴史であるはずがないのです。過去の出来事が一回限りであるように、歴史はひとつです。

本書は、歴史好きな僕が渉猟した学問上の知見のなかで、現時点で僕が腹落ちした有力説を咀嚼したうえで、近世の三百年の大きな流れや全体像がわかりやすく頭に入るよう、可能な限りファクトにもとづいた良質な物語（通史）をつくってみようと試みたひとつのチャレンジです。僕の個人的な意見や解釈はまったくといっていいほど入っていません。ぜひ、歴史学者の皆さんを含めて、忌憚のないご意見をお寄せください。（宛先）hal.deguchi.d@gmail.com

なお、本書は「週刊文春」での連載に加筆修正したものです。刊行に際しては、文藝春秋の薗部真一さん、田中貴久さん、神長倉伸義さんに大変お世話になりました。本当にありがとうございました。

二〇二〇年九月

ＡＰＵ（立命館アジア太平洋大学）学長　出口治明

第1章 室町幕府の終焉と信長政権

1　近世の幕開け　世界とのリンケージ

我が国の中世の支配体制は「権門」によるものでしたね。朝廷、武家、寺社の領分と、全国がまだらに色分けされた状況でした。

しかし戦国大名たちが力比べを七十五年にわたって繰り広げるなかで権門体制は次第に消えていき、人々は大名ブロックごとの領国支配に馴染んでいきます。こうして日本は近世に入っていくのです。

この講義では、「織田信長の上洛（一五六八年）」を近世の始まりと仮置きしています。私たちも「近世」、すなわち「戦国・江戸篇」に入りましょう。

この時代、世界、ことにヨーロッパを中心とした大きなうねりが日本にも波及してきます。日本にも大きな影響を与えた中世と近世を画する大きな世界的なイベントは、①ヨーロッパにおける印刷術の普及と宗教改革、②コロン（コロンブス）による新大陸への到達とインド洋における海上権力の空白、③石見《いわみ》・ポトシ銀山の開発の三つだと思います。

順を追って説明しましょう。

ローマ教会が新しい領土を求める

まず印刷術の普及ですが、これは宗教改革によるものでした。宗教間の争いは、選挙と一緒で信者の獲得競争ですから、お互いにアジビラを刷って宣伝合戦をするわけです。

古代篇で唐末から北宋時代にかけての禅と浄土教の広がりを見ましたね。インテリ対象の禅に対して、大衆向けの浄土教の布教に印刷術が威力を発揮したのでした。

一四九四年のヴェネツィアのアルド印刷所の設立を嚆矢《こうし》として、ヨーロッパでも印刷術が実用化され、その発展が始まりました。

ローマ教会を批判したルターの『九十五か条の論題』（一五一七年）以降、アジビラ合戦が激しくなり、それが印刷術の発展を促しました。

当時、ローマ教会は「この御札を買えば、犯した罪が軽減されるで」とドイツの信者に贖宥状《しょくゆうじょう》を売ってお金を集めていたのですが、ルターにはそれが許せなかったのです。

ルターは聖書をドイツ語に訳します。それまで聖書は、ラテン語が読める聖職者だけのものだったのですが、聖書が誰でも読めるようになったのです。そして聖書が印刷されて出回ったことで、ルターの主張のほうが聖書に近いということがわかり、ドイツを中心にしてプロテスタントの勢力があっという間に広がるわけです。

一五五五年、神聖ローマ帝国の皇帝、カール五世は「ドイツの諸侯は、プロテスタントでもローマ教会でも、信仰を自由に選んでええで」と宣言しました。ドイツの諸侯は多くがプロテスタントになっていましたから、要するにローマ教会はドイツ以北を失ったわけです。

イングランドでも、国王至上法（一五三四年）が成立して英国国教会が独立しました。

宗教改革が何を意味するかといえば、ローマ教会は失った領土を取り戻すか、その代わりの土地を探さない限り、お布施が入らず組織が維持できなくなるということです。

折しも、一四九二年にコロン(コロンブス)が「新大陸」に「到達」していました。ローマ教会はヨーロッパの外に新たな領土を求めます。

一五三四年、信心深いスペインの騎士出身者などが中心となって設立されたイエズス会は、ローマ教会の布教の尖兵となって、新大陸やアジア、中国などに布教を始めます。

同会のフランシスコ・ザビエルが日本に布教にやって来たのは一五四九年。イエズス会創立からわずか十五年後です。

彼らの乗ったヨーロッパの船隊は「インド洋における海上権力の空白」に乗じてアジアにやってきたのです。

鄭和艦隊が万里の長城に化けた

十五世紀初頭、明の永楽帝は積極的な対外拡大政策をとりました。足利義満が朝貢貿易をした相手ですね。

永楽帝は東南アジアからインド洋へ大艦隊を派遣しました。派遣した鄭和《ていわ》艦隊は六十隻以上からなり、乗組員が二万七千人、旗艦の宝船は「明史」では排水量八〇〇〇トン、全長一五〇メートル、幅六〇メートルといわれています。この艦隊の戦力は当時の世界では図抜けていました。

ちなみにコロンの船は一八〇トン、船団三隻で計百人ぐらいです。

この大艦隊が一四〇五年からおよそ三十年間もインド洋に浮かび、圧倒的な海軍力でインド洋の治安を守っていました。鄭和艦隊は完璧な制海権を持ち、行く先々の国の内乱にも介入しました。ところが鄭和の死後の中国は、「海禁」という朱元璋《しゅげんしょう》が定めた祖法（鎖国策）に戻りました。中国には絹とか陶磁器とかお茶とか、世界中が欲しがるものがある。いわば大百貨店のようなものです。

北からも南からも明は「シャッターをあけんかい」と叩かれます。これが北虜南倭《ほくりょなんわ》です。明は北のモンゴルからの侵入を防ぐために、現在見るような「万里の長城」を築きました。これには天文学的な費用がかかります。つまり大海軍を廃して、浮いたお金を長城に回したのです。

こうして中国の勢力がインド洋から姿を消しました。鄭和艦隊が万里の長城に化けたのです。インド洋には権力の空白が生まれ、そこにポルトガルのヴァスコ・ダ・ガマが喜望峰を回ってやってくるわけです（一四九八年）。

一五〇九年にインド西海岸ディーウ沖で海戦が行われました。ポルトガルが、インドのグジャラートとエジプトのマムルーク朝の連合艦隊と戦い、勝利を収めました。

それまでは、インド西部のグジャラートから紅海を通ってエジプトのカイロに入るルートが東西交易の主流でした。マムルーク朝は、アデンなどの要衝をポルトガルに獲られ、この戦いに敗れたことで衰退していきます。

ポルトガルのインド洋における覇権が確立して、その十年後にはマゼランが世界一周に出発し、一五六四年にはスペイン人、レガスピがメキシコから出発してフィリピンのマニラを占領します。

コロンの新大陸到達によって、ヨーロッパの勢力は、新大陸経由太平洋のルートからもアジアに入ってきたのです。

十六世紀の銀バブル

そして三つ目は銀の大量産出です。

島根県にある石見《いわみ》銀山は鎌倉時代の発見後一時期放棄されていたようですが、一五三三年、朝鮮の「灰吹法《はいふきほう》」という新技術が導入され、銀を大量に産出するようになりました。

一五四五年には、ペルー（当時）のポトシ銀山が発見されます。石見の再採掘とほとんど同じ頃ですね。

この二大銀山が開発されたことで、中国に銀が大量に流入し始めます。

なぜ中国に銀が入るかといえば、みんなが銀と交換に欲しがる絹とか陶磁器とかお茶とかが、中国に山ほどあるからです。

一五六五年前後、明は一条鞭法《いちじようべんぽう》という税法の大改正を行い、税金を銀納することになります。

そうすると、当時の中国は世界のGDPの二、三割を占めていましたから、銀の需要がますます高まるわけです。このことによって銀バブルが世界的に起こります。

当時、日本の銀産出量は年間二〇〇トン、世界の銀産出量の三分の一を占めたともいわれています。

銀という世界商品があったので、世界中から日本に人がやって来るようになったのです。

ポルトガル人やスペイン人が戦国時代の日本に来て、キリスト教を広めた理由も、日本に銀があったから。

この三つの世界的なイベントがたまたま同時期に起こったことで、世界は中世から近世に入ります。銀の大輸出国となった日本は、代わりに何を得ていたのか、次章で見ていきましょう。

photoAC

石見銀山清水谷精錬所跡。石見銀山は1923年に休山となり、2007年に世界遺産に登録されました。現在では一部が観光客に公開されています。

2 「南蛮貿易」の実態

前章で、中世と近世の境目のひとつに石見銀山があるという話をしました。銀を求めて日本には海外の貿易船がやってくるようになります。これは日本で初めて世界商品（銀）が発見されたということですね。

では、銀によって世界と結びついた日本の当時の交易とはどんなものだったのでしょう。

石見銀山で「灰吹法《はいふきほう》」を用いた銀の大量生産に成功するのが一五三三年。その翌三四年にはヨーロッパでイエズス会が生まれます。

一五三八年に石見銀山を支配する山口の大内義隆が仏教の経典、大蔵経を求めて朝鮮に使節を出します。当時の日本では、北九州まで支配していた大内氏が幕府の名代として対外交易を取り仕切っていました。

同じ三八年には日本から銀の大量輸出が始まっています。

銀を求めて来航

そうすると、翌三九年から明船がしきりに来航するようになります。当時の世界通貨であった銀を日本がガンガン輸出し始めたので、「こんな大儲けのチャンスに乗り遅れたらあかんで」というわけです。

田中健夫さんの『倭寇』（講談社学術文庫）は、当時の東アジア交易の様子を紹介しています。同書によれば、十六世紀中頃の明では、銀一両（およそ四〇グラム弱）が銅銭七百五十文ほどで取引される一方、日本では同じ重さの銀が二百五十文ほどという価格差がありました。

つまり日本で銀を銅銭で買って、中国でその銀を売れば、もうそれだけで五百文ほどのボロ儲けができたのです。

石見銀山だけではなく、兵庫の生野銀山などからも、どんどん銀が産出しました。美味しい蜜にカブトムシやスズメバチが群がるように、多数の明船が日本にやって来たのです。

一五四二年頃には日本の木綿の輸入量も急増します。

木綿は兵士の服や、その後の戦いであっという間に普及する火縄銃の火薬の導線をつくるのに役立ちました。日本で木綿の衣料が普及するのはこの頃からですが、これは明らかに銀の輸出による恩恵です。

四三年には種子島《たねがしま》に鉄砲が伝わります。前著（中世篇）で話したように、倭寇の頭目、王直《おうちょく》の船にポルトガル人が乗ってきたのでしたね。

倭寇とはなんやという話をここでおさらいしておきましょう。

琉球と倭寇

明が「海禁」政策をとっていたことは以前にも話しました。室町時代の初期にかけて、倭寇（前期）が朝鮮や中国の周辺海域を荒らし回ったことに対する処置でした。私的な出海を禁じて、明の政府が認める正当な相手との朝貢貿易しか認めないという厳しい管理交易政策です。

しかし、当時の中国は世界中が欲しがる品物（世界商品）に溢れている、いわば大百貨店のような存在でしたから、シャッターが閉まると、周辺諸国は困るわけです。

自由な交易ができないなか、貴重な商品を横流しすることで大きな利益を得た国のひとつが、琉球です。

一三七二年、建国したばかりの明は琉球はじめ周辺各国に使いを送ります。「中国を新たに統一したオレのところに、お祝いの朝貢に来い」というわけです。

この当時の琉球には、山北、中山、山南という三つの小王国がありましたが、明からの報せを受けて、みんな喜んで朝貢に出向きました。

朝貢貿易は、貢いだ分の何倍もが下賜されるシステムですから、挨拶に行けば確実に儲かります。

一四二九年に中山の尚巴志《しょうはし》が琉球を統一、琉球王国が誕生します。

そして明に、「昔は三国だった国がひとつになったんだから、オレには三国分をください」とアピールして、琉球は絹や陶磁器、お茶などをたくさんもらってきます。それを他国に売るという中継貿易を始めたのですね。

日本も明に朝貢して倭寇を取り締まる約束をして、明との交易で儲けていたのですが、一五二三年に「寧波《ニンポー》の乱」というのが起こります。

明の開港市の寧波で、管領の細川氏が出した貿易船と、大内氏が出した貿易船が、どちらが正当な日本からの使節かを争い、日本人同士の殺し合いになりました。

争乱の結果、大内側が細川側の正使ら十二人を殺し、放火乱暴に及びました。

こんな事件が起きたのは、中国地方の大名だった大内氏の力と室町幕府の力がほぼ拮抗していたからということですが、中国側は呆れて、どちらも怪しいやつらやでと勘合貿易が制約されてしまいます。

そうすると、倭寇（後期）が東アジア海域に出没するようになるのです。

後期倭寇というのは、前期倭寇とは、だいぶ様相が異なっていました。今まで明と外国をつないでいた貿易商が、政府の公認外の密貿易者になったことで、「倭寇」と称されるようになったからです。

この後期倭寇の多くは中国人だったといわれています。日本人は三割以下にすぎず、朝鮮人やポルトガル人なども含まれていました。中国や朝鮮など、東アジアの海で生きていた人々が、政府に頼らず自力で武装して船団を組んで交易を行っていたわけです。

「海民の共和国」

その最大勢力が中国人の王直でした。一五四〇年代から日本との交易で成功し、五島列島や平戸に居館を構えて王侯のように暮らし、東南アジアと中国、日本の交易をほぼ独占していたと伝わります。

後期倭寇の活躍で、琉球の中継貿易のうまみは減じていきました。

ところで、私たちが習った学校の教科書では、「南蛮貿易」という言葉がありましたね。

ポルトガル人が種子島に鉄砲を持ってきたで、カステラも入ってきたで、と。そう聞くと、ポルトガルと日本が直接交易をしていたような感じがします。

ところがポルトガル人はそれほど大勢は来ていないし、ポルトガル本国から日本に持ってくる物資も実はほとんどありませんでした。

ポルトガルが、東アジアではどうやったら儲かるかをマラッカを拠点に目を凝らしていると、東アジアの海域では倭寇がガンガン密貿易をやっているわけです。そこでポルトガルはベトナムやフィリピンに行き、中国の密貿易商と交易をするようになります。

ですから後期倭寇は、海賊というより、海の商人の共同体、「海民の共和国」のようなものでした。

中国の海禁政策のもと、中継貿易がさかんになり、最初は琉球、それが後期倭寇に代わって、そのネットワークにポルトガルが乗っかったというのが、「南蛮貿易」の実態だったと理解すればいいと思います。

一五四〇年頃――大内義隆の居館のある山口は、日本で

アフロ

「南蛮屏風」に描かれた南蛮船。ヨーロッパ人が直接日本を訪れるケースは、全体の交易のなかのごく一部でした。

もっとも栄えている町でした。

この頃の大内氏は、明との交易を右手に、また世界的な石見銀山を左手に収めていたわけです。

この時代、京都の公家や学者、僧侶、職人が、応仁の乱（一四六七〜七七年）の後、荒廃した京都から、大内氏の庇護を求めて山口に下向しています。まさに大内氏の栄光の時代のピークでした。

しかし五一年、大内義隆は家臣の陶隆房《すえたかふさ》（のち晴賢《はるかた》に改名）に殺されました。大内氏と山口の時代は終わりを告げ、大内氏から博多を獲得した大友氏とその首府、府内(大分)が栄光の時代を迎えます。

3 信長の登場を準備した「三好政権」

前章で話した、石見《いわみ》銀山で繁栄した大内氏の天下は、一五五一年に陶隆房《すえたかふさ》（晴賢《はるかた》）に背かれ大内義隆が自害するまでの十五年間ぐらいでした。その陶隆房も五五年、厳島《いつくしま》の戦いで毛利元就に敗れます。騒乱のなかで山口の街も火に包まれました。

ザビエルと共に来日したコスメ・デ・トルレスは五二年、山口に教会をつくり、日本で初めてクリスマスを祝ったことで知られています。その彼も五六年、豊後《ぶんご》（大分）の府内、いまの大分市に逃れてきて、大友氏の庇護を求めました。

日本の交易の中心地は、山口から府内に移りました。大友宗麟《そうりん》の時代になったのです。

この頃、畿内では三好長慶《みよしながよし》の時代を迎えていました。

画期的な三好政権

一五四九年に三好長慶が細川晴元の軍勢を破り、晴元に擁されていた十三代将軍・足利義輝《よしてる》とその父の義晴は近江（滋賀）の坂本に逃れました。

鎌倉幕府は源氏の将軍から執権北条氏へ、北条氏のなかでも得宗家へ、さらに得宗家の番頭（内管領）へと次々に権力が移りましたね。

室町幕府も足利将軍から一四九三年に管領細川氏へ権力が移り（細川政権）、つぎには阿波（徳島）

の細川分家に仕える三好氏が台頭してきたのです（三好政権）。

義晴と義輝父子は京都奪還を企てますが、一五五〇年に義晴が病死すると、五二年に義輝と三好長慶の和睦が成立し、義輝は京都に戻ります。

しかし義輝は密かに反三好の動きを続け、翌年、長慶との和睦を破ります。長慶が義輝の霊山《りようぜん》城（京都市東山区）を攻撃したことで、義輝はまたもや京都から逃げ出すことになりました。

長慶は義輝を京都から追放した後に、新たな足利将軍を立てることなく、自ら京都の支配に乗り出します。これは画期的なことでした。

細川政権の時代には、傀儡《かいらい》とはいえ足利氏の将軍が据えられていました。細川氏も足利氏の一門ですから、足利本家を立てていたのですね。

ところが、三好氏は国人で足利一門ではありません。足利氏の権威に頼らないまま政治を行うのは、足利幕府開府以来、初めてのことでした。

長慶は京都の支配者ですから、戦国大名たちが割拠する時代になったとはいえ、現場で解決できない争いが各地から持ち込まれます。

そういった調停にも、長慶が頼られるようになるのですね。例えば一五五五年には石清水《いわしみず》八幡宮の相続争い、翌年には出雲の鰐淵寺《がくえんじ》と安来《やすぎ》清水寺との争いを調停しています。

ついには正親町《おおぎまち》天皇の相談をも長慶は受けるようになります。五八年に「弘治」から「永禄」に改元されますが、正親町天皇はこの相談を長慶と行い、義輝には知らせませんでした。これは天皇自らが義輝ではなく長慶を京都の守護者と認めたことになります。

近江に逃げていた義輝は、「このままではオレの立場がなくなるで」と再び挙兵します。戦いが膠着《こうちゃく》したことで長慶は義輝と和睦し、再び義輝は京都に戻って、足利幕府はなんとか復活しました。

信長、初の上洛

翌五九年、義輝に謁見を求めて織田信長が上洛してきます。このときには越後（新潟）の長尾景《かげ》虎《とら》（上杉謙信）も、美濃（岐阜）の斎藤高政（道三《どうさん》の息子。後の一色義龍《よしたつ》）も上洛しています。義輝は幕府を再建するために有力大名を上洛させ、将軍を支えさせようとしたのです。景虎や高政は京都に長期間滞在し、義輝からいろいろと役職の任命を受けています。景虎は正親町天皇にも拝謁し、信濃（長野）の諸侍に対する指揮権を認められています。斎藤高政は一色という伝統ある足利一門の名字をもらいました。

一方、尾張の守護代の分家のそのまた分家筋の信長は、このとき尾張を統一したばかりでした。信長は京都に五日ぐらい滞在しただけで帰ります。まだ足元が固まっていなかったのですね。ショートトリップでしたが、信長はこのときに、諸大名を上洛させる将軍の権威を目撃するとともに、将軍を追放したり連れ戻したりする三好長慶のやり方をも勉強したような気がします。

長慶はその後も重臣の松永久秀らを重用して大和（奈良）、河内（大阪東部）を掌中に収め、阿波から畿内に広がる大戦国大名として君臨しました。

一五六四年、長慶は末弟の子どもの義継を養子に迎え、間もなく四十三歳で病死しました。

白昼の将軍殺害

義輝は長慶の死を好機と見て策謀を始めますが、翌六五年、義輝の動きに危機感を抱いた三好義継と一族の三好三人衆、松永久秀の息子の久通《ひさみち》が義輝を殺害します。

一万余の軍勢で京都に入り、白昼の乱戦の末、義輝を自害させたのです（永禄の変）。義輝が京都に復帰して七年後のことでした。

興福寺にいた義輝の弟の義昭《よしあき》も殺されるところでしたが、松永久秀の計らいで危うく逃げきりました。

当初、三好義継らは、「もう足利氏の将軍はいらへんで。三好が天下を仕切るで」という動きを見せたものの、義昭が三好の敵側についたことで、阿波にいた足利義栄《よしひで》（義晴の甥）を傀儡として担ぎ出し十四代将軍に立てます。

これ以後、義栄と義昭が将軍の座を争うことになり、三好一族と松永久秀が仲間割れをしたことで、信長の台頭を許すことになりました。

天野忠幸さんが『三好一族と織田信長』（戎光祥出版）などで、信長が本格的に登場する前に畿内を牛耳っていた三好長慶を印象深く描いています。そういった視点で見ると、様々な点で三好政権は織田信長の登場を準備したように思えます。同じ時代で見れば、三好政権は、ムガール朝を準備したスール朝（一五三九〜五五年）にとてもよく似ています。

まず目に付くのは、居城をたびたび移転していることです。

三好氏の元来の居城は阿波にありましたが、長慶は阿波を弟に任せ、自分は摂津の越水城（西宮市）に入り、義輝を追放すると芥川山城《あくたがわやま》（高槻市）に移り、領国の拡大に伴って飯盛山城《いいもりやま》（四條畷市《しじようなわて》）に移ります。

当時、北条、武田、毛利など、数か国を領有した大大名は、居城を移すことはありませんでした。また長慶は譜代の家臣を阿波に残して、松永久秀など畿内出身の有能なスタッフを登用し始めます。

信長も清須城から岐阜、安土（滋賀県近江八幡市）へと領国の拡大に伴って居城を移しています。譜代の家臣よりも、新しく豊臣秀吉らを取り立てて自分の周りに集めました。

長慶が堺、尼崎、兵庫津（神戸市）から阿波、さらには琉球までつながる流通路を押さえる寺社や豪商を保護したように、信長も熱田、津島、安濃津《あのつ》（三重県津市）、そして堺などの港町を支配しました。

長慶が流通業や金融業を重視したのも、信長の楽市楽座政策を連想させますし、キ

文藝春秋写真資料室

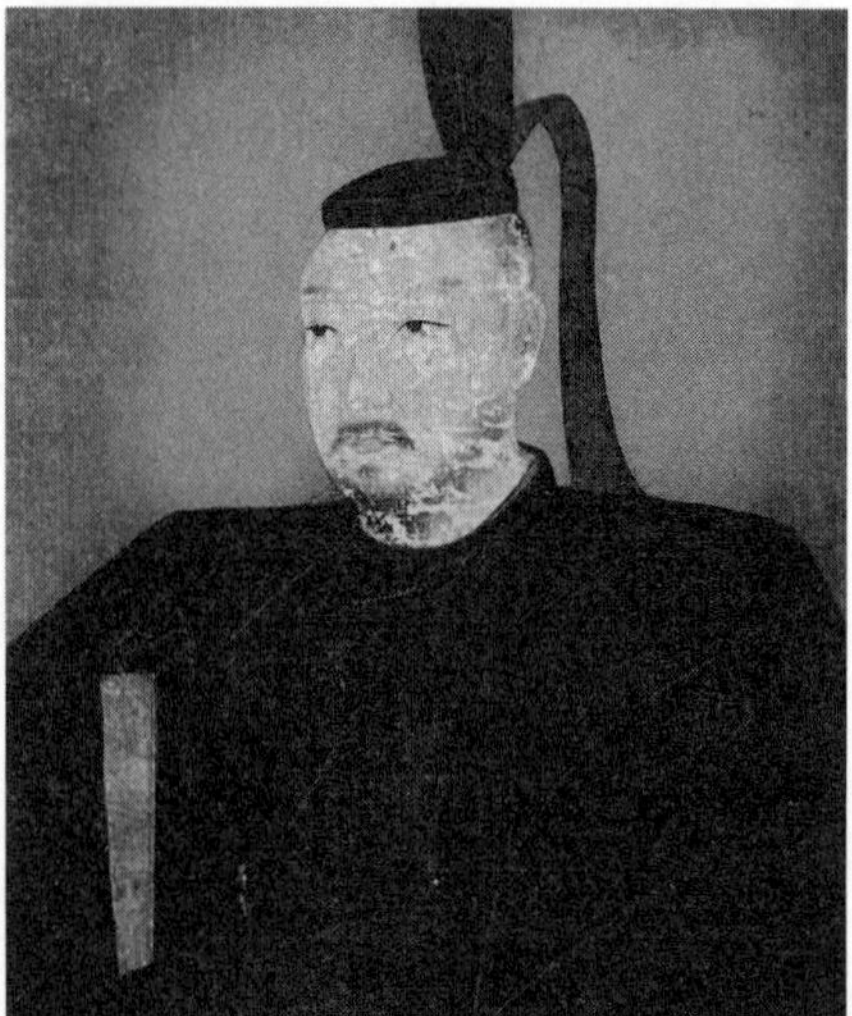

三好長慶に苦しめられた十三代将軍・足利義輝は、長慶の死に際し復権を策謀しましたが、逆に自害することになります。

リスト教の布教を許したのも両者共通です。

三好氏と細川晴元、義輝の戦いではすでに鉄砲が広範囲に使われていたことが知られています。まさに鉄砲を駆使した信長の先駆けです。

そして両者とも足利氏との血縁がありません。

信長も後に、三好長慶のように足利将軍の権威に頼らない自立した政権を目指しますが、当初は、義昭を奉じて足利幕府の将軍に据えていました。次章では、義昭と信長、この二人のやりとりを中心に見ていきましょう。

4 信長の図抜けた合理性

織田信長は時代を超えた合理性を備えた人で、信長の登場からやはり近世が始まるように思えます。

中世篇の始めのほうで、平清盛が大宰府に長官として赴任してマーケットを学んだことを見てきました。

信長の生まれ故郷、尾張（愛知）は伊勢湾に面した商業地です。この地の守護代の分家の、そのまた分家筋の信長は、放し飼いで育ったことで、自然とマーケットのあり方を身につけたのかもしれません。

青年時代の信長は当時流行りのかぶき者の格好をしていたといいます。髪を派手な糸で巻き、着物の袖を外し、半袴《はんばかま》に火打袋をいくつもぶら下げて町中で栗や餅にかぶりつき、舎弟らとつるんでいたので、「大うつけ」と呼ばれていました（太田牛一『信長公記』〈ちくま学芸文庫〉）。尾張の半グレ集団のヘッドだったのですね。

イングランドの名君ヘンリー五世が、若い時分にハル王子として市井《しせい》の無頼漢と付き合っていた話（シェイクスピア『ヘンリー四世』）に似ていますね。町中で庶民と遊んで、いわば下情に通じたともいえます。

良いものは良い、悪いものは悪いと、信長の判断はとても合理的です。

後に信長は朝廷で昇進を重ね、左大臣の座も目前のところで、官職を辞してしまいます。中世の権威や伝統に頼るだけではなく、自分の目で見て、自分の頭で考える近代性を感じさせます。

楽市楽座

尾張を統一した翌年の一五六〇年、信長は桶狭間で駿河（静岡東部）の大戦国大名、今川義元《よしもと》を破ったことで、ビッグな存在になります。

この戦いは、信長の奇襲戦と見られてきましたが、近年の研究では正面から戦い、天候などに助けられて信長が勝利したとされています。

六七年に信長は斎藤（一色）義龍《よしたつ》の子どもの龍興《たつおき》を破ります。

信長は斎藤氏の稲葉山城に居城を移し、その麓《ふもと》の城下町の井口を「岐阜」と改名しました。岐阜の「岐」は、中国の周の文王が「岐山」で蜂起して天下統一を果たした故事に基づく名前です。「阜」も孔子の故郷「曲阜」からとったといわれています。

この頃から信長に天下人への気概があったことが感じられますね。

そしてここで信長初の楽市楽座令を出します。「ここはフリーマーケットや。誰でも自由に店を開いてええで」としたのです。

それまでは延暦寺や藤原氏など、大きな保護者のついた「座」のメンバーでないと、勝手にお店は出せなかったのですね。

もっとも織田信長の専売特許のように思われている楽市楽座ですが、実は一五四九年に近江（滋賀）の有力大名だった六角定頼《ろっかくさだより》が楽市令を出しています。

当時の近江は「近江商人」という言葉があるように、琵琶湖の水運を利用した商売の中心地でした。

六八年、信長は「天下再興のため」に足利義昭を奉じて入京、三好一族（三人衆）を排除して義昭を十五代将軍に擁立しました。

信長は義昭の将軍就任に対して「殿中御掟」を定めていますが、将軍は前例に従って仕事をしっかりしてください、ということが箇条書きに書いてあるだけで、別にそれほど強圧的なものではありません。義昭の将軍御所もつくっています。

当初、信長と義昭の関係はそれほど悪いものではありませんでした。

義昭と信長

義昭の政策は、信長の承諾を受けて行われたので、実質は義昭と信長の二重政権でした。

将軍義昭は信長に副将軍または管領の職に就くことを勧めますが、信長はあっさりと辞退しています。実質を重視する信長の性格からすれば当然ですよね。

義昭と信長は当知行安堵《とうちぎょうあんど》という、現在の土地所有者の権利をそのまま認める政策を取りました。既成秩序をむやみに破壊しようとはしていません。

信長は翌六九年、伊勢（三重）の北畠氏を攻め、伊勢湾の交易を押さえます。さらに大坂へと出ていき、関所を廃止します。物資の流通をスムーズにして経済をさかんにしようという政策ですね。

信長の領国では、関所は全廃されました。

この頃、堺の豪商で鉄砲・火薬の商人だった今井宗久《そうきゅう》が信長に紹鴎《じょうおう》茄子《なす》という茶器を進上して会見しています。かつての細川政権、それに続く三好政権は四国から大坂、京都というラインを支配していました。

戦国時代の堺は中立都市として、豪商たちの自治が認められていましたが、信長は堺に代官を置き、矢銭（軍役に使う税金）二万貫を要求します。信長は大坂の石山本願寺にも五千貫を賦課《ふか》しました。堺、大坂を掌握したことで瀬戸内海東部の水運を掌握し、畿内における信長の権力固めはほぼ終わった感がありました。

ところが一五七〇年に元亀の争乱が起きます。三好氏や、近江北部の浅井氏、越前（福井）の朝倉氏、甲斐（山梨）の武田氏といった戦国大名たちに本願寺が加わって、反信長で一致して挙兵したのです。義昭がこっそりと旗を振ったといわれています。信長最大の危機が訪れました。

将軍就任当初の義昭は、信長を手紙でお父さんと呼ぶぐらいに感謝していたのですが、だんだん信長が鬱陶しくなっていったのですね。

昔、三代将軍義満がやったように、大名同士を争わせて勢力を削れたらいいやぐらいの軽い気持ちだったのではないでしょうか。

安土築城

一五七二年、信長は異見十七か条という意見書を公表しました。

「義昭はとんでもないやつや。仕事もしないし、賄賂を取ったり、遊んでばかりいるで」というのです。

第一条で、朝廷への勤めを怠っている、十三代将軍義輝が殺されたのもその因果やと始め、第十七条では「下々は義昭を『悪御所』と陰口しとるで。昔暗殺された義教《よしのり》もそう呼ばれていたな」と収める、脅迫と取れなくもない文書です。

しかもこれを各所へ配りました。信長は義昭を見限ったのです。

七三年、義昭はついに信長に京都を追われます。こうして室町幕府は滅びました。

その後、信長は朝倉、浅井を滅ぼして、伊勢の長島の一向一揆も鎮圧します。

七五年には長篠の戦で武田氏を破り、越前の一向一揆も鎮圧する。石山本願寺の顕如とも和解しました。

この年十一月末、信長は嫡男信忠に居城の岐阜城と織田家の家督を譲りました。翌年には自らの居城として、琵琶湖の湖畔、現在の近江八幡市の安土山に壮麗な安土城の建設を始めます。天守が日本に登場したのは、安土城が嚆矢《こうし》であるといわれていますが、松永久秀の多聞山城とする説など異説がいくつかあります。

安土は岐阜よりも京都に近く、琵琶湖の水

photoAC

JR岐阜駅前には南蛮鎧に身を固め、鉄砲を持つ金色に輝く織田信長像が建てられています。

運によって北陸側から畿内へ通じる物流ルート、また陸路でも東海道と東山道、北国街道、伊勢方面へのルートを押さえることになります。

安土の城下町には楽市楽座令を出すとともに、安土を通る人々には必ず安土での宿泊を義務づけています。商人や職人を集め、手工業と流通の一大センターをつくろうとしたのでしょう。

一五七八年、豊後（大分）の大友宗麟《そうりん》はキリスト教の洗礼を受けました。この頃が大友氏のピークです。中央で信長が権力を握る間に、西国では大友氏の統治する大分が国際都市として繁栄していました。ではキリシタンと信長のかかわりはどうだったのか、次章で見てみましょう。

5 交易の時代に生まれた信長

信長が舞台の中央に躍り出たのには、彼の人生のタイミングの良さにも触れる必要があります。ダーウィンが提唱した進化論でいうところの「運」です。

一五六八年、足利義昭を奉じて入京したとき、信長は三十代半ばです。七〇年に有力大名が反信長包囲網を築き、信長は最大の危機を迎えましたが、その翌年に中国の雄、毛利元就《もとなり》や、関東の雄、北条氏康が相次いで没します。元就は享年七十五、氏康は五十七でした。さらに翌七二年は武田信玄も上洛に動き出し、三方ヶ原（浜松市）の戦いで徳川・織田連合軍は惨敗しますが、信玄は直後に発病し、領国に引き返す途中で死去します（五十三歳）。七八年には上杉謙信も死んでしまいます（四十九歳）。

ちょうど世代交代の時期にあたり、戦国時代を彩った大物大名たちが次々と死んでしまったのは信長にとって大きな幸運でした。信長が彼らと同じ世代だったら、尾張（愛知）一国の大名で終わったかもしれません。

キリスト教の広がり

信長の青年期には、すでに鉄砲が普及を始めていました。京都、大坂、奈良、四国を支配していた三好長慶は、開明的な姿勢をとり、堺を一大貿易港として発展させました。

同様に三好政権の後を襲った信長も、キリスト教の布教を許し、宣教師から世界の情勢を聞き取るなど、目を海外へ向けました。

この時代の日本は、誰も来ようとは思わない、中国の東の外れにある貧しい国ではありませんでした。世界通貨だった銀の三分の一を産出する交易上重要な富裕国でした。世界中から人や情報が集まってきました。この大きな交易のうねりのなかから、信長という近代的なリーダーが生まれてきたのですね。

面白いのは、この前後に木綿や南米産のジャガイモ、トウモロコシなどが日本に入ってきていることです。日本の衣食は様変わりしました。

最初は大きく儲かる銀や絹の取引だけだったのが、木綿などの日用品にまで交易が広がりさかんになったということです。

一五六〇年に将軍義輝は京都でイエズス会のガスパル・ビレラに布教を許しています。鹿児島に上陸したフランシスコ・ザビエルが上洛したのが一五五〇年ですから、わずか十年で室町幕府はキリスト教を公認したことになります。

信長が亡くなる頃には日本に三十万人前後のキリスト教信者がいたといわれています。当時の日本の人口が一千二百万人ちょっとというなかで、現在のキリスト教徒数が二百万人弱ですから、当時のほうが割合としてはたくさん入信者がいたのです。

以前見てきたように、ローマ教会はプロテスタントに押されて、新しい信者（領土）の獲得に必死でした。初期のイエズス会は日本にキリスト教を布教するために、仏教用語も援用しています。

ザビエルをマラッカから案内したアンジロー（ヤジロー）は、聖母マリアを「観音」、天国を「極楽」、神を「大日（大日如来）」と訳しました。

後にやはり仏（大日如来）はマズイということで、神は「天道」と言い換えられますが、日本人にとってはキリスト教が仏教の新しい宗派のように受け入れられたのかもしれません。

日本の仏教界は、キリスト教との論理的な論争に慣れていませんでした。キリスト教の神学はイスラム神学を経由してアリストテレスなど古代ギリシャ以来の論理学を取り入れ、宗教改革での論争を通じて高度に洗練されていました。

そこに魅かれた仏教僧などのインテリが宗旨変えします。キリスト教はインテリ層中心に布教を進めたともいえますね。

ザビエルが山口で仏教を難じて説教したときも、数か月の滞在中に五百人の信者を獲得し、その多くが武士だったと伝えられています。

大友宗麟は五一年に離日したザビエルに使者を同行させ、ポルトガル国王とインド副王に親書を届けさせました。そのため豊後（大分）はポルトガルの商人や宣教師が大勢やって来る国際的な日本のフロントとして大いに栄えることになります。

信長、神になる？

一五六九年、信長はルイス・フロイス（イエズス会士、『日本史』の著者、一五六三年来日）に、京都に住んでええで、と許可を出します。

　そのフロイスの記録では、信長は日本を統一した後に大艦隊で中国を征服すると語ったとあります。

　日本で初めて誕生会をやったのが信長だともフロイスは書き残しています（一五八二年五月）。自分の誕生日は聖日であり、安土山に建てた摠見寺《そうけんじ》に参詣すればお金が儲かり、子孫を授かり、八十歳まで長生きすると掲示し、自分を生きた神体とみなしたと書いています。

　これは他の史料には出てこないので、フロイスの創作かもしれないといわれていますが、この年、武田勝頼を滅ぼした信長は間違いなく生涯のピークをつけていました。

　同年二月、大友宗麟や肥前（長崎）の有馬晴信など西国のキリシタン大名が共同で四人の天正少年使節をヨーロッパへ送っています。

　信長は発案者で少年使節の同行者、イエズス会のヴァリニャーノに「安土城之図」と題した屏風を持たせ、ローマ教皇に信長の威風を知らしめようとしました。

　実際に教皇はこの屏風絵を見て大変満足のようすだったと、少年使節の千々石《ちぢわ》ミゲルが伝えています。

　この遣欧使節について描いた『クアトロ・ラガッツィ』（集英社文庫）の著者、若桑みどりさんたちの調査で、屏風はヴァチカン宮殿の「地図の画廊」に七年間は置かれていたことがわかっています。その後いつの間にか行方不明になって、現在見ることができないのは本当に残念ですね。

　ところがここで本能寺の変が起こります。信長は一五八二年六月、明智光秀の軍勢に襲われ、生涯を終えてしまうのです。

本能寺の変に黒幕はいない

本能寺の変に関しては、様々な陰謀説や黒幕説が唱えられています。

そのひとつにイエズス会黒幕説もあります。イエズス会は信長を支援して日本と中国をキリスト教化しようと企んだものの、信長が自己神格化を志向したので光秀に討たせたというのです。

宣教師のなかに、日本をキリスト教国にした後、キリシタン大名を動員して明を征服し、キリスト教を伝道するという野望を持っていた者がいたことは、当時の記録に残っています。

自己PRのための脚色の可能性が指摘されていますが、イエズス会の日本布教長だったフランシスコ・カブラルは、明征服のために二、三千人の日本人キリスト教徒を容易に送れるとスペイン国王に書き送っていましたし、日本で

アフロ

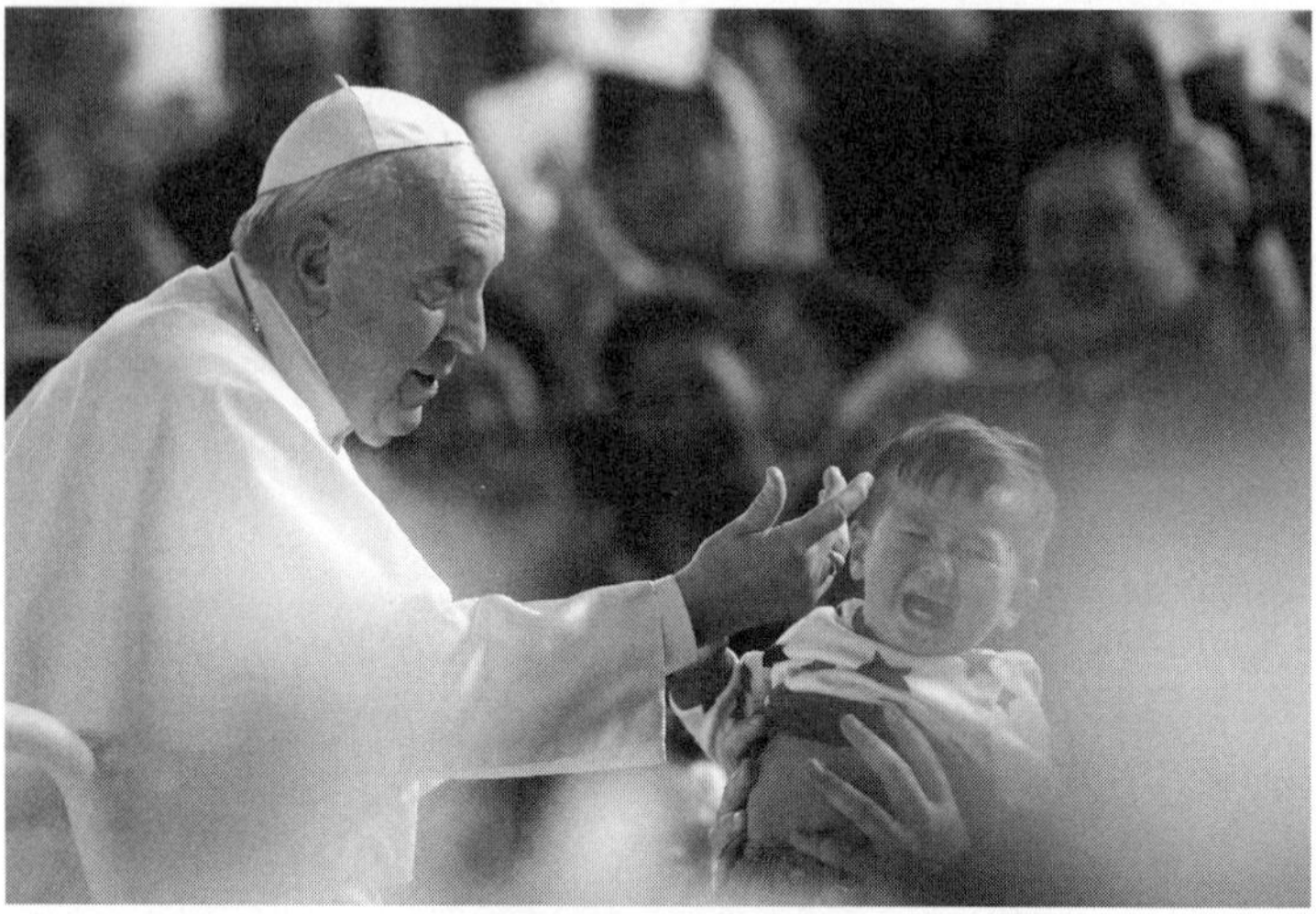

2019年11月に日本を訪れたローマ教会第266代フランシスコ教皇は、初のイエズス会出身の教皇として知られています。

十万の兵を動員可能だと書いた宣教師もいました。

しかし、呉座勇一さんが『陰謀の日本中世史』（角川新書）で、本能寺の変には黒幕はいないということを、ほぼ実証し尽くしています。

当時、謀反は下剋上の世の常であり、光秀もまたこの時代のプレイヤーでした。

「俺はいまポーカーのロイヤルストレートフラッシュや……こんなええ手はないいな」

信長は側近だけで京都の本能寺にいる。自分は一万三千の精兵を率いて近くを行軍している。今なら俺が天下人になれるのやないか。――本当のところはわかりませんが。

信長の享年は四十九。天下の舞台に躍り出て、およそ十五年の生涯でした。

6 信長の描いた日本とは

織田信長の物事の進め方を見ると、モンゴル帝国の手法によく似ている感じがします。どういうことかというと、チンギス・カアンが率いたモンゴル軍団の手法は、「俺らのいうことを聞くなら身の安全を保証するで。抵抗するなら見せしめに皆殺しやで」というものです。信長も一度領国化したところが一揆や寝返りを起こすと、徹底的に誅滅《ちゆうめつ》しています。

一五七〇年から七四年の間に戦われた伊勢長島（三重県桑名市）一向一揆に対する攻撃では、兵で囲んで二万人以上を焼き殺しています。

また七一年には有名な比叡山延暦寺の焼き討ちがおきています。根本中堂《こんぽんちゆうどう》ほか多くの堂宇《どうう》を焼き、僧侶たちを皆殺しにしました。

信長軍団の猛将、前田利家も、北陸の一向一揆に釜茹でや火焙りで臨みました。

有名なホトトギスの句がありますね。信長は「鳴かぬなら殺してしまえホトトギス」、秀吉は「鳴かぬなら鳴かせてみようホトトギス」、そして家康が「鳴かぬなら鳴くまで待とうホトトギス」。江戸時代につくられたこれらの句は、よく引用されるので皆さんもご存じと思います。先の例を聞くと句の通りやで、信長は厳しいでと思われるのではないでしょうか。

しかしこれは信長の政策に対して公正な評価とはいえません。というのは、信長は大きな理由もなくあまり人を殺してはいないのですね。

実は問題を起こした部下に対しても、追放はしても切腹までさせるケースは少ないのです。足利義昭に対してもそうですし、大坂の石山本願寺攻めでの怠慢を責めた佐久間信盛父子も高野山に放逐しただけで殺してはいません。柴田勝家が信長のことを「うつけもの」と呼んで信長の弟に与力した後も、荒木村重が最初に背いた後も、上手に使っています。

秀吉もうまく使ったし、各地を流れてきて信長に仕えた明智光秀も大名に取り立てているわけですから、部下の使い方はまっとうだったと思います。徳川家康との同盟もずっと揺らいでいません。晩年の秀吉が秀次の一族を根絶やしにしたり、千利休を切腹させたりしたのに比べると、信長による部下の処刑は実はとても少ないのです。

宗教の保護と弾圧

一五七九年、琵琶湖湖畔に安土城の天主が完成しました。その前後、法華宗の信者が浄土宗の僧侶に論争をふっかけたことがきっかけとなり、安土宗論という論争が信長の命で行われています。この論争は仕組まれたものだという説もありますが、領内の法華宗の信者を皆殺しにすると脅し、法華宗に敗北を認めさせ、他宗を論難しない起請文を書かせました。

一方で、キリスト教については、前回見たとおり、安土でも布教を許しています。では信長はキリスト教が好きで、法華宗が嫌いだったのでしょうか。

信長は、仏教かキリスト教かということではなく、自分のいうことを聞くものは保護し、歯向かうものは徹底的に潰すという、モンゴル帝国と同じ政策を取っていたのですね。

その代表が安土の宗論で、領内の宗教事情をややこしくしている法華宗を叩き、浄土宗を選んだわけです。

信長と戦った本願寺は一向宗（浄土真宗）でした。でも本願寺派と対立していた一向宗の高田派には、信長は友好的でした。彼らが信長のいうことを聞いたからです。

比叡山の焼き討ちにしても、その前に僧侶たちに「琵琶湖の北方の浅井、朝倉と通じるんやったら滅ぼすで。仏門なら中立の立場に立つべきやで」とメッセージを送っています。当時、信長に対して攻撃をしかけてきた浅井、朝倉との苦しい戦いの最中だったからです。

信長の事績を見ると、自分から約束を破ったことはあまり見当たりません。約束は守るし、大義名分を重視していたことがよくわかります。

権威や伝統を尊重していた

尾張（愛知）守護代の織田氏、その分家のそのまた家老だった父親の後を継いだ信長は、まず尾張を統一します。そのとき斯波義銀《しばよしかね》というもともとの主家の跡継ぎを連れてきて、「あなたがこの地の守護ですよ」と立てています。

もちろん実際には信長が力で取り仕切るのですが、頭に置くのは名族のほうがいいと考えたんですね。その後、斯波義銀は信長に反抗したことで尾張を追放されますが、殺されずに天寿をまっとうしています。

将軍義昭も立てるところは立てて、京都に居城（二条御所）をつくっています。一五六九年の殿中御掟の追加として、七〇年には義昭に五か条の条書という約束をさせています。信長が「大事なことは相談するんやで」といって、将軍を傀儡化したものだとする学者もいますが、内容は義昭の立場を尊重しています。

信長との二重政権に満足しなかった義昭は、周辺各国に反信長の陰謀を巡らし、一五七三年には信長に対して自ら挙兵しました。

一度目は義昭が「負けました。許してください」と謝ったので許しています。それなのにまた挙兵したので、京都から追放したわけです。

義昭が上手に信長の手の平に乗っていれば、足利幕府はもっと続いたかもしれませんが、ここでも、信長は義昭を殺してはいません。三好義継らが将軍義輝を殺したのと好対照ですね。義昭はその後、秀吉の時代の九七年まで長生きしました。

太政大臣・関白・将軍

信長は足利将軍だけではなく、朝廷をも大事にしました。

戦国時代、各地の荘園が奪われた王家は、即位式もままならないほど困窮していましたが、信長が財政援助をしたことで持ち直します。もちろん信長にも朝廷の権威を利用できるというメリットがありましたが。

信長は一五七五年に権《ごん》大納言、右近衛大将に任じられました。これは追放された将軍義昭に並ぶ地位です。二年後には右大臣に昇進します。

七八年には信長は全ての官職を返上していますが、権力を手放したわけではありません。安土城から各地の配下たちに指示を飛ばしていました。

関東は滝川一益《かずます》に託して北条氏を牽制し、北陸は柴田勝家や前田利家に命じて、上杉謙信の後を継いだ上杉景勝に当たらせる。中国地方は羽柴秀吉に毛利を押さえさせる。自分の子どもの信孝には四国を攻めさせようとしていました。

もう自ら出陣せずとも、家臣団が全部やるようになっていたのです。

八二年、本能寺の変の直前に信長の家臣が天皇に仕える公家に「信長様を太政大臣、関白、征夷大将軍のどれかに任じるべきや」と話したという記録が残っています。

これは家臣による忖度《そんたく》だったようですが、正親町《おおぎまち》天皇は信長に問い合わせの勅使を送りま

photoAC

三重県伊勢市の「ともいきの国 伊勢忍者キングダム」(旧・伊勢安土桃山城下街)には、時代考証をもとに復元された安土城の天主があります。

す。しかしこのやりとりの中身は伝わっておらず、信長の返答は謎のままです。

秀吉は関白になり、家康は征夷大将軍になりました。では信長はどうだったのか。信長はとても合理的な人で、既存の枠組みには必ずしも収まらないところがありました。

信長がどういう日本をつくろうとしていたのか、わからないままに死んでしまった。そこがまた面白くて、信長は人気があるのだと思います。

第2章

秀吉の天下一統

7 「武家関白」の衝撃

一五八二年六月。本能寺の変で織田信長は亡くなりました。問題は、このとき信長だけではなく、有能だった長男の信忠も討たれてしまったことです。

本能寺の変の本当の重大さは、王と王太子が揃って殺されてしまったことなのです。信忠はすでに織田家の家督を継いでいたので、織田政権の継承はそれほど難しくはなかったでしょう。しかし同時に後継者も討たれたために、権力の空白が生じました。

この変事に、様々な陰謀論が主張するような黒幕がいたのなら、クーデタ成功後にもう少しまともな対応ができるはずですが、明智光秀は何もできず、その間に羽柴秀吉が、備中（岡山西部）高松城で対峙していた毛利勢と上手に和睦し、「中国大返し」で大軍を走らせて、山崎の戦いで光秀を破ったことにより主導権を握ることに成功しました。

秀吉の覇権

さらに直後に行われた信長の重臣たちが集合した清須会議で、信忠の子で三歳の三法師（秀信）を抱いた秀吉が、信長の次男信雄《のぶかつ》と三男信孝が跡目相続を争っている隙にヘゲモニーを握ってしまうのです。

その後、一五八三年の賤《しず》ヶ《が》岳《たけ》の戦いで、信孝と組んだ柴田勝家を滅ぼし、翌八四年の小牧・長久手の戦いで、徳川家康と組んだ信雄を懲らしめてしまう。この戦いの後で家康を臣従させることになります。

シンプルに考えると家康と秀吉の間柄は、信長の同盟者と信長の家来の関係です。秀吉は家康を納得させるために自分の妹を嫁がせたり、母を人質に出したりして苦労しています。しかし結局家康も彼我の実力の差を認めて、家来に収まった。小牧・長久手の戦いでほぼ秀吉の覇権が確立しました。

八五年に関白相論という面白い事件が起こります。この年三月に秀吉は正二位・内大臣になっていました。

朝廷の官職は、内大臣から右大臣、次に左大臣、それから関白へと出世の階段を上がるのが原則です。

ところが秀吉は、主君の信長が右大臣で殺されたので、右大臣は験《げん》が悪いといって、自分は左大臣になりたいというわけです。実際は秀吉が一番の実力者なので、そういわれれば朝廷としては聞くしかない。秀吉は武力をもっていますし、朝廷の大スポンサーでしたから。

でも、秀吉が内大臣から左大臣になってしまったら、いまの左大臣はどうなるのか。まさか右大臣に戻るわけにはいかないので、左大臣の近衛信輔が、関白の二条昭実（前左大臣）に関白職を譲るように迫り、昭実はいやいやと断ります。どちらも引かないまま、二人とも秀吉に「私の言い分が正しい」と訴えたわけです。

ちゃっかり関白になる

ところが秀吉の部下に知恵者がいました。「どちらを関白にしても恨みが残る。じゃあおれが関白になるわ」と秀吉にいわせたのです。

しかしこの時代は、生まれた家によってどの官位につけるかが決まっていました。なかでも関白は藤原道長の系統——五摂家からしか出ないことになっていました。

秀吉はどうしたかといえば、「それならおれは養子になるで」と、近衛前久《さきひさ》の養子、信輔の兄になってしまいます。押しかけ養子です。近衛家は拒めません。

前久は「仕方ないで」と信輔を説得しました。信輔は左大臣に留まることができましたが、とんでもない事態を招いてしまったと、やがて辞職しました。

こうして羽柴改め藤原秀吉は、一五八五年七月には従一位・関白になってしまうのです。

このとき秀吉には子がいなかったので、これは一代限りのことで、「秀吉の後にはまた自分たちに関白のお鉢が回ってくるはずや」。そう近衛家や二条家は考えていました。やはり貴族は甘いですよね。

案の定、秀吉は八六年に天皇に強要して、豊臣という姓をもらってしまいました。この豊臣という姓で太政大臣になります。

源氏しか将軍にはなれへん、藤原氏でなければ摂政・関白は無理やと思っていたところに、新たな「豊臣氏」の誕生です。

そうしたら関白も太政大臣も、もう藤原氏に戻さなくてもいいことになりますね。実際に関白職は甥の秀次に譲ります（一五九一年）。つまりここで武家関白制という、それまでになかったものを始めるのです。

秀吉は太政大臣の秀吉と内大臣の家康以外は、大臣は誰も置かないことにしました。大臣より下の大納言や中納言にも、織田秀信、上杉景勝、毛利輝元、豊臣秀頼、前田利家、小早川秀秋、徳川秀忠、宇喜多秀家、結城秀康などの武家が大量に叙任されました。全公卿《くぎょう》（五十名ほど）の約四分の一を武家が占めた。信長の絶頂期でも武家公卿は織田信長、信忠、足利義昭の三人しかいなかったのです。

公卿とは、参議、官位三位以上の、朝廷の政治に参画できる高級官僚のことですから、公家が公卿になれないということは、名実ともに公家が政治の土俵から押し出されてしまったのです。

藤原道長に肩を並べる

関白任官の直後には、秀吉が天皇の御落胤《ごらくいん》であるという説を流布させています。また「養父」の近衛前久の娘、前子《さきこ》を、自分の養子として後陽成天皇の女御として入内させました。

普通は身分の低い者が身分の高い家の養女となり、天皇に嫁ぐ習わしでしたので、秀吉は「オレは摂関家以上の身分やで」と世間に誇示したのです。

一五八八年八月十五日、聚楽第《じゅらくだい》での観月和歌会では、安国寺恵瓊《えけい》を始め列席者が秀吉を仲秋の名月になぞらえる漢詩や歌を詠みました。まさに藤原道長が「この世をばわが世とぞ思ふ望月の虧《かけ》たることもなしと思へば」と権力の絶頂を謳歌したことを思わせますね。

一五九八年に秀吉は亡くなり、息子の秀頼も家康に滅ぼされたため、秀吉の将来の構想がどうであったかはわからなくなりました。

しかしおそらく関白太政大臣という律令制のシステムを上手に利用して、藤原氏から豊臣氏に、公家から武家にと置き換えていこうと考えていたのでしょう。

晩年になると、有名な五大老五奉行というシステムをつくりますが、幕府のような独自の制度はつくらなかった。朝廷を使ってそれまでの仕組みのうえに自分が乗っかればいいと、秀吉は考えていた節があります。

服属した大名が上洛すると、朝廷から大名に官位を与えさせ、秀吉が引き連れて参内《さんだい》します。

宮中では秀吉が大名より上位の席につきま

文藝春秋写真資料室

上空から見た大坂城。現在残っているのは、江戸時代につくり直されたものです。豊臣石垣公開プロジェクトとして、豊臣時代の石垣を発掘、展示するプロジェクトが行われています。

すから、秀吉と大名の上下関係が「見える化」されるわけです。官位叙任を通して朝廷を大名支配にうまく利用していたのです。

その後豊臣家は滅び、徳川家康は征夷大将軍に就任したので、「関白」はまた公家に戻りましたが、その代わり、公家には禁中並公家諸法度《きんちゅうならびにくげしょはっと》というタガが嵌《は》められることになります。

ともあれ摂関は藤原氏、という公家の慣習は、秀吉によってここで一度断ち切られました。そういう意味では、武家関白制というのは期間は短かったものの、新しい時代をつくったことになりますね。

こうして中央の権威を手にした秀吉ですが、次章では彼がどのように大名たちを従えていったのかを見ていきましょう。

8 天下一統

「天下を統一する」――という言葉がいまでは一般的に使われますが、当時は「天下一統」と呼んでいました。今回は、豊臣秀吉がどのように全国を一統していったのかを見ていきましょう。

まず秀吉の主、織田信長の覇業は桶狭間の戦い（一五六〇年）で、駿河（静岡東部）の大大名、今川氏を倒したことから始まりました。

室町時代の有力守護は、将軍のいる京都に詰めていました。ところが今川氏は京都勤務を免除されていました。関東公方がおかしな気持ちを起こして攻め上ってこないように、今川氏を関東との国境に警備役として置いていたからです。

その結果今川氏は大大名になりました。地元を離れていた守護は、地元の守護代に領地を奪われたりしますが、今川氏はずっと地元にいたので、下剋上が起きなかったのです。

同様に国境警備の役割を果たしていたのが周防《すおう》（山口）の大内氏です。九州は当初南朝の懐良親《かねよし》王が仕切っていたので、初期の室町幕府の管轄エリアは東海以西・山口以東でしかありませんでした。

滅ぼされる戦国大名

大内氏も京都勤務免除の身で、かつ日明貿易の利益を享受して大大名へと成長しましたが、下剋上を防げず、最終的には毛利氏がこの地の支配者となります。

しかし信長軍との戦いのなかで、「本能寺の変」（一五八二年）を知らなかった毛利氏は、いち早く情報に接した秀吉に言いくるめられて和睦してしまいます。八三年の賤ケ岳《しずがたけ》の戦いで柴田勝家を破って信長の後継者に収まった秀吉に、結局毛利氏は臣従することになりました。

海を渡った四国はこの頃、土佐（高知）の長宗我部《ちょうそかべ》氏が仕切っていました。

信長軍の侵攻準備中に本能寺の変が起きて、長宗我部氏はいったん命拾いしますが、八五年の秀吉の四国攻めで降伏しました。

秀吉は、長宗我部氏に土佐を安堵（領土を保証）し、その他には阿波（徳島）に蜂須賀《はちすか》氏など豊臣系大名を、伊予（愛媛）には小早川氏や来島《くるしま》氏などの水軍を配置しました。来るべき九州侵攻の布石を敷いたわけです。

九州は豊後（大分）の大友氏と、肥前（佐賀）の龍造寺《りゅうぞうじ》氏、薩摩・大隅（鹿児島）の島津氏という三すくみの状態でしたが、大内氏が毛利氏によって滅ぼされた後、博多をゲットした大友氏が交易を押さえ、大友氏の居城であった府内（大分市）が繁栄していました。

しかし勢いに乗った大友宗麟《そうりん》は日向《ひゅうが》（宮崎）まで進出しますが、耳川の戦い（七八年）で島津氏にコテンパンにやられます。惨敗したことで立ち直れなくなった宗麟は信長に泣きを入れて後ろ盾になってもらいますが、大友氏は勢いを失い、従っていた小領主たちも離反します。

そうすると島津氏が大成するわけです。本能寺の変の後、島津義久は豊後を攻めて、大友氏の本拠地にまで迫りました。折しも関白に就任した秀吉は、一五八五年、九州の諸大名に停戦命令を出します。

停戦命令で権威を見せつける

「関東から奥州まで平和やというのに、九州で戦争が続くのはけしからん行いや。領土争いは秀吉が裁定するから、戦争をやめよ。天皇の命令やで」

つまり、秀吉は関白として日本全国の領土の裁定権を天皇から委任されている、という理屈を持ち出したのです。これが、前回話した「武家関白制」です。

天皇の権威を借りて、日本全国を支配する正統性を担保しつつ、武力を備えた豊臣秀吉が最高裁定者であると宣言したのです。

島津氏は停戦命令を受諾したふりをしつつ、支配領域を広げていきました。一五八六年、大友宗麟は秀吉に助けを求めます。

そこで秀吉は八七年に、二万五千の大軍を率いて大坂を出発し、九州に向かいます。日向根白坂（宮崎県木城町）の戦いで、島津軍は秀吉軍の物量の前に大敗し、降伏します。

出家した義久を秀吉は許し、島津氏に薩摩・大隅・日向を安堵します。

そして大友氏に豊後、宗氏に対馬を安堵し、小早川隆景に筑前（福岡）、黒田孝高《よしたか》に豊前（福岡東部）、佐々成政に肥後（熊本）を与えます。

翻って越後（新潟）では、一五七八年に上杉謙信が亡くなった後、御館《おたて》の乱と呼ばれる謙信の養子の景勝と景虎の争いが起こりました。これは上杉家の内部を真っ二つに分けた内乱で、景勝が勝ったものの、上杉氏の力は衰え、賤ヶ岳の戦いを機に景勝は秀吉に従います。

関東の雄であった北条氏は、九〇年の秀吉の小田原征伐で倒されました。八七年には九州の大名たちへの停戦命令を関東にまで広げました（惣無事令《そうぶじれい》）が、この命令に北条氏が違背したとして、秀吉は上杉氏や四国の長宗我部氏、東海地方の徳川氏など自分に服属する大名たちを総動員し、北条氏の居城、小田原城を包囲しました。

この大征伐に仰天した伊達政宗が仙台から駆けつけてひれ伏し、東北も秀吉の支配下に入ります。小田原征伐は、東北の大名に見せつける「デモンストレーション」でもありました。あの北条氏も秀吉の前ではいちころやで、と。それでみんなが勝ち馬に乗るように一斉に靡《なび》くという効果があったのですね。

北条氏は滅び、その領地である関東に、徳川家康が旧領と交換で入ることになりました。徳川氏の旧領であった三河（愛知東部）や遠江《とおとうみ》（静岡西部）には、代わりに豊臣系の池田輝政や山内一豊が入りました。

このように秀吉を裁定者として領地をそれぞれに与え直したことを、「国替え」（転封）と呼びます。豊臣方の大名を要所に配置して、古くからの領主を移動させて土地から切り離し、新しい秩序をつくりだす狙いがあったのですね。

こうして「天下一統」が成ったわけです。

象徴的なのは、八六年に秀吉によって堺の堀が埋められたことです。

堺は一三九九年の応永の乱で、和泉（大阪南部）守護であった大内義弘の軍勢が立て籠もったため、足利義満に攻められ、一万戸ぐらいが焼けたといわれています。ここで堺は一回ボロボロになってしまいました。

ところが室町幕府の柱石だった細川氏が、京都、大坂、阿波という地域を押さえたため、地政学的に堺（港）が要衝になり、あっという間に復活します。一四七六年前後には明に使いの船を出しています。そして有力商人たちが集まった自治組織（会合衆《えごうしゅう》）ができました。この頃に堺はピークをつけました。

細川氏の庇護のもとで大きくなった自治都市の堺は、戦国時代には町のまわりに堀を掘り櫓《やぐら》を立てて、戦国大名たちを相手に商売をガンガンやっていたわけです。

その一番の商品は鉄砲でした。戦国大名が争っているときは、どこにでも鉄砲を売ることができたからです。

しかし信長や秀吉のような統一政権ができて、さらに「停戦命令」が出たら、自由に鉄砲を売るようなことはできなくなります。

「もう戦さはなくなるサカイ、堀などいらんで」ということです。

アフロ

堺の周囲を囲っていた堀は、秀吉の命令で徐々に埋められました。写真は2007年に出土した環濠の様子です。

堺の堀を埋めたのは、天下一統を象徴する事件ですが、後に豊臣秀吉の残した大坂城の堀が、徳川家康によって埋められることを思うと、なんだか因果を感じさせられますね。

9 キリシタン禁止令の実態は？

豊臣秀吉の宗教政策で有名なのは、キリシタンの弾圧ですね。一五八七年の夏、島津を降《くだ》して九州を平定した秀吉は、九州でいわゆる「バテレン（カトリック司祭、宣教師）追放令」を出しています。また九六年には、有名な「二十六聖人の殉教」事件が起きています。

ですが、単純に「秀吉はキリシタンを禁じたんやで」というより、もう少し事実は複雑です。

イエズス会のフランシスコ・ザビエルらが、マラッカから鹿児島にやって来て日本で布教を始めたのは、一五四九年のことでした。

宣教師たちは応仁の乱後の荒廃した京都を避け、国際都市だった大内氏の山口、次いで大友氏の府内（大分市）で布教活動を営みました。

ザビエルが日本の地を踏んで十年後、五九年にイエズス会のガスパル・ヴィレラ神父が京都に上り、当時の将軍義輝《よしてる》からオッケーオッケーと京都での布教を許されました。

ところが、六五年に義輝が三好三人衆に殺されると、仏教界の働きかけを受けた朝廷によって、ヴィレラは京都から追放されてしまいました。それで、やっぱり九州やなということで、九州がキリスト教布教の中心となっていきます。

六三年に肥前（長崎）の大名、大村純忠《すみただ》がキリスト教徒になり、七〇年に長崎が開港します。翌年にはもうポルトガル船が来日しています。

少年使節に託された狙い

ザビエル来日から二十年後の一五六九年には、信長がルイス・フロイスに布教を許可しています。フロイスは六三年に来日し、『日本史』という詳細な記録を残しました。

朝廷の以前の追放令にかかわらず、信長はそれを無視して京都での活動を許しました。

それから十年後の七九年にアレッサンドロ・ヴァリニャーノという非常に有能なイエズス会東インド管区巡察使がやって来ました。

八二年、四人の少年が九州のキリシタン大名たちの(天正)遣欧使節としてヨーロッパに旅立ちます。

これはヴァリニャーノの建策です。なんで四人の少年を連れていったかといえば、日本で布教が成功した生きた証拠を見せたかったのですね。

一六〇一年のヴァリニャーノの手紙で「日本でキリスト教徒が三十万人になりました」と報告していても、ローマ教会内部にも「本当かいな」と、疑い深い人がいたのです。

しかも、ローマ教皇に拝謁するときは三人でした。ひとりの少年が、たまたま体調が悪くて休ませたのですが、若桑みどりさんが『クアトロ・ラガッツィ』で鋭く指摘したように、これは聖書の東方三博士の伝承に重ねた作戦だったのですね。

イエスが生まれたときのように「東方から三人の少年がやって来たで」と。ローマ教皇は大喜びです。

クアトロ・ラガッツィ（四人の少年）が日本を出発した直後、本能寺の変が起こりました。信長の後を継いだ秀吉はどうしたかといえば、一五八六年にイエズス会日本準管区長ガスパル・コエリョを大坂城で引見して、布教許可証を出しています。秀吉も信長がフロイスに出した許可を裏書きしたのです。

バテレン追放令はなぜ出たか

ところが一五八七年、秀吉のバテレン追放令が突然出されました。

これはなぜかといえば、一番有力な説は、長崎が貿易港としてものすごく儲かっているのを秀吉が知って、長崎を直轄地にしようと考えたからだというものです。

このときの追放令には文書が二つ残っています。六月十八日付けの十一か条の覚書と、翌日に五か条に整理されたものです。

これをよく読んでみると、ポイントは「強制的な布教の禁止」です。

この頃、大名をも改宗させていたキリスト教は、かなりの力を持っていました。なかには大村純忠や高山右近のように、キリスト教にのめり込んで領内の神社仏閣を破壊したり、あるいは強制的に領民を改宗させたりする大名もいました。それはあかんということです。

しかも十八日の覚書では、一般の個人が勝手にキリスト教徒になるのはオッケーやでと、信仰の自由を認めています。小西行長や有馬晴信などのキリシタン大名はどうしたかといえば、秀吉の許可をもらえばオッケーやでということになります。

相当なザル法です。現に関ヶ原の戦いまで、洗礼を受ける人が毎年約一万人ずつ増えていたのですから。

バテレン追放令と聞くと全面的な禁教令のようにも響きますが、実態は大きく異なります。九〇年にヴァリニャーノが四少年を連れて帰国すると、秀吉が引見しています。キリスト教は黙認されていたと考えた方がいいですね。

追放令でも、ポルトガル船が貿易のために来航するのは構わないと明記されていました。秀吉は宣教師たちが長崎付近に滞在することを黙認し、ポルトガル船の呼び水にしようとしていたのです。

ところがそれからまた十年ほどして、事件が起こるのですね。

九六年にサン・フェリペ号というスペイン船が高知に漂着しました。漂流船の荷物は現地人の所有となって、一番いいものはえらい人（秀吉）に献上されます。当時の日本では、これが普通の習慣でした。

しかし、ヨーロッパの法制では難破しても積荷は船主のものでした。荷物を取り上げられた船員が腹を立てて、スペインに比べて日本がいかに野蛮かを言い立てました。

それを聞いた秀吉が怒ったわけです。禁教令を出して、京都や大坂にいたキリシタンの宣教師や信者二十六人を捕らえ、長崎で処刑してしまいます。これが「二十六聖人の殉教」として知られる事件です。

二十六聖人殉教の事情

実はこの殉教事件の中心を占めたのはフランシスコ会の人々でした。

イエズス会は、とにかくキリスト教徒を増やすことが第一目的ですから、郷に入っては郷に従えで、日本の慣習を大事にする。

ところがキリスト教徒が増えてくると、フランシスコ会やドミニコ会など他の修道会も我も我もとやって来ます。後から来た人は先輩の苦労を知りませんから、イデオロギーに偏り「日本の神仏を拝むやつは悪魔やで」と軋轢《あつれき》を起こすわけです。

秀吉は、キリシタンが他の宗教に喧嘩をふっかけるようになったら困ると思ったのでしょう。

当時の日本では、一向一揆や延暦寺の焼き討ちなど、数千人単位での弾圧も珍しくはあ

photoAC

長崎にある日本二十六聖人記念館の記念碑。小高い丘のこの場所が、キリストが処刑されたゴルゴダの丘に似ていることから、この場所が選ばれたともいわれます。

りませんでした。

ではなんでこの二十六人の殉教事件が世界的に有名になったかといえば、キリスト教の聖遺物信仰が理由のひとつです。聖遺物とは、「これがキリストを包んだ布やで」「キリストを貫いた槍の一部やで」と、教会が信者に見せて有難がらせるものですね。

殉教した二十六人がつけていた衣服とか、身体の一部が、聖遺物として世界に広まったのです。なぜなら、当時の世界で殉教者を出す（聖遺物を生産する）国がなかったからです。

実際にキリスト教の禁止令が出るのはザビエルの来日から七十年近くたった一六一四年、家康の時代になってから。当時の信者は三十七万人に達していました。このように見てくると、信長、秀吉の時代を通じて、キリスト教に対して、いわれるほどの組織的な大弾圧はなかった、というのが実態だろうと思います。

10 刀狩りと太閤検地

「天下一統」を成し遂げた豊臣秀吉。彼は臣従した大名たちを、「国替え」によってもとの土地から別の土地へと領地を交代させました。「先祖代々治めている土地やで」から「関白様から頂いた土地やで」というように、新しい秩序を秀吉が目指したことは前に話しました。例えば徳川家康は東海から、関東へ国替えになりましたね。

移動する大名は、家臣たちを連れていくことになりますが、家臣たちは、もとはその土地の小領主（国人）たちです。静岡県井伊谷《いいのや》の小領主だった井伊直政も、関東に移った主君の家康について いき、新たに群馬県高崎に領地をもらいます。

一方で武士のなかには主人と移動を共にすることを断り、先祖の土地に残って武士の身分を捨てて「帰農」を選ぶ者も現れました。各地の庄屋さんや名主さんには、そういった由来の家が数多くあります。

この時代、武士と農民との区別は曖昧でした。秀吉の政策は、まさにそこにクサビを打ち込み、武士と農民との身分を分けていきます。

その象徴的な政策が、「刀狩り」でした。

秀吉の大仏づくり？

日本の刀狩りは、鎌倉時代の一二二八年、執権北条泰時《やすとき》が高野山の僧侶に対して、刀を振り回したらあかんでと布告したのが、おそらく最初だと思います。泰時は、一二四二年には鎌倉の僧侶に対して腰刀禁止令を出し、「坊さんが刀を差すようでは仏様が怒るで。刀は溶かして大仏にして供養するで」と命じています。

一二五〇年には、執権北条時頼によって刀狩りの対象が鎌倉の庶民にまで拡大されました。庶民は武器を持ったらあかんというのは、まず幕府のある鎌倉から始まっていたのですね。

そして秀吉によって、一五八八年に有名な刀狩令が出されます。

この刀狩令も内容を見ると、泰時の布告によく似ています。

「刀を差し出したら、オレがそれを方広寺の大仏にしてやるから、極楽へ行けるで」と命じたわけです。

とはいえ刀狩令以降も、腰に差したり使ったりしなければ、所持しても別にかまへんでということで、農家のなかに刀はたくさん保存されていました。

刀狩りは、刀を全て没収するのではなく、おおっぴらに刀を使った行為をやめさせることが狙いでした。

その傍証として、一五八七年に喧嘩停止《ちょうじ》令を出して、村の紛争について武器を使って解決することを禁止しています。この喧嘩停止令はそのまま徳川秀忠（一六一〇年）以降にも踏襲されています。

秀吉が考えていたのは、農民は農業に専心して、喧嘩についてはお上がちゃんと裁判をやるから、勝手に裁いたりしたらあかんで、ということです。中世の自力救済を禁止するのが一番の狙いだったのですね。

中世篇で、村が自治を行っていたことを話しました。税金を自分たちで集めて納めるので、村のことは自分たちに任せてくださいというものでしたね。村人たちは自分たちで村の治安維持にあたり、刑罰権も行使していました。ときには武装盗賊たちを撃退したり、隣村を襲ったりしています。つまり、村は相当の武力を持っていたのです。

大名の兵も平時には農民です。彼らは農閑期には兵士になって隣国に行き略奪を行っていました。秀吉はそういう兵と農が混合している状態を改めて、武力はプロの武士だけが持つようにしようとしました。この兵農分離が一番のポイントです。それによって百姓や僧兵などの一揆が起きないようにする狙いがあったのでしょう。

刀狩りと並んで秀吉の画期的な政策といわれるのが、全国の耕地を測量した「太閤検地」です（太閤というのは関白を退いた人の尊称ですが、現在では一五九一年に関白職を甥の秀次に譲った秀吉のことを主に指す言葉となっています）。

太閤検地で全国統一

太閤検地は一五八二年から九八年まで、長い期間をかけて行われています。またその前には信長の検地もありました。そのなかで次第に手法が整備されていき、全国を統一する基準がつくられていったのですね。

信長・秀吉以前も、大名たちによって検地は行われていました。多くの場合は指出《さしだし》検地といって、村からの自己申告制でした。そして検地帳に記載されるのは、地主でした。村は自治を行い、村全体で領主に対して税金納入の責任を負っていました（村請）。

太閤検地では丈量《じょうりょう》検地といって、できるだけ役人が現地で実際に測ろうとしました。

検地によってそれぞれの農地の生産量と持ち主をチェックして、検地帳には地主ではなく、実際の耕作者が記載されました。これにより、地主や地侍の中間搾取が否定され、直接的な生産力の把握が可能となり、また耕作者は自らの土地保有が政権によって公認されることになりました。もっとも村が年貢を請け負う村請は、この後、江戸時代を通じて一貫して維持されていきます。代官による年貢の各戸徴収は行われませんでした。

また、以前は貫高《かんだか》制で、銭に置き換えていたものが、太閤検地では、お米がいくら取れるかという、石高基準で統一されていきます。

生産量の違いにより農地は上、中、下、下下の四等級に分けられました。

また各大名でバラバラだった計量単位も統一しました。一間は六尺三寸（一九一センチ）。一間四方が一歩、三百歩が一反、十反が一町というように度量衡《どりょうこう》や枡（京枡）を統一したのです。

こうして、全国一律で総覧できる土地台帳ができました。その土地台帳を天正御前帳と呼んでいます。それを秀吉が大坂城で見ていると考えてください。

「美濃（岐阜）の検地をしてきました」と家臣が秀吉の前に帳面を広げて、「これが美濃です。このあたりはお米がたくさん取れます。全部で何石です」と報告するわけです。

秀吉は、御前帳は天皇に納めるためのものであり、また朝鮮出兵に備えるためとも話していました。日本国中の土地を漏れなく把握することを、天皇から委任された関白秀吉が命ずる、というかたちにしたのです。

そのため大名ごとの分国は無視され、郡という律令に由来する単位で集計が行われました。

権門体制にとどめを刺した

これが何を意味するかといえば、ここで中世の「権門体制」が最終的に終わったのです。

全国の土地が、王家のもの、藤原家のもの、武士のもの、お寺のものなどに分かれていた中世の権門体制は、実質的には戦国大名の領国支配によって終わっていました。

そしていったん各領主単位毎に分国化した日本に、太閤検地によって、全国的に統一された新たな土地台帳が誕生しました。

これほど大きな土地政策の変更は、明治の地租改正と、戦後の農地改革ぐらいです。太閤検地にはとても大きな意義があるのです。

刀狩りと検地、それと刀狩りとともに発された、海賊行為を取り締まる海賊停止令によって、日本に完全な全国統一政権ができたのです。

このように考えると家康は、信長と秀吉がつくったものをほとんどそのまま受け継いでいますよね。

最近の巷での人気は信長、家康、秀吉の順と聞きますが、秀吉がそこそこ有能であったことは間違いないと思います。
もともとの発想は信長にあったとしても、ローマ帝国でカエサルのグランドデザインをアウグストゥスが実際に執行したように、信長の描いたデザインを実行に移したのは秀吉です。ただ秀吉にはアウグストゥスほどの時間がなかった。秀吉の死後、豊臣政権は瓦解していくことになります。

アフロ

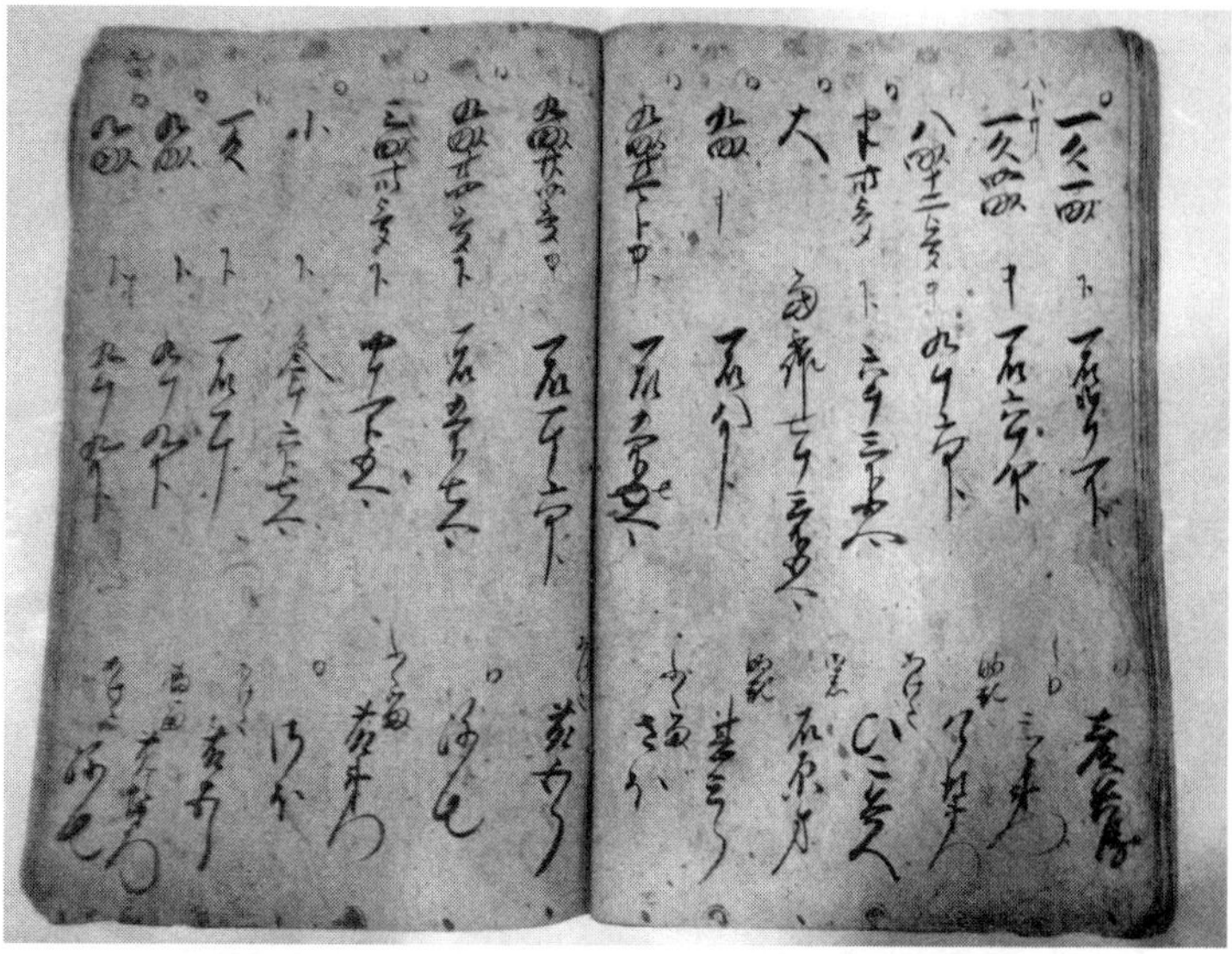

太閤検地以前には各領民から報告書のかたちで指出帳が提出されており、これらの資料が検地の基礎となりました。写真は秀吉の検地帳です。

11 日本製通貨の誕生

前章では、豊臣秀吉の太閤検地で土地の値打ち（評価）を銭に換算する貫高制から、米の収穫量で測る石高制に変わったという話をしました。現代の私たちにとっては、お金を単位にしたほうが便利そうですから、この変化を不思議に思った人が多いのではないでしょうか。実はその背景には中国の王朝交代がからんでいました。

そしてこの大きな流れのなかで、中国から輸入した銭に頼っていた日本の通貨制度を改めて整えていったのは、マネーサプライの重要性を理解していた織田信長でした。

東アジアの銭不足

中国の明朝は大元ウルス（モンゴル帝国）を倒して建国した（一三六八年）退嬰《たいえい》的な政権で、地球規模の商業帝国だった大元ウルスを忌み嫌っていました。そこで海禁（鎖国）して実物経済に移行します。例えば貨幣を使わないで年貢は軍隊の駐屯地まで持っていけなどと命じたりしています。秦や漢の時代から中国で延々とつくられてきた銅銭、特に宋銭が東アジア全体にマネーを供給していたのですから、元栓が閉じられると周りの国も銭不足になります。日本でも深刻な通貨不足が生じ始めました。

そこで仕方なくビタ（鐚）銭をつくり始めます。粗悪な銭の意味です。私鋳品ですからつくる技術も劣っていたのですね。なかには銭のかたちをしているだけで文字もデザインもない無文銭もありました。それらがどんどんつくられるようになると、最近出版された高木久史さんの『撰銭《えりぜに》とビタ一文の戦国史』（平凡社）に詳しく書かれていますが、今度は撰銭という現象が起こります。本当のお金か、日本製の偽物かを選別して、ビタ銭だったら受け取らなくなるのです。

ビタ銭を通貨として認める

でも、本当のお金（宋銭）が出回らなくなっていくと、そんなこともいっておれないので、銭の階層化（良質の基準銭とそれに劣る減価銭の共用）が起こります。「ビタを受け取ってもいいけれど、値打ちは割り引くで」ということです。

例えば京都の上賀茂神社の領地の年貢について、ビタ銭千文は本銭五百十一文の値打ちとするという記録が残っています（一四八八年）。また一四九三年には、肥後国（熊本）の大名、相良《さがら》氏が、ビタ銭を本銭の四割か五割の価値と決めています。

こういう状況のなかで登場した織田信長は、一五六九年に永禄貨幣法をつくります。信長は天才的で、まず階層化を法で認めました。ビタ銭の種類によって、それぞれ本銭の五割とか二割とか、換算比を定めました。

マネーサプライがなかったら経済自体が回らなくなるので、日銀ではありませんが、キャッシュを供給するために、「無文銭でも少しは銭の価値はあるで」というところまで踏み込みます。なんの印もない百円玉サイズのパチンコ店のコインにも十円の価値を認めるようなものです。無文銭を公認した法は、日本史を通じて永禄貨幣法だけでした。

次に、生糸・薬・緞子《どんす》・茶碗など唐物の高額取引には金銀を使用させます。金一両が銀七・五両、銭一・五貫文と換算額を定めました。

昔から甲州金と呼んで、武田信玄が金を通貨として使ったり、丁銀《ちょうぎん》という、銀をナマコ型に鋳造した銀貨を使うことが西日本など一部では室町時代から行われていましたが、信長はきちんと法律で金・銀の通貨としての使用を認めたのです。

信長は権力者ですから、金銀が献上されます。それを使って京都で茶道具を買い漁っています。そうすることによって、市場にマネーサプライを供給していたのです。日銀がマーケットから国債を買って円を供給するのと同じことをやったのです。

同時に、米を通貨の代わりの交換手段として利用することを禁止します。米を通貨にすると貯金ならぬ貯米に励む人が出てくるかもしれません。そうしたら米がマーケットに出てこないので、人々に不安が蔓延して米騒動が起きたらまずいということです。

十年後の八〇年頃になると、もはやビタ銭が基準銭になります。信長の軍勢が宿に払う費用を、一人ビタ五文と定めた例があります。ビタ銭のほうが、流通量が多くなってきたからです。奈良ではすでに七一年から、米相場がビタ建てで記されていました。ついに、ビタ銭が本銭のように扱われるのが当たり前になり、ビタ銭という呼び方自体が薄れて行きます。

豊臣秀吉は八二年、信長を討った明智光秀を倒すと、信長の貨幣政策をそのまま追認します。

そして八七年に天正通宝、八八年に天正大判という貨幣を発行します。実は日本の政府が通貨をつくったのは、七〇八年の和同開珎から九五八年の乾元大宝までの皇朝十二銭以降、これが初めてです。

しかし秀吉は金銀を富の貯蔵と、大名への報酬に使っています。奈良の都で官僚や兵士への給与などにしか使われなかった皇朝十二銭と同じで、伏見城や大坂城の界隈で金銀が使われたわけです。大坂城が焼けたときに、大判小判何千枚とかが地中から出てきたといわれるほど、大坂城に金銀を溜め込んでいたのです。

家康は一六〇八、九年に慶長貨幣法を定め、慶長金一両が慶長銀五十匁、永楽通宝（名目上の貨幣単位で、実際の使用は禁止）一貫文がビタ四貫文と定めました。

また、一六三六年に幕府自ら寛永通宝という銭をつくります。その背景には、前年に参勤交代が制度化したことがありました。例えば薩摩（鹿児島）のような遠いところからも江戸まで来るわけですから、道中、お金を持っていないとご飯が食べられないですよね。でも金や銀では、宿場町で兵士が使うには高すぎますね。そこで寛永通宝をつくり始めたわけです。

もうひとつの背景は、足尾銅山の開発です。当時、日本の金銀山は掘りつくして金銀の海外輸出は先細りになりつつありました。栃木の足尾から銅が出始めると、今度は銅を売り始めます。一六三三年からの五年間で一億二千八百万枚の棹銅が輸出されました。その後、九〇年には別子《べっし》銅山が発見されました。

ここで、金貨、銀貨、銅貨の三貨制度が定着して、ようやく国産通貨による貨幣経済が始まるのです。

しかし、田畑の検地では貫高制から石高制へと移っていきます。

貫高制から石高制へ

以前話したように、室町時代から戦国時代にかけて、中国から輸入した銅銭に裏付けされて貨幣経済が行きわたり、年貢も銭に換算する貫高制が定着しつつありました。

ところがビタ銭が流通し始めるようになると、銭の価値がバラバラになり統一した基準としてお金を使いづらくなってしまいました。それならこの土地からはお米がどれぐらい取れるかのほうが明解で合理的です。

こうして貫高制から石高制へと立ち返るかたちになったのですね。

江戸時代に入って銭の心配がなくなっても、金貨が主に使われる東日本と銀貨が主に

アフロ

写真は足尾銅山の鋳銭座跡です。1741年、足尾銅山から出た銅を使ったここでの鋳銭が許されました。足尾でつくられた寛永通宝の背面には「足」の字が書かれ、「足字銭」とも呼ばれました。

使われる西日本、それと銅銭の値打ちが変動する仕組みは残りました。そのため依然としてお米が基準となり続け、江戸時代はお米と三貨が共存していたと見たほうが実態に近いと思います。

日本の政府が製造した銅銭が全国に流通するのは寛永通宝が初めてでした。学校で、日本最初の貨幣として富本銭《ふほんせん》（飛鳥時代）を教わると、その後ずっと政府がお金をつくってきたんやろな、と錯覚しがちですが、実はまったくそうではないのです。

12 権力のステータス　茶の湯

前章では、織田信長が市中のマネーサプライを増やすために、日銀が国債を買うように、茶器を金銀で買い上げていたことを話しました。

信長や秀吉の時代には、武将たちの間で有名な茶碗などをやり取りする話がたくさん残されています。

それらの茶器のルーツはもともとは東山御物《ごもつ》という、足利義満はじめ歴代の足利将軍が集めた宝物だと思います。それを足利義政の側近だった能阿弥が東山山荘（銀閣寺）で選別したのです。

東山御物はいろんなところに流出していくのですが、まわりまわって時の権力者の信長や秀吉のところに集まります。また信長は自身でも積極的に市中の茶器の「名物（名品）」を集めました。本能寺の変の直前、信長は東山御物伝来の三十八種の名物を披露する茶会を開いていたそうです。

信長は茶の湯を積極的に配下の武将らの統制に利用したのですね。例えば功績のあった部下に高価な茶道具を下賜《かし》したり、茶会を主催することを許すことで他の部下たちと差別化したのです。他の武将に禁じておけば、「お前には特別にティーパーティを主催することを許してやろう」というだけで、すごい褒美になるわけです。

秀吉は信長の死の直後に、自分は信長から茶会を許され、茶道具を下賜されて感激したと回想しています。

織田信長の配下の武将だった滝川一益は、武田氏との戦いで戦功をたて上野（群馬）、信濃（長野）の土地を与えられましたが、「こんな田舎の土地をもらうより、茶器の名品をもらいたかったで」と嘆いてみせました。

逆に織田軍に追い詰められた大和（奈良）の松永久秀は、信長が欲しがっていた平蜘蛛茶釜という名物を叩き割って信長の手にわたらないようにして自害したと伝わりますね。

こういった信長のお茶会の開催権を限定する手法は「御茶湯御政道」といわれ、その手法は跡を継いだ豊臣秀吉にも受け継がれていきます。なお、御政道とは御禁制という意味ですから、御茶湯御政道の本来の意味は、無許可の茶会は禁止ということになります。

茶道は賭け事だった

お茶は平安初期に日本に伝わりましたが、普及は鎌倉時代です。禅などとともに栄西が持ち込み、当初は薬として飲まれていました。やがて普及すると、中世篇で見てきたように、お茶の産地や銘柄などを当てる賭け事「闘茶」が世の中に流行します。これにバサラ大名たちが熱中しました。いまも「このワインのカシスのような香りは……」などと似たようなことをやっていますね。

人間は不思議な動物で、じかにお金を賭けるよりも、何か遊びが欲しい。例えば連歌で五・七・五の上の句に七・七の下の句がつけられなかったら「お前の負けだから銭を払え」などという遊びがありました。

千利休の師匠、武野紹鷗《じょうおう》は三条西実隆《さねたか》に歌道を学んでいましたから、連歌の心得もあったのでしょう。茶道で「侘《わ》び」「寂《さ》び」というのも和歌の世界から来た言葉だそうです。

みなでお茶を飲んだり歌を楽しんだりする社交の席は、次第に洗練されていき、茶道具や茶室が威信財（権力や権威を示すための財物）になっていきました。

茶室に集まった人はみな平等という建前でしたが、そこに招かれること自体が、「お前のことを、とくに目をかけてるで」という、親分子分の契りとなるわけです。

信長や秀吉は、朝廷との間でもしょっちゅうお茶会をやっています。秀吉は禁中に大坂城から黄金の茶室を持ち込み（分解式でした）、正親町《おおぎまち》天皇にお茶を献上する前代未聞の茶会を開きました。このとき後見役を務めた千宗易が、宮中に上がるために利休居士《こじ》の号を勅賜《ちょくし》されます。

その茶会政治の集大成が秀吉の北野大茶会《おおちゃかい》（一五八七年）です。京都北野天満宮の境内に、千五百軒もの茶屋が建ち、「茶湯執心《しゅうしん》とあらば、若党・町人・百姓以下によらず」参加させた大衆茶会でした。

ここで秀吉が長年にわたって集めた茶道具が展覧されました。それは自分の権力の「見える化」であり、そこに呼ばれた人は呼んでくれた秀吉にひれ伏したのです。

キュレーターとセットの茶道具

茶器が威信財になったといっても、大昔の中国の青銅器のようなものだったら見た瞬間に威信財とわかりますが、茶道具は「侘び寂び」ですから、こんなの道端で売ってるで、といわれそうじゃないですか。

そこを千利休などの違いのわかる茶人たちが、「いや、これはたいしたもんやで」とお墨付きを与えると、みんなが有難《ありがた》がるようになります。

茶器のような、素人には見分けがつかない日用品が威信財になっていく過程では、必ず目利き、つまりそれを鑑定するキュレーターが生まれます。微妙な味わいは専門家のお墨付きがないと有難味がわからないのです。

利休の役回りはそういった文化的な師匠というだけにとどまりませんでした。要人と要人の間でいつも利休がお茶を点《た》てるのですから、秀吉とか家康とかの話を横で全部聞いているわけです。

今の大企業の役員の秘書役のようなものです。大企業のトップは会食のときに秘書役などを連れていきます。それが現代の利休だと考えたらいいと思います。

秀吉の秘書としての利休の権勢は相当なものでした。秀吉の意向を受けて、九州征伐の前に島津義久の家老に手紙を出し、「島津氏と大友氏の戦争はやめたほうがええで。やめないと大変なことになるぞ」と告げています。島津氏を訴えに大坂城へやってきた大友宗麟《そうりん》は、「関白秀吉様に自由に口を利けるのは千宗易《そうえき》だけだそうやで」と自分の家老への手紙に書いています。当時は大名といえども御茶頭《おさどう》の利休を通して秀吉に上申するようになっていたのです。

しかし一五九一年、その利休が秀吉に切腹を命じられます。

秘書利休の切腹

その主要な理由とされたのが、大徳寺の木像です。京都の大徳寺の山門に、利休が楼閣を寄付しました。お寺はその功労を顕彰するために利休の木像を楼閣に安置しました。その下を貴顕の人々が通ることになるので、けしからんというのです。

自らの立場を利用して不正を働いたこともやり玉に上げられました。

とはいえ秘書役にはどの世界でも賄賂が集まるものです。当人にその気がなくても、秘書のお世話になる人は付け届けや御礼の品を送ります。そういった文化はアジア圏だけではありません。アメリカでも、CEOの秘書に好かれていない人はクビになるという冗談があるぐらいで、秘書の機嫌をとるのに皆ものすごく気をつかっています。

利休の切腹は当時の大名並の扱いでした。しかも上杉景勝の兵三千が利休屋敷を囲んで警固するなかで行われました。利休に同情する大名たちの反乱を恐れたのです。堺の町人

アフロ

復元された秀吉の「黄金の茶室」。秀吉は黄金の道具を用い、茶会を行いました。

だった利休が、お茶によって、国家の重要人物になっていたということですね。

豊臣秀吉は、どこでどう怒るかよくわからない人です。一五九五年に甥で関白を継いでいた豊臣秀次を謀反の罪で失脚させたケースにしても、秀次を切腹させたうえ、妻妾子ども、家臣に至るまで殺しています。理由は利休と同様、はっきりしません。

秀次の事件は、一五九二年と一五九七年と二度にわたって行われた朝鮮出兵の間に起こった事件でした。次章ではその朝鮮出兵についてくわしく見ていきましょう。

13 出兵前夜の日朝関係

豊臣秀吉による朝鮮出兵に話をすすめる前に、当時の朝鮮と日本の関係をざっと見ておきましょう。

十四世紀半ば、南北朝の争いが九州で長く続き、朝鮮や中国沿岸を荒らす前期倭寇が活発に動いていました。

その後、足利義満によって明との勘合貿易が始まり、前期倭寇は取り締まられるようになります。朝鮮（李氏朝鮮）も日本との間に嘉吉条約《かきつじょうやく》（癸亥約条《きがいやくじょう》）を一四四三年に結び、交易を始めます。京都では嘉吉の乱で足利義教が暗殺され、その後の混乱が続いていた頃です。朝鮮との交渉に当たった日本の代表が対馬の有力者、宗氏でした。

ニセ日本国王使

前期倭寇を取り締まるかわりに、宗氏は貿易船を五十隻まで送ってええで、という約束を両者は交わしました。この嘉吉条約の効果で半世紀ほどは仲良くやっています。

ところが、一五一〇年に三浦《さんぽ》の乱というのが起こります。

三浦とは現在の釜山《プサン》周辺、朝鮮慶尚南道にあった乃而浦《ネイポ》・富山浦《プサンポ》・塩浦《ヨンポ》という三つの港のことです。そこに日本人が住み着いて、対馬の代官が統治する治外法権的な外国人居留地になっていました。

朝鮮側はこの居留地の拡大を不安に感じて圧力をかけ、居留地の日本人が起こした反乱を機に、朝鮮は交易を停止し、対馬は長年の居留地も朝鮮との交易の権益も失います。

対馬は耕地が少なく朝鮮との交易が稼ぎ頭でした。日本からは銅や錫、銀などを輸出し、朝鮮からは日本では生産が少なく需要の多かった木綿の布や仏典などの書籍を輸入していました。

ですから宗氏は「はい、そうですか」と交易を捨て去るわけにはいきません。朝鮮に詫びを入れて交易を再開してもらいます。すると「仕方ない。半分の二十五隻だけやで」というかたちで朝鮮も許したのですね。その後も何度か現地日本人の暴発→宗氏の平身低頭→交易再開を繰り返していました。

一五五七年に宗義調《そうよししげ》が、新たに丁巳《ていし》約条を結んでからは、また三十年間ぐらい平和な交易を続けています。

宗氏は決められた貿易船のほかにも、ニセの「日本国王使」を仕立てて朝鮮に送り込み交易を行っていました。おそらく朝鮮側も「こいつら本物やないな」とわかっていたと思います。しかし前期倭寇を抑えるための必要悪と思っていたのかもしれません。

ところが秀吉が関白に就任し、日本の統一（天下一統）が目前に迫ってきた一五八五年ぐらいから、明に攻め入るという話を広言し始めました。明を征服するというのはもともと信長が口にした構想でしたが、秀吉がなぜそれを受け継いだのかはあまりよくわかっていません。

一番有力な説はこうです。統一した後、秀吉は子飼いの若手武将を大名に育成していこうとするのですが、もう与える土地がない。だから、外国を攻めることによって彼らに領地を与えて、豊臣政権を安泰にしようという目論見があった——。

八七年に宗氏が豊臣秀吉に服属の意を伝えると、秀吉からは「九州の次は唐入《からい》り（明征服）やで。その手はじめは朝鮮や」という返事がきました。対馬の宗氏にとっては、そうなったら自分が尖兵になれといわれるのは目に見えています。

そこで、対馬の宗義調、その跡取りの義智《よしとし》は、島津攻めに九州に出張ってきていた秀吉に挨拶にうかがい、「朝鮮とは仲良くしていますので唐入りは勘弁してください」と懇願するのですが、秀吉は「それなら朝鮮に、オレに挨拶に来いと話せ」と宗氏に命じます。

琉球と朝鮮のアナロジー

秀吉は日本の外の世界をあまり知らなかったので、琉球とのアナロジーがあったと思うのです。薩摩の島津氏による琉球侵攻は一六〇九年ですが、すでにこの時代から島津氏は琉球にかなりの影響力を及ぼしていました。島津氏は一五八九年に琉球の尚寧《しょうねい》王を脅して秀吉の天下一統を祝う使節を送らせています。唐入りのときには琉球は兵糧を出しているのです。

薩摩が琉球にいうことを聞かせられるのだったら、対馬の宗氏は朝鮮にいうことを聞かせられるはずだと秀吉は思っていた節があります。

宗氏は秀吉のいう通りにしなかったら自分たちの首が危ういので何度も朝鮮に行き、「秀吉様が日本を統一してめでたい」と祝う使節を送ってくださいと工作します。

「秀吉は偉大なる朝鮮を大変尊敬しています。使いを送ったらきっと満足して、もっと仲良くなることができます」などとうまいことをいうので、朝鮮は「まあ、しゃあないな。隣の国やからな。日本統一おめでとう」という趣旨の使節を一五九〇年に送ってくるわけです。

朝鮮使節が入京すると、秀吉は「俺の配下になる覚悟ができたんやな」と、朝鮮の使節に手紙を持たせます。そこには「自分は太陽の子やから、日光の及ぶところを全部支配する。これから明に攻めて行く。お前たちは子分になるといって使いをよこしたのだから、先鋒隊を朝鮮はちゃんと務めるんやで」などと書いてありました。

こんなものをそのまま持って帰ったら今度は朝鮮で責任問題に発展します。朝鮮の使節と宗氏が相談して、「無知な日本の秀吉がこんなことを書いていますが、要するに、朝鮮に中国に入る道を借りたいということです」と捻じ曲げて朝鮮の朝廷に報告しました。

朝鮮にしてみれば、「日本がわけのわからんことをいってきたな。放っておこうか」と思うわけです。

ところが秀吉はこれで朝鮮も自分たちの先鋒になると信じて、九一年に肥前名護屋城（佐賀県唐津市）を築き、唐入りの基地とします。名護屋城は総面積一七万平方メートル、周りに諸大名が陣取り、職人や商人が全国から集まって、人口数十万。米の値段は日本一高いという大都市が急に出現したのです。

同年の十二月に関白の職を甥の豊臣秀次に譲り、秀吉は明との戦争に専念することになります。

朝鮮に上陸

「日本弓箭《きゆうせん》きびしき国」が「大明長袖国《ちょうしゅうのくに》」に負けるはずがない、日本の武力が明の文弱を圧倒する、というのが秀吉の口癖でした。これは秀吉の誇大妄想だ、彼我の国力から見て無謀だったというのが通説ですが、さてどうでしょうか。

当時の日本の米の生産力は二千万石といわれていま す。また一万石で兵隊を二百五十人ぐらいは出せると考えられています。この数字で計算すると、当時の日本は五十万人の兵士を動員できることになります。

当時の世界で、五十万人規模で軍隊を動員できるのは、中国と日本ぐらいしかありませんでした。後で満洲の女真族《じょしんぞく》が、清を建国(一六三六年)して明が倒れます(一六四四年)が、そのときの満洲軍は三十万人ぐらいです。

また当時の日本は戦国時代でしたから、実戦に慣れていました。銀の生産量も世界の三分の一を占め、お金は山ほどありました。

photoAC

ソウル王宮。写真は2010年に復元された正門光化門です。

単純に数字のうえでいえば、明と戦うのは決して秀吉の妄想だけではなかった。日本の軍事力が歴史上ピークをつけた時代でした。

一五九二年（天正二十年）四月、日本の十六万人の大軍が釜山に上陸します。そのなかには宗氏の当主、宗義智《よしとし》の姿もありました。

14 朝鮮出兵

一五九二年の豊臣秀吉による朝鮮出兵（文禄の役《ぶんろくのえき》）を、朝鮮側では「壬辰倭乱《じんしんわらん》」と呼んでいます。先年からの秀吉の予告にもかかわらず、朝鮮側（李氏朝鮮）の対策は遅れていました。というのも当時、朝鮮の宮廷では官僚たちの派閥争いが激化していて、前年の対日使節の帰国レポートも「秀吉は朝鮮を襲ってくる」と「襲ってこない」で意見が割れ、後者のレポートが受け入れられていました。後者のレポートを出した人間が、勝ち組の派閥に連なっていたからです。

日本軍は四月に釜山《プサン》に上陸すると、五月には漢城《ハンソン》（ソウル）を落とします。釜山からソウルまでわずか二十一日で行軍しています。

ここに至って、李朝十四代国王の宣祖《ソンジョ》は北の平壌《ピョンヤン》へ逃げました。付き従う兵や官僚たちは逃亡途中で次々に脱落していったと伝わります。

一方で朝鮮の奴隷（奴婢《ぬひ》）や民衆は、混乱に乗じて支配階級の倉を襲ったり、日本軍に協力する人もたくさんいたようです。

秀吉は大喜びです。あと一か月か二か月で北京《ペキン》が落ちるぐらいの錯覚を覚えたようです。

天皇を北京に移す

「明を征服したら、後陽成天皇を北京に移して、甥の豊臣秀次を中国の関白にするで。それで俺は寧波《ニンポー》に拠点を置いて、今度は天竺《てんじく》（インド）を攻めるで」と、秀吉は家臣に手紙を書いています。

当時の寧波は日本でも有名な中国の貿易港として知られていましたから、そこに大坂城のような拠点をつくろうという構想ですね。かなり早計な話でしたが、天皇自身も一時はその気になって、僧たちに供奉《ぐぶ》を命じたりしていたそうです。

さて日本軍は六月にはさらに軍を進めてもう平壌に入っています。朝鮮国王は明との国境の義州へ逃げて、明に助けを求めます。

このとき明では、ボハイというモンゴル人が中国西北部のオルドスのあたりで反乱を起こし（一五九二年二月）、明はその対策に追われていました。これも秀吉にとっては幸運でした。

明は「誰か日本軍と交渉できるやつはおらへんか」と慌てて公募したぐらいで、募集に応じて出てきたのが沈惟敬《しんいけい》でした。この人は無頼者で巷《ちまた》をうろついていたときに倭寇と親しくなったということです。

沈惟敬と日本軍の小西行長《ゆきなが》は八月にはすでに会談しています。小西行長は実は対馬の島主、宗義智《よしとし》と親族つきあいをしていました。だから国際派で、明は大きな国だということをよくわかっていますから、日明間で五十日間の停戦を行います。

ところが翌九三年一月には、ボハイの乱を鎮圧した明から、李如松《りじょしょう》が四万人の大軍を率いて平壌へ入って来ました。

「えらいことや。中国が本気を出してきた」と平壌から日本軍は退却します。かたや明軍も日本軍との戦いの度に大きな損害を出すので、やる気をどんどん失っていきました。

そうこうしているうちに朝鮮のそこかしこで義勇兵が立ち上がり、日本軍も各地で苦戦を強いられるようになっていきます。

小西行長は四月にまた沈惟敬と相談し、ソウルを明け渡して和睦を結ぶということになり、日本軍は釜山に下がります。

でも秀吉にはなんと報告したかといえば、「明軍は降伏しました。ただ、明は遠い国です。ここまで自分は命ぜられた役割を果たしましたから、とりあえず釜山に行きます」だったのですね。

偽の降伏使節

明の講和使節が五月に九州の名護屋城に来るのですが、これは偽物で、明軍司令官付きの将校たちでした。小西行長や沈惟敬の筋書き通りに「私どもは太閤様に降伏します」と述べる。

秀吉は機嫌よく「そうかそうか」と、最初の大構想を縮めて七か条の「大明日本和平条件」を出します。「中国の皇帝のお嬢さんを天皇の妃に寄越せ。勘合貿易は復活させるぞ。それから朝鮮八道の半分、南部の四道は日本の領土にするぞ。約束を違《たが》えたら、またいくらでも攻めて行くぞ」というものです。

今度は日本から北京に使いを出します。小西行長の家臣が、秀吉の全権降伏使節に仕立てられて一五九四年十二月、北京へ赴くことになります。

秀吉の降伏文書は、沈惟敬が偽造しました。明の皇帝に謁見した使節が「朝鮮を攻めたのはひたすら貿易がしたいためです。お許しください」と詫びを入れます。

当然、この小西行長と沈惟敬の工作に朝鮮側は激怒していました。国王以下、講和には大反対でした。しかし朝鮮は明の保護下にあったため、交渉では蚊帳の外に置かれていたのです。

明は「降伏するのだったら、戦さはいろいろと面倒だし許そうか。日本国王の肩書を秀吉につけてやろう。冊封《さくほう》は受け入れてやるで」ということで、九六年九月に明からの使節が日本にやってきました。このときは講和に反対だった朝鮮側も明に脅されてしぶしぶ使節を派遣しています。

秀吉は喜び、家康などの五大老を従えて会いました。従来はここで明使の「日本国王に封ず」の書状に秀吉は激怒したとされていました。

しかし中野等さんの『文禄・慶長の役』（吉川弘文館）によれば、怒りの主な原因は、朝鮮からの完全撤兵の要求のほうにあったとしています。

実は秀吉も内心、朝鮮出兵はうまくいっていないことを認めていた。だからこそ、「俺は朝鮮に勝ったんやで」という朝鮮の領土の獲得にこだわったというのですね。

秀吉は朝鮮の使節には会いませんでした。こうして秀吉は朝鮮への再派兵に踏み切り、一五九七年に慶長の役（丁酉《ていゆう》再乱）が勃発します。

滅亡への道

結局、慶長の役では、朝鮮南部の全羅道を攻めお城をつくっただけでした。昼夜兼行、朝鮮兵の攻撃に脅かされながらの難工事で、動員された日本と朝鮮の民衆が酷使されました。

このときソウルや平壌まで攻め上らなかったのはなぜかというと、実は秀吉の命令で、一五九九年に大軍を出すから、とりあえずは南のほうに根拠地をつくればいい。そこから二年後に不退転で明まで行くぞということだったのです。

しかし九八年八月に秀吉は死去します。五大老も五奉行も、唐入《からい》りは妄想やでと、十二月には全軍を朝鮮から撤退させました。

出兵した西国の大名は、陶工などの技術者をたくさん日本に連れて帰ってきます。伊万里《いまり》焼や唐津焼などはこのとき拉致してきた人々の手によって発展しました。

連れてこられた朝鮮人のなかには、奴隷として売られた人たちも多くいました。長崎に来たポルトガル商人が朝鮮人を買ったという記録が残っています。アフリカ西海岸の奴隷の四十分の一の値段だったといいます。

一方、明はボハイの乱や朝鮮の日本との戦争で疲弊し、半世紀後に李自成《りじせい》の起こした反乱軍に敗れて一六四四年に滅んでしまうという経緯をたどります。その後、清が李自成軍を追って北京に入り

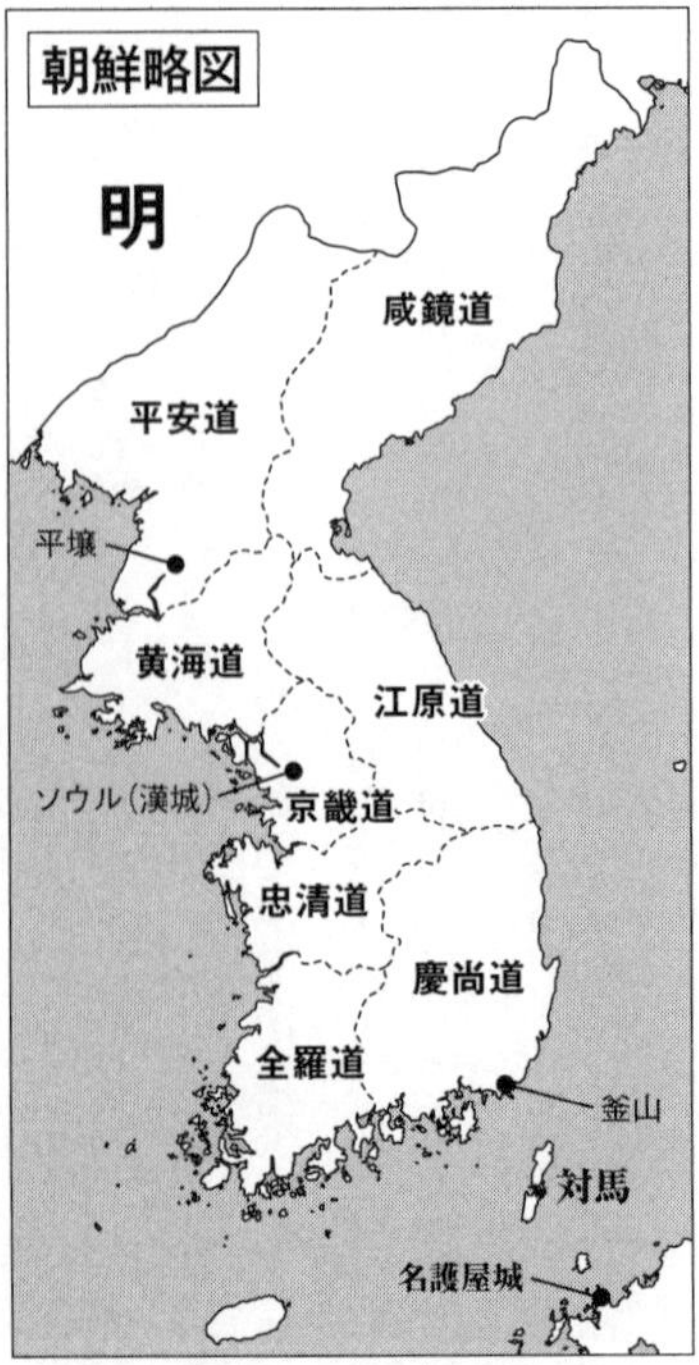

朝鮮出兵時の朝鮮半島略図。

ます。

秀吉にとっては自分に忠実な大名を総動員したあげく、領土を一片も得られなかった。そのうえ功績を上げさせ大大名に取り立てるつもりだった自分の大切な部下たちを疲弊させてしまい、最終的にはそれが豊臣氏の滅亡につながっていくのです。

第3章 家康による戦国の終焉

15 豊臣氏から徳川氏へ

太閤検地や刀狩りを行い、武家関白制という新しいシステムを生み出した豊臣秀吉の政権は、後継者の問題でつまずき、あえなく滅亡への道をたどっていきます。

関白秀吉は朝鮮出兵の直前、一五九一年に甥の秀次（二十四歳）に関白を譲りました。「豊臣氏によって今後も武家関白制を続けるで」ということです。京都の中心部の聚楽第は秀次に譲り、自分は隠居所として郊外の伏見城に移ります。

ところが九三年に側室の淀殿が秀頼を産むと、その二年後に秀次を切腹させました。秀次の後任となる関白は置きませんでした。秀頼に後を継がせるため、秀次が邪魔になると考えたという説が有力です。

とはいえ中国でも、王朝創設後、後継者が幼児でも長く続いた政権は、八歳で帝位を継いだ清朝の康熙帝《こうきてい》がほぼ唯一の例外です。実力者であった康熙帝の祖母はチンギス・カアンの一族出身で、強いカリスマ性がありました。

秀頼の母の淀殿は信長の血筋ですが、すでに織田家が非力な存在になっており、秀吉が亡くなると強力な後ろ盾を持ちませんでした。

大名間の婚姻を禁止

一五九五年、秀吉は大名を統制するために御掟《おんおきて》と呼ばれる法令をつくりました。そこには秀吉の許可のない大名間の婚姻を禁止すると書いてあります。それから、誓紙を交わすことも禁止する。大名たち相互の同盟を防いだわけですね。この御掟は後の徳川幕府による武家諸法度にもほとんどそのまま受け継がれます。

そして秀吉は九八年に亡くなる直前、五大老（徳川家康、前田利家、毛利輝元、宇喜多《うきた》秀家、上杉景勝）、五奉行（浅野長政、増田長盛、石田三成、前田玄以《げんい》、長束《なつか》正家）による秀頼の補佐の仕組みを制度化します。

翌九九年一月、秀吉の遺命で、秀頼は伏見城から大坂城へ移ります。伏見城には家康が入って政務を執り、大坂城には秀頼を支えるため前田利家が入りました。五大老のなかでも家康と利家が二大巨頭です。

ところが秀吉が亡くなったとたん、家康は有力な大名たちと姻戚関係を結ぼうとしました。さっそく御掟を破ろうとするわけです。

そこで前田利家を中心として残る四大老と五奉行全員が家康を責めています。家康は「すみません。軽率でした」と謝ります。

その直後、前田利家が大坂で亡くなってしまうのですが、利家という重石《おもし》がなくなったとたんに、加藤清正や福島正則といった、秀吉に主に武力をもって仕えて可愛がられてきた一派（武断派）が、主に秀吉に官僚として仕えてきた（文治派）石田三成を襲い、三成は大坂から逃げます。

これで三成も失脚し、勢いを挽回した家康は夏には後陽成《ごようぜい》天皇に挨拶に行きました。朝廷も家康を天下人と認めたことになりますね。九月には大坂城に入って住み着きます。

間もなく前田利家の後継ぎの利長が、家康から秀頼に対する謀反の疑いをかけられて、領国の加賀（石川）に帰国中に失脚し、筆頭奉行の浅野長政も蟄居《ちっきょ》を命じられて、三大老と三奉行になってしまいます。

さらに翌一六〇〇年に入ると家康は、大老の上杉景勝にも謀反の疑いをかけて諸大名たちを動員し、会津征伐に出陣します（上杉氏の本拠地は、秀吉による国替えで、越後から会津に移っていました）。もう完全に家康の思うままですね。

しかし家康が大坂を離れたタイミングで、石田三成が挙兵します。

三成は大老の毛利輝元を担ぎ、「家康は秀吉亡きあと勝手なことばかりしとるで」という大義名分を掲げます。栃木県の小山でこの報せを聞いた家康はすぐに東海道を引き返し、岐阜から滋賀への入り口で、迎え撃つべく西側（京・大坂方面）に布陣した石田三成らと向き合いました。こうして天下分け目の関ヶ原の戦いの構図ができあがるわけです。

関ヶ原は豊臣の家臣同士の戦い

実のところ、徳川家康の東軍の主力部隊は、加藤清正や福島正則など、石田三成を追っ払った武将たちでした。関ヶ原に布陣した東軍八万人のうち、徳川氏直属の部隊は、井伊直政と松平忠吉の六千人だけです。

それでは、徳川氏の主力部隊はどこにいたのか。徳川軍の主力は、家康と別れ中山道を進む秀忠軍でした。ところが、長野県の上田城に籠もる真田昌幸《まさゆき》らに進軍を阻まれてしまいます。昌幸の子どもの信之は家康に仕え、その弟の信繁（幸村）は大坂の陣で大活躍しましたね。結果的には真田勢の踏ん張りで、関ヶ原の戦いは、豊臣系大名両派の争いとなりました。

関ヶ原の戦いは西軍の敗北に終わり、十月に三成や小西行長らが京都の六条河原で斬られます。大将に担がれていた毛利輝元は家康と交渉して、自ら大坂城から退去したのですが、領国安堵の約束を反故にされて、百十二万石あった領地を三十万石に減らされます。

上杉景勝も百二十万石から三十万石に減らされます。ついでに二百二十万石あった豊臣氏も、各地に分散してあった領地（蔵入地）が整理され、直轄地は大坂周辺だけの六十五万石となりました。

西軍方の大名の改易・転封による没収地は六百万石、当時の全国の石高の約三分の一にのぼりました。

そのうち四百万石が福島正則ら東軍で活躍した豊臣系の大名たちに与えられました。彼らのほとんどが西国に配置されています。

徳川一門と譜代大名にも加増し、東日本は徳川系で固めました。山本博文さんの『「関ヶ原」の決算書』（新潮新書）によれば、この戦いの結果、西軍から東軍に年収ベースで二七〇〇億円が移り、家康の年収は六〇四億円から一八九〇億円に、一方秀頼の年収は一二八六億円から一八五億円に激減したと推定されています。勝負はつきました。

一六〇三年二月に家康は征夷大将軍に就きます。名実ともに天下人となった家康は、二年後には将軍職を秀忠に譲り、徳川政権を続けることを天下に明示しました。

とはいえ将軍就任とともに内大臣から右大臣に上がった家康は、秀頼を後任の内大臣に指名しています。

さらに孫娘の千姫を秀頼に嫁がせ、〇五年には将軍職を秀忠に譲る一方で、右大臣の後任を秀頼とします。秀忠（内大臣）よりも秀頼を上に置いているのです。だから家康は、秀頼を滅ぼすつもりは少なくとも当時はなかったと思われます。

豊臣系の大大名が西国に存在していましたし、秀頼がいずれは関白になる可能性も十分考えられました。

豊臣家の滅亡

一六一一年に家康は、十九歳になった秀頼と二条城で会見します。この時代の研究者の笠谷和比古さんは、これは「徳川家と豊臣家が手を取り合って、天下を取り仕切っ

古代、不破関のおかれた関ヶ原は、大友皇子と大海人皇子が争った壬申の乱の舞台にもなった因縁の地でした。

ているんやで」というアピールだったと指摘しています。まだまだ豊臣氏のシンパに力があり、徳川氏が優勢になっていたとはいえ権力を並立させていました（二重公儀体制）。

ところがまさにこの会見で、「どうせ御城育ちのお坊ちゃんやろ」と侮っていた秀頼がけっこう賢く、家康が「これはあかんで」と内心で豊臣氏を潰す気になったと見る人もいます。

家康が豊臣家の排除の姿勢を明確にしたのは、一四年、豊臣家の氏寺である京都の方広寺の鐘の銘文事件の騒動の際です。「国家安康」の銘文を、「家康の名前をふたつに裂いて呪ったんやないか。違うなら誠意をかたちで見せてみい」と豊臣家との話し合いに持ち込み、徳川家に臣従させようとしました。

これを豊臣家が蹴ったことで、大坂の陣が起こり、敗れた豊臣家は滅んでいくことになったのです。

勝った徳川家による江戸幕府はその後約二百六十年続くわけですが、その始祖となった家康はどんな人であったのか、次章で見ていきます。

16 天下リレーのアンカー　徳川家康

豊臣氏を滅ぼして江戸幕府を開いた徳川家康は、タヌキ親父と呼ばれるなど、策謀家というイメージで語られてきましたが、実は幸運に恵まれただけで、この時代に生きた戦国武将のなかでは、ごく平凡な価値観の人物だったように思えます。

家康の第一の幸運は、織田信長が近世の扉を開いた人物となったのと同様に、まず生まれたタイミングにあったといっていいでしょう。家康が生まれたのが一五四二年。織田信長が三四年、豊臣秀吉が三七年、前田利家が三八年ですから、家康は一番若いのです。

家康の生まれた三河（愛知東部）岡崎の松平家は弱小領主でしたので、家康は周辺強国の大名の人質となって育ちました。

各地の小領主たちが戦国大名の庇護を受ける代わりに臣従の誓いとして人質を差し出すのは、当時の一般的な習慣でした。

ところが六歳の家康は駿河（静岡東部）の今川氏のもとへ送られる途中、尾張（愛知西部）の織田信秀（信長の父）に横取りされて、織田氏の人質になってしまいます。

信長はこの時十四歳。この当時に二人が出会っていればドラマチックですが、それを裏付ける史料は見つかっていないようです。信秀のもとで二年間暮らし、改めて今川義元の人質として駿府に移されます。

信長との同盟

次に大きな幸運は、今川と織田の桶狭間の戦い（一五六〇年）です。家康は今川軍の先鋒として松平勢を率いて出陣していました。ところが大将の今川義元が討たれてしまったので、本拠地岡崎城に帰ります。

そして織田氏と結んだことから大きな飛躍を遂げます。それが六二年の清須《きよす》同盟です。分裂していた三河を統一した家康は、さらに今川領だった遠江《とおとうみ》（静岡西部）に侵入します。甲斐（山梨）の武田信玄と組み、武田が駿河を、徳川が遠江を取ると約束したうえでの行動でした。七〇年に三河の岡崎から、遠江の流通経済の中心地、浜松に居城を移します。

ところが七二年に最大の危機が訪れます。武田信玄が進出してきて、家康は三方ケ原《みかたがはら》の戦いでコテンパンに敗れ、遠江はおろか三河も危なくなるのです。信玄が陣中で病死するという幸運により、家康は救われました。

それから十年がたち、信長が家康と共同して武田氏を滅ぼしますが、同じ年に本能寺の変によって信長が横死してしまいます。その混乱のなかで、家康は武田旧領をぶんどっていき、甲斐、信濃、駿河、遠江、三河の五カ国百五十万石を領有する大大名となったのです。これがスプリングボードとなりました。

八六年に秀吉に臣従しますが、この直後に浜松から駿府へと居城を移しています。広がる領地経営のためにどんどん居城を移していた信長に学んだのかもしれませんね。

将軍就任

一五九〇年、秀吉の小田原征伐で北条氏が滅びます。家康は北条氏の旧領の関東へ移れと秀吉にいわれて、一気に百五十万石から二百五十万石に加増されます。これが第二のジャンプです。

豊臣氏の直轄地ですら、金銀鉱山や商業の要所を押さえているとはいっても、二百二十万石でした。五大老の要《かなめ》だった前田利家でも百万石前後です。家康は、豊臣政権下最大の大名になりました。

秀吉はなぜ家康にこれほど加増をしたのかといえば、家康を事実上の「関東公方」にしようと思っていたからでしょう。

鎌倉幕府は鎌倉と京都の六波羅探題の二極体制でした。室町幕府も京都の幕府と関東公方の二極体制です。家康が居城に選んだ江戸は、東北へ向かう交通の要衝でした。海に開いていることも、本拠地としての要件を備えていたのでしょう。

九八年の秀吉の死後は、五大老のなかでも別格扱いになっていました。

関ヶ原合戦の直後、家康は九条兼孝を関白に指名します。豊臣家から摂関家へ関白職を戻したことは、「自分は関白にはならへん、武家関白制はやめるで」という意思表示と「五摂家に戻せば、秀頼が関白になる可能性が減るで」という深謀遠慮があったのではと考える研究者もいます。

そして一六〇三年、家康は征夷大将軍になりました。

普通の人

家康は八幡太郎源義家に連なる源氏の一族、新田氏の末裔という看板を掲げて、将軍に就任します。源頼朝、足利尊氏と続く源氏将軍の系譜ですね。

この将軍就任から遡ること四十年近く前、家康は「松平」から「徳川」に名字を改めていました。当時、家康は三河を統一したばかり。松平では過去の実績がさほどないので官職が得られませんでした。

そこで関白の近衛前久《さきひさ》の協力を得て、「先祖は新田氏一門のなかの得川《とくがわ》氏でした。昔の名字に戻したいのです」と届け出て、「従五位下三河守」の役職を得ます。

新田氏出身を称したのは、実は家康の祖父以前から。三河出身の吉良《きら》氏、細川氏といった足利系の有力氏族や隣国の今川氏、武田氏に対抗するために、「うちは本当は新田氏やで」と唱えたものだと考えられています。

中世篇で見たように、『太平記』は室町時代末から戦国時代にかけて、武士の必須の教養でした。そこに源氏の嫡流として足利氏に並び立つように描かれていたのが、新田氏でしたね（現代の研究では、この並び立つような関係は否定されていますが）。

家康は源頼朝に憧れ、源氏に、そして将軍職にこだわっていたようですから、征夷大将軍への就任で、ついに生涯の大望を成し遂げたというわけです。

家康の一生を振り返れば、今川氏を見切って織田信長についたことがなんといっても大きいでしょう。ですが家康は信長との清須同盟をずっと守るつもりはなかったかもしれません。

当時の家康は三河一国どころか、岡崎の小領主です。対して信長は、尾張を統一したばかりとはいえ戦国大名です。美濃（岐阜）の斎藤龍《たつ》興《おき》と戦うために背後の家康と手を結ぶ必要がありましたが、現実の立場としては、家康は信長の舎弟でした。

その後信長がどんどん大きくなっていくので、家康としてはもう従《つ》いていくしかないわけです。

おかげで信長の忠実な同盟者とみなされるようになりましたが、目を他に転じてみると、家康はそれほど仁義を守っていません。武田と結んだり北条と結んだり、しょっちゅう同盟相手を変えています。

豊臣政権では五大老筆頭でありながら、秀吉の遺言をすぐに破って有力大名との姻戚関係づ

photoAC

家康が生まれた岡崎城址内にある、しかみ像。三方ヶ原で敗北し、命からがら城に逃げ帰った家康が、この事実を忘れぬよう描かせたとされる絵をもとにしてつくられました。

くりを勝手に進めています。

自分が有利なように動くという、戦国大名としてはごく普通の感覚を持っていた人だと思います。

「織田がつき羽柴がこねし天下餅　座りしままに食ふは徳川」という江戸時代の落首は当たっていないことはないのです。ただ餅を食べられたのはやはり、信長や秀吉より若くて、そのぶん長生きしたからですよね。

家康はわずか二年で秀忠に将軍を譲ると、駿府に移り、大御所と呼ばれて将軍秀忠との二元政治を行います。上皇と天皇のようなものです。

一六一五年の大坂夏の陣で豊臣家を滅ぼした後、翌一六年、家康は七十五歳で死去しましたが、家康のつくった幕府の骨格は、その後ずっと受け継がれていきます。次章ではその具体的な内容について見ていきましょう。

17 戦国時代を収拾した徳川政権

一六〇三年に家康が征夷大将軍に就任して開いた江戸幕府は、戦国時代を終わらせ、その後一八六七年の大政奉還まで約二百六十年間続きます。しかしその政策を見ると、歴史の流れを滞らせるようなところもありました。実際に見ていきましょう。

幕府の大名統制

まず家康は、信長、秀吉の政策を、ほとんどそのまま継承しました。秀吉の太閤検地では、度量衡を京枡に統一して、村がどれだけ年貢を払うかを決定し、村の境界を確定して、日本全体の土地評価を均一化しました。家康はそれを踏襲しています。

征夷大将軍に就任した翌一六〇四年八月、家康は諸大名に領地の収穫量を記した帳面と、地名や道路、河川を記した大きな絵図を提出するように命じました。秀吉が十数年前に大名たちに御前帳と国絵図を提出させたことを思い起こします。

家康は全国を総攬《そうらん》する立場となったわけですが、それでも家康の時代には、「オレの名前でお前の領地を保証するで」という書類（領知宛行状《あてがいじょう》）はほとんど出していません。まだ名目上のトップたる豊臣氏が健在だったからです。

一六一五年に豊臣氏が滅び、家康も没した後、一七年になって、二代将軍秀忠が大名や公家、お寺などへ領知宛行状を出しました。四代将軍家綱以降、原則として将軍の代替わりごとに領知宛行状が出されるようになります。

さてここまで「大名」という言葉を使ってきましたが、いったんここで整理しておきましょう。江戸時代の大名とは、一万石以上の領主を指します。一万石未満で将軍直属の家臣は旗本と呼ばれます（その下に将軍にお目通りできない御家人《ごけにん》と呼ばれる人々がいました）。

大名は大きく分けて親藩、譜代、外様《とざま》の三つのグループがありました。親藩は徳川家の親戚です。譜代は大名に取り立てられた徳川家の重臣たち。そして、外様は関ヶ原の戦い以降に臣従した大名たちです。

譜代大名は国政を預かる老中や旗本を統括する若年寄など、徳川政権の中枢の役職を担いましたが、一方で石高はあまり大きくはありません。せいぜい五万石程度です。

数か国を束ねる有力守護によって運営された室町幕府や、五大老による豊臣政権は、有力者の勝手に振り回されて政権運営が混乱しましたね。その轍《てつ》を、家康自身は踏むまいと考えたようです。

興味深いのは、外様大名を含めて大名ごとの地域政権（江戸時代の中頃になると朱子学の影響もあり、中国に倣って藩と呼ばれるようになりました。以下、わかりやすいので藩という呼称を本書では便宜的に使うことにします）には、税制や法制を含め自治権を認めたことです。幕府は各藩の内政には不干渉の立場をとりました。封建制です。

一六三三年に土佐の大名の山内忠義が、三代将軍家光の側近、稲葉正勝に内政についてアドバイスを求めたときも、「朝敵や叛逆などの大罪以外は領主が自分の才覚で治めるんやで」と突き放されているのです。

大名には自治権が認められましたが、一方で大名の実力に応じて、幕府は様々な負担を分担して負わせました。

秀吉は北条攻めや朝鮮出兵などに、大名を動員していましたね。

徳川政権下では、大坂夏の陣以降大きな戦争が無くなると、「公儀普請」といって、諸大名に江戸城などを修理させたり、河川の改修を行わせたりしました。このような手段を使って、使う立場と使われる立場を明らかにするとともに、大名が反抗する余力（財力）を削いでいたわけです。

また大名を統制するために、徳川政権は「武家諸法度」という基本法を出しています。

武家の仕事と天皇の仕事

初めて出されたのは大坂の陣直後の一六一五年。この法令は十三か条からなっていて、中身は基本的には秀吉の出した「御掟」と同じです。

第八条に大名家同士で勝手に結婚したらあかんでということが書かれています。

もうひとつ重要な内容は、勝手に城を建てたり修理したらあかんで、ということ（第六条）です。これが新しいといえば新しい政策です。

一九年、福島正則が居城の広島城を無断で修築したとして領国を取り上げられています（改易）。広島城の受け取りには中国・四国の大名のほぼ全員が動員されました。

三五年には将軍家光のもと、改訂武家諸法度が出されます。

第二条で大名の定期的な江戸の居住が定められ、参勤交代制度が確立します。同じ年には、諸士《しょし》法度も出されます。武家諸法度は大名が対象ですが、これは旗本に向けて出されました。内容は武家諸法度と似通っていましたので、後に両者はひとつにまとめられます。

ここまで武家を見てきましたが、徳川政権は、公家についても基本法によって統制を行っています。

最初の武家諸法度と同じ一六一五年には、禁中並《きんちゅうならびに》公家諸法度を出しています。これは十七か条からなり、二条昭実《あきざね》（前関白）と秀忠と家康の連署になっています。

この法令では、今の日本国憲法が天皇の規定から始まるのと同じように、第一条には「天子諸芸能之事、第一御学問也（天皇の仕事は学問やで）」と書いてあります。

実は天皇の行動を規制した法令は、歴史上初めてのことでした。

日本や中国の過去の統治の事例や、祭祀を研究することと、わが国の文化としての和歌の学習を天皇に求めています。公家にも家の仕事に専念することを命じており、「朝廷は朝廷の仕事をしっかりやってください」と勧告しているのです。

ただし実際の政治は武家、すなわち幕府が行い、朝廷の仕事は一々幕府の承認を受けることになりました。結局、朝廷の仕事は儀礼や祭祀などに限定されます。そのあたりも、日本国憲法のようですね。

「士農工商」はなかった？

江戸時代には身分制度が強固になり、それぞれ職業の世襲化が進み、身分間の移動が難しくなりました。すでに豊臣秀吉の刀狩りで見てきましたが、武士と農民（百姓）や町人をはっきり分けたのです。

人口比で言うと、武士は七パーセント程度です。農民が八五パーセント、町人等が五パーセント、他に貴族（公家）、僧侶や医者。またこの時代に皮革業や芸能業界、警察の手下など被差別的な職業に従事していた人々（えた・非人）も、仕事を代々固定されるようになります。

とはいえ、昔、学校で教わったような「士農工商」という身分制があったとする歴史学者は、近年はいなくなりました。士農工商と順位をつけるような制度は実はなかったとされています。ざっくりと分ければ、特権階級の武士（と

アフロ

名古屋市にある名古屋城も、諸大名に命じて築かせた「公儀普請」の城のひとつです。福島正則が負担を愚痴って、加藤清正がたしなめた伝説があります。

公家）がいて、あとは庶民と被差別民でした。

このように見ていくと、徳川政権の政策のキモは、要するに大名から民衆まで、それぞれのポジションを固定化させることでした。それは、戦国の乱世に収拾をつけるためでしたが、その反面、社会の流動性や発展のポテンシャルが失われることにつながります。結局、徳川政権の政策は、日本の歴史のダイナミックな流れを一時停止させることになったのですね。

さて、家康には幾人かの知恵袋がいたことが知られています。そのなかで、武家諸法度や禁中並公家諸法度など、多くの基本法を起草したのが、金地院崇伝《こんちいんすうでん》でした。次章では彼について見ていきましょう。

18 黒衣の宰相――金地院崇伝

前章で、江戸幕府は武家諸法度や禁中並公家諸法度などの基本法によって大名や公家を統制しようとしたことを見てきました。実はこれらの基本法は、金地院崇伝というお坊さんによって書かれています。

その他、禁教令や寺院法度なども崇伝が起草しています。

この当時のお坊さんは、もっとも有力な知識階級でした。室町幕府でも豊臣政権でも、外交や内政など、各分野でお坊さんが活躍していました。しかし家康の側近として政治の中枢にいた崇伝は、これらをひとりでカバーする働きをしていたのです。まさに「黒衣の宰相」と呼ばれるに相応《ふさわ》しい傑物でした。

金地院崇伝は、足利義輝の側近の家の次男として、一五六九年に生まれました。一五七三年に将軍足利義昭が織田信長に追放されて室町幕府は滅びますが、崇伝は当時一番格式の高かった禅寺、南禅寺に預けられます。有能だったので各地の寺で住職を務めた後、三十七歳で鎌倉の建長寺（鎌倉五山トップの格式）、次いで南禅寺の住職になりました。その後南禅寺境内にある金地院を住居としました。

一六〇三年に征夷大将軍となった家康は、仕事のできるお坊さんを探していました。当初は豊臣秀吉が重用したお坊さん（西笑承兌《さいしょうじょうたい》）を使っていましたが、彼の死後、働きがひときわ光っていた崇伝を抜擢し、〇八年に彼を駿府へ招きます。家康の厚い信頼を受けて、崇伝は徳川政権の仕事をどんどんこなしていくことになります。その第一は、お坊さんの統制でした。

お寺と朝廷をコントロール

幕府はお坊さんに対しては、一六〇一年に高野山法度、〇八年に比叡山法度、〇九年に関東真言宗古義諸法度、一二年に曹洞宗法度、一三年に関東天台宗法度、勅許紫衣《しえ》法度、一五年に五山十刹《ござんじっさつ》諸山法度、真言宗諸法度、浄土宗法度など、各宗教団体ごとに基本法を出しています。

この時、崇伝たちは各宗派からしっかりヒアリングして書類提出を受けたうえで、法令を出しています。各宗派の本山とその支配下の寺を明確にして、「お坊さんはきちんと学問に励むんやで」と諭したものです。

戦国時代のお寺は、公家や武家と並ぶ中世三大権門のひとつとして、多くの信者や僧兵を抱える大勢力でした。崇伝は、彼らを法令でもって幕府のコントロール下に置こうとしたわけです。まだお寺も力のあった時代ですから、それぞれの宗派ごとの事情を汲《く》みました。

崇伝亡き後、お寺に幕府の統制がしっかりと効くようになった後、一六六五年に全宗派に関わる共通の諸宗寺院法度が出されました。

寺院諸法度と、崇伝が起草し一六一五年に出された武家諸法度と禁中並公家諸法度は、三つとも同時に出されたような印象が強いのですが、実はそうではなかったのですね。

このお坊さんと朝廷にからんで、江戸時代の初期に起きたのが、「紫衣事件《しえ》」です。

前に名前の出てきた勅許紫衣法度では、「紫衣の勅許を朝廷にお願いする前に幕府に届け出るんやで」とお寺に命じていました。一方、禁中並公家諸法度では、朝廷に対して「あまり簡単に紫衣の勅許を出したらあかんで」と規定しています。

紫色の衣装は徳の高い高位のお坊さんにのみ許されるもので、天皇の許しが必要とされていました。そして紫衣に対するお寺からの礼金が、朝廷の結構な収入にもなっていたのです。

一六二七年、大徳寺の沢庵（たくあん漬けの名のもとになったお坊さんです）が、幕府に無断で後輩の僧を紫衣に推薦し、朝廷も幕府に諮《はか》らず許可しました。

これに対して崇伝は、天下の法を破るものだとして沢庵はじめお坊さんたちを流刑に処してしまいます。

怒った後水尾《ごみずのお》天皇は幕府への抗議の意をこめて譲位しますが、この一件で、幕府の朝廷に対する優位が確立されたのです。

また外交に関しても崇伝は重用されています。

崇伝が駿府に来たばかりの一六〇八年、カンボジア国王やスペインのフィリピン総督の手紙を読んだのを皮切りにして、幕府の外交文書の起草と清書に当たっています。

一六一三年の「日本は神国なり」で始まる禁教令も、崇伝が起草しています。神道・儒教・仏教の原理を説いてキリスト教を排撃《はいげき》する長文ですが、一晩で書き上げたと日記に自慢げに記しています。

実績を重ねていった崇伝は、家康の次代の人々からも、外交について意見を求められるようになります。一六年、朝鮮の国書への返書に「日本国王」と書くべきかどうか崇伝が諮問を受けていました。

家康神号事件

家康に重用されて大活躍していた崇伝ですが、ほかの重臣やスタッフたちとの関係はあまりよくなかったようです。とくに激しく対立した相手のひとりが、南光坊《なんこうぼう》天海でした。

一六一六年に家康が亡くなると、「神号事件」が起こりました。

豊臣秀吉が亡くなると、「豊国大明神」という神号《しんごう》（名前）をうけて、豊臣政権を護る神様に祀《まつ》られました。同様に、家康が亡くなった後、徳川政権を護る神様に祀る話となったのですが、この神号をどうするかで揉めたのです。

崇伝は南禅寺を出身母体とした正統的なルートで出世してきた、いわば王道の人です。ですから、「いまの神道は吉田神道が王道や。その吉田家が推している『明神』号がまさに王道や」という立場でした。

対して天海は「神道なら、オレにも一家言ある。ここは『権現』やろ」といってちゃぶ台を返しました。

天海は福島県に生まれ、比叡山で勉強したのち関東に戻り、埼玉県川越の喜多院にいた頃に家康の目に留まって側近になりました。家康の指示で、天台宗の事実上のトップの座にも就いていました。

この時代の宗教は神仏が一体となっていましたから（神仏習合）、天海が修行した比叡山には日吉神社があり、山王権現を祀る山王神道が行われていました。「権現」とは、仏さまが日本の神さまに姿を変えて現れたことを示す神号です。それをベースにして、天海が「山王一実神道《さんのういちじつしんとう》」というものを唱えたのですね。

「豊国大明神を祀った豊臣家は滅んだやないか。不吉やで」と述べ、崇伝との論争に勝ち、家康は「東照大権現」という神号に決まりました。

そこで天海の指示で家康の遺体を静岡の久能山から日光に埋め直しています。家康自身は掘り返されるなんてえらい迷惑やなと思ったかもしれませんが。

駿府から江戸城に移り住んだ崇伝は、その後も「武家諸法度」の改訂などに携わり、幕府の中枢にとどまりました。

一九年には禅宗のお寺の全人事権を握るトッ

文藝春秋写真資料室

日光東照宮の陽明門。陽明門には数々の豪奢な飾りが施されていますが、全ての装飾に意味があるといわれています。

プのポジションである僧録司に就任、二六年には、後水尾天皇から「円照本光国師《えんしょうほんこうこくし》」(国師とは天皇の師)の称号が授けられます。

僧として、政治家として上り詰めた崇伝は一六三三年に亡くなりました。崇伝の没後、お寺や神社の統制は寺社奉行が引き継ぎました。外交は老中や長崎奉行、学問や文化行政については、儒学者の林羅山《らざん》の一族が大学頭《だいがくのかみ》になって受け持つことになりました。崇伝の生前にはこれらの仕事が全部崇伝ひとりに集中していたわけですから、この時代有数の超キーマンだったと思います。

19 さかんだった朱印船貿易

前章で、江戸幕府は武家諸法度や禁中並公家諸法度などの基本法によって大名や公家を統制したことを見てきました。対外関係については、学校の授業で「江戸時代＝鎖国」と習った人が多いと思います。とはいえ秀吉のあとを継いで天下人となった家康は、交易の面でも秀吉の路線を踏襲しています。家康も、交易を統制しつつ積極的に交易の実利を得ようとしたのです。

その統制の手段が、「朱印状」と「長崎」でした。

朱印状とは、家康が発行した「海外に渡って交易してええで」という許可証です。京都の茶屋四郎次郎や角倉了以《すみのくらりょうい》、長崎の末次平蔵といった大商人たちのほか、薩摩（鹿児島）の島津氏など、主に九州の大名たちが朱印状を得て交易を行っています。

一六〇四年から三五年の間に、三百五十六通の朱印状が出された記録が残っています。渡航先は、ベトナムやタイ、カンボジアなど、インドシナ半島が全体の七割近くを占めていました。

海禁政策をとっていた明との公的な交易はありませんでしたが、「唐船《からふね》」と呼ばれた中国からの私貿易船は頻繁に日本に来航して交易を営んでいました。一方で朝鮮との交流は対馬の宗氏に、アイヌとの交流は北海道の松前氏に委ねられています。

朱印状を得た交易船を「朱印船」と呼んでいます。この船を長崎発着に限定することで、幕府は対外的な交易をコントロールしていました。

ポルトガルとの争い

日本が輸入していたのは主に絹や生糸、香木、そして武具をつくるために必要な鹿皮などでした。小倉貞男さんの『朱印船時代の日本人』(中公新書)によれば、家康はとくに伽羅《きゃら》に執着していたといいます。

伽羅とは、熱帯地方の東南アジアに育つ香木が倒れたり折れたりして、樹液がにじみ出て固まったものです。薄く削って加熱すると素晴らしい香りがするということで、昔から珍重されていました。奈良の東大寺にある正倉院に収められた蘭奢待《らんじゃたい》が有名ですね。

家康は東南アジア各地の国王に「武具を差し上げるので、極上の伽羅を送ってほしい」と手紙を書いています。

日本からの輸出品としては、刀剣などの武具、そして銀や硫黄、銅などの鉱物が主なものでした。日本から輸出された銀は一五万キログラム前後。ピーク時には世界の銀生産額の三割から四割にも達していました。

銅もとくにベトナムにさかんに輸出されていました。ベトナムの銅需要は、主に銅銭の鋳造のためでした。

前に話しましたが、明からの銅銭の輸入が減ったことで、日本で私鋳銭(ビタ銭)が生まれ、それが一六三六年の江戸幕府による寛永通宝の鋳造につながったのでしたね。

同様にベトナムでも自国の銅銭が必要になったわけです。現代のベトナムの通貨単位はドンですが、これは銅からきているそうです。

この朱印船貿易をめぐってトラブルも起きます。

一六〇八年、九州の大名有馬晴信がベトナムに派遣した朱印船の船員が、帰途に寄港したマカオで暴れ、ポルトガル人と喧嘩になりました。マカオ総督のアンドレ・ペソアが日本人船員を銃殺してしまいます。

このペソアが関係修復を目的に〇九年に日本に来航します。マカオの事件を恨んでいた有馬晴信は、長崎に碇泊していたペソアの船を襲いました。ペソアは抗戦しますが、もうダメやと火薬に火をつけて、敵味方を巻き添えにして自爆してしまいます。

これは有馬晴信とペソアの私闘だったのですが、晴信は家康に「ポルトガル人はとんでもない奴らです」と吹き込んで攻撃の許可を得ていました。この一件でポルトガルとの関係がおかしくなります。

ネーデルラントの参入

家康側近の外国人といえば、ネーデルラント（オランダ）人のヤン・ヨーステンとイングランドのウィリアム・アダムズの名があがりますね。

この二人は一六〇〇年、豊後（大分）に漂着したネーデルラント船の乗組員たちでした。家康は彼らを保護して、海外情報を得ていました。

この両国はプロテスタント側の国で、ローマ教会側の国であるスペインやポルトガル（一五八〇年〜一六四〇年の間は、スペインとの同君連合となっていました）とは仲が悪い。「ローマ教会側の国はキリスト教の布教と交易とがセットだが、プロテスタント側の国は、布教はなくて交易だけでOKや」。家康もそういった情報を耳にしていたことでしょう。

日本とポルトガルの関係がおかしくなったのと同じ〇九年、ネーデルラントは朱印状の発給を受け、日本との交易の利権争いに食い込みます。一三年にはイングランドも通商を認められ、両国は平戸に商館を設けます（その後、イングランドは撤退しました）。

一六一二年、ペソアを討った恩賞をめぐって有馬晴信と、幕府の重臣、本多正純《まさずみ》の家臣、岡本大八との間で賄賂事件が発覚し、両者が死罪となりました。この二人ともキリシタンだったこともあり、キリスト教に対する幕府の心証は悪くなりました。

そこで家康は駿府、江戸の教会や修道院を壊してキリスト教の布教を禁止しました。駿府の旗本のなかにいた信者十四人が捕らえられ、大奥の女中にも検挙された信者が出ました。

一三年、家康は金地院崇伝に「禁教令」を起草させ、さらにその翌一四年には全国に公布します。

家康は一六年に死去しますが禁教令は受け継がれました。キリスト教の信者は仏教に改宗させ、みなどこかのお寺の信者として、キリシタンではないことを証明してもらいました（寺請《てらうけ》制度）。これによって人々は移動の自由を奪われ、土地に縛り付けられることになりました。徳川政権は職業（それぞれのポジション）を固定化しただけではなく居所をも固定しました。社会の流動性は著しく低くなってしまったのです。

しかし、改宗をよそおってキリスト教を信仰し続ける隠れキリシタンもたくさんいました。

二二年に元和《げんな》の大殉教が起こります。スペインとフランドルの宣教師二人と、彼らを船に乗せて入国させていた朱印船貿易商、平山常陳《じょうちん》が火刑になり、船員乗客十二人が斬首されます。続けて宣教師や支援者たち五十五名が長崎で死刑になりました。

平山常陳の事件はネーデルラントとイングランドによる告発によったものでした。禁令を犯して宣教師たちが日本に潜入しようとしていることが明らかになったことで、幕府のスペインへの不信が深まり、やがて幕府はスペイン船の来航を禁じます（ポルトガル船はまだＯＫでした）。

ガリバー、日本に来る

隠れキリシタンを問題視した幕府は一六二九年に踏み絵を導入します。十字架のイエスやマリアなどのレリーフを踏ませてキリシタンでないかどうかを確かめる方法です。

アフロ

長崎くんちでは、7年に1度、本石灰町が御朱印船を奉納しています。
船主の荒木宗太郎がベトナムの王女と結ばれた故事に由来します。

イングランドの作家スウィフトの書いた『ガリバー旅行記』（一七二六年）には、日本にやってきたガリバーが、日本の皇帝（将軍）に「ネーデルラントの人々に課せられるという踏み絵の儀式だけはどうかご勘弁をいただきたい」と頼む場面があります。

松尾龍之介さんは近著『踏み絵とガリバー』（弦書房）で、ネーデルラントの人々は踏み絵を踏んで将軍に媚びているが、「誇り高いイングランドのガリバーは踏み絵なんか踏まへんで」と主張したかったのだと指摘しています。

ところが実際は、イングランドの人々もみんな踏み絵を踏んでいました。同国の貿易船の船長以下乗組員が踏み絵を踏んでいたことが、記録にしっかり残されているそうです。現場はビジネス優先やでという話です。

交易の広がりによって多くの日本人が海外に渡っています。次章ではその様子を見てみましょう。

20 海を渡った日本人

政府の海外在留邦人数調査統計によると、現在（二〇一八年十月一日調べ）百三十九万人もの日本人が海外で暮らしており、これは調査開始以来、最多の数字だそうです。一方でアメリカへの日本人留学生は一九九五年には五万人近くいたものが、現在は二万人を割っています。

日本と海外とのつながりが密になっていく反面、国内では内向きの空気もあるようです。

しかし僕の大好きな中世から近世初頭の時代の日本人はすごく逞しく、どんどん海外に出ていきました。国内で戦《いくさ》がなくなったこともあって、戦国のエネルギーが、いわば海外に向かって噴出したともいえるでしょう。

駕籠かきだった山田長政

この時代に海外で活躍した人で有名なのは、まず山田長政でしょう。

この人は駿河（静岡東部）の生まれといわれていますが、実はよくわかっていません。日本では沼津藩主の駕籠《かご》かきだったと伝えられています。

一六一二年にシャム（現在のタイ）に渡りました。そしてアユタヤ朝のソンタム王の傭兵隊長として、六百人ぐらいの日本人を率い、スペインなどが攻撃してきたのを撃退しました。その功績によって、大変な高位を授けられ、アユタヤからバンコクへ流れる物流大動脈のチャオプラヤ川を通る船から税金を取る特権を与えられました。

ソンタム王に大抜擢された長政ですが、王が亡くなって王位をめぐる争いが起こると、山田長政もその内紛の渦中の人となり左遷、最後はパタニ王国という、マレー半島にあったイスラーム国家との戦争で戦死してしまいました。

タイでは、外国人がタイの王位継承に介入したとして、山田長政の評判は良くないともいわれています。

とはいえ、日本では生まれもよくわからない、駕籠かきをやっていた普通の庶民が、腕一本で海外に渡ってこれほど活躍したのは、素直に考えればすごいことですよね。

呂宋《ルソン》助左衛門は堺の豪商、納屋《なや》才助の子どもでした。

ルソン、今のフィリピンと交易をして巨富を築きます。とくに一五九四年には「ルソン壺」という大きな茶壺などを豊臣秀吉に献上して、秀吉に可愛がられます。お蔭でものすごく羽振りのいい生活をしていたのですが、九八年、贅沢三昧を豊臣政権に目をつけられて、屋敷を没収されそうになりました。

危機を察した呂宋助左衛門は財産を上手に分散し、ルソンに高跳びしたといわれています。

ルソン壺は実はルソンで売られていた便器で、それを立派な品ですと偽って献上したのがばれて、秀吉が激怒したという伝説もあります。

呂宋助左衛門はその後、一六〇七年にカンボジアに渡って、ここでも大成功を収めたようです。

その後の消息は不明ですが、日本を追われても別の地で一旗揚げてやろうという逞しさが見て取れます。

世界遺産ホイアンの日本人

角屋《かどや》七郎兵衛は、徳川家康とつながる伊勢（三重）の豪商、角屋の出身でした。一族で朱印船貿易を行っていたところ、一六三三年に鎖国令が出ましたが、七郎兵衛はベトナムから帰らずベトナム人女性と結婚。ホイアンという、今は世界遺産に登録された美しい町で商売を続けました。

海外との連絡は禁じられていましたが、後に規制が緩和され、七郎兵衛の手紙が故郷に残っています。「心配せんでええで。俺は元気で楽しい生活をしてるで」とあり、中国船に投資（投銀）しては日本へ黒砂糖や絹布《けんぷ》を輸出していました。

七二年に七郎兵衛はホイアンで生涯を終えました。

当時四千人前後の人口だったホイアンの日本人町には三百人から千人が住んでいたのではないかともいわれています。ここには今でも日本人町の跡が残っています。

ベトナム人女性の妻を娶って日本に帰った商人もいます。熊本の武士出身の荒木宗太郎は、長崎で商売を始めました。朱印状を得てホイアンに渡って交易し、一六一九年、ベトナムの王女出身とされる妻のアニオーを伴って帰国しました。このエピソードは現代、長崎くんちの題材にも取り上げられています。

「和僑」の夢

徳川家康の使いとしてアメリカに渡ったのが、京都の商人の田中勝介でした。スペインの前フィリピン総督がメキシコに帰る途中、船が難破して日本に漂着します。この人が日本からメキシコへ向かう折に、家康は「アメリカ大陸へ渡って金儲けしようで」と田中勝介を同行させました（一六一〇年）。

田中勝介は翌年、ビスカイノという答礼使と一緒に帰ってきます。

というわけで、田中勝介が日本で初めてアメリカ大陸に渡った人だといわれていました。ところがもっと前にアメリカ大陸へ渡った無名の日本人がいました。

宮城スサナさんの研究によれば、一六一三年にペルーのリマで実施された人口調査で、日本人が二十人いると記録されていたといいます。

当時、南米には中国やインドネシア、日本などから買われたアジア人奴隷が送られて働いていました。ですが、このペルーの日本人の何人かは、商売目的で自ら足を踏み入れた人たちではないのでしょうか。

これらの日本人の多くはルソンのマニラ経由でアメリカへ渡ったのだと思います。当時はマニラがアジアの交易の中心地でした。

貿易の決済通貨である銀が、南米ポトシ銀山からメキシコのアカプルコを経由してマニラに運ばれ、その銀でスペイン人は中国のお茶や陶磁器を買い付けていたのです。

日本からマニラに行くと、銀が大量にアメリカからやって来ることがわかります。「アメリカへ渡ったら、安く銀が手に入って大儲けできるかもわからん」。そう考えた商人もいたことでしょう。大胆な行動に思えるかもしれませんが、当時の海外交易からいえば、おかしな話ではありません。以前、後期倭寇は海賊ではなくて日本人、中国人、朝鮮人からなる海民の共和国であるという話をしましたね。この頃の日本の海外交易はその延長線上にあります。

飯嶋和一さんの小説『星夜航行』(新潮社)はこの時代の海外交易をビビッドに描いた傑作ですので、興味のある方はぜひご覧ください。

歴史にイフはありませんが、鎖国していなかったら現在の華僑のように和僑が東南アジアに根付いていたかもしれません。

実は、現在華やかに活躍している華僑の歴史は、意外に新しいのです。鎖国(海禁)は、もともと明(中国)の政策でしたから、中国人が大量に東南アジアに出ていくのはアヘン戦争(一八四〇～四二年)の後なのです。

連合王国(イギリス)はアヘン戦争に勝って莫大な賠償金を清から取り、それを使ってシンガポールの本格的な開発を進めますが、お金はあっても労働力が足りません。それでアロー戦争後の北京条約で中国人の海外への渡航許可を認めさせ、東南アジアへ中国人の労働者を連れてきます。

進出して成功した中国人は、故郷で食い詰めている親戚を呼び寄せたので、どんどん増えていきました。これが華僑の実質的なスタートとなりました。

ところが日本は十七世紀に鎖国をして、海外との往来を禁じました。日本から行った人が亡くなれば、もう日本人町は絶えてしまいます。

角屋七郎兵衛の死後、一六七六年に「当地の日本人はわずか二人になってしまいました」という手紙がホイアンから届いています。当時の日本人がアジア各地に築いた拠点は、徳川政権の鎖国令によって消えていく運命にありました。

東南アジアの海では、日本の朱印船だけでなく中国船やネーデルラント(オランダ)船が行き交い、交易を行っていました。

21 鎖国への決定打　島原天草一揆

江戸幕府を開いた家康は、交易を継続して利益を得ようとしました。しかし、キリスト教の広がりを懸念した家康以降の幕府は、次第に交易を制限するようになっていきます。

幕府を「鎖国」へと導く決定的な要因となったのが、一六三七年のいわゆる「島原の乱」です。ですがこの事件は、信仰をめぐる争いというだけではなく、領主の過酷な政治に対する領民の抗議の意味合いもありました。中世篇で見た土一揆と似た性質です。ですから最近では「島原天草一揆」と呼ぶのが適切だといわれています。

一揆の勃発

一揆の舞台となった島原は、もとはキリシタン大名の有馬晴信の領地で、その後に松倉重政、勝家という親子が大名になって治めていました。

島原の対岸の天草も、キリシタン大名の小西行長の領地でしたが、関ヶ原の戦い後、寺沢広高、堅高の親子が領主となっていました。

島原、天草両地域ともキリスト教の信者が多く、村々に教会が建てられ、一六一三年の禁教令が出されるまで、活発な宗教活動が行われていました。

同地では「天草版」といって、ヨーロッパから持ち込んだ印刷機を使い、ローマ字による『太平記』『平家物語』『イソップ物語』などの本もつくられています。

禁教令が出た後も、松倉氏や寺沢氏による迫害を受けて表向きは棄教（転ぶ）してみせても、この地のキリスト教信者たちは隠れて互助的なネットワークをつくり、粘り強く信仰を守っていました。

さて松倉氏も寺沢氏も宗教弾圧だけではなく、徴税面でも領民を相当に絞ったといわれています。松倉重政は領地の検地によって、収穫高を嵩上げしていました。江戸城の公儀普請を受けて、もともと四万石ぐらいの石高なのに十万石の役務を自ら引き受けています。大名は石高が高いと地位も高くなるので、つい見栄を張って無理をしてしまうのですが、実際の負担はストレートに領民にかかってきます。そこに天候不順も続き、負担に耐えかねて、ついに領民が蜂起したというわけです。

一六三七年の秋、島原の領民が代官を殺し、一揆の火の手が上がります。四万人近くにまで膨らんだ一揆勢を実際に指導していたのは、土着の元武士身分の人々とみられています。キリシタン大名だった小西行長や有馬晴信の元家臣で、その後帰農していた人々です。

そして彼らが担いだのが、当時十七歳の天草四郎でした。小西行長の家臣で帰農していた益田甚兵衛の子、益田四郎時貞だといわれています。

この頃、天草、島原周辺に「昔、宣教師が幕府によって日本から追放される前に、〝二十六年後に善人が生まれて、みんなが救われる〟と予言を書き残したで」「その善人というのが四郎やで」という噂がしきりに流されました。

キリシタンへの「立帰り」

それにしてもなぜ一揆が四万の大軍にまで膨れ上がったのか。

そこに「立帰《たちかえ》り」が要因としてあったことを指摘する人もいます。弾圧されて棄教した者がキリスト教に戻ることです。

キリスト教を棄てたことに対する後悔の念があった人たちは、「悪い領主が来たり飢饉が来たりするのは、自分たちが転んだからやで。このままでは死んでも天国には行けないで」と恐れたのですね。

だからこそ、「この子どもこそ予言の善人やで」と結集を呼びかけられたときに、棄教した人々に天草四郎に対する帰依《きえ》の念が生まれたのではないかと、大橋幸泰さんは『検証　島原天草一揆』（吉川弘文館）で指摘しています。

天草四郎からキリシタンの絵像を与えられ、ひと晩で七百人も「立帰」った村の事例もありました。立帰った人々は、キリスト教王国をつくり出そうとし、寺社を破壊していきました。さらに、キリスト教の信仰を強要して、キリシタンにならない人々の家に放火してまわりました。乱にはこのようにして強制された参加者も多数いたようです。

様々な立場の一揆参加者を、シンボルとして束ねるのが、天草四郎の役割でした。

一揆のなかの天草四郎について、商人の目撃証言が残っています。

白い綾の着物にたっつけ袴をはき、頭に苧《お》を三つ編みにした緒をつけて喉元で止め、額に十字架を立て、手に御幣を持って一揆勢を指揮していたというのです。

このとき数千人を率いていたといわれますが、軍の大将というよりは教祖の姿に近いですよね。天草四郎の伝説はたくさん残っています。天から鳩を手のなかに降りて来させ、手の上に卵を産ませ、そのなかから有難い聖書としてキリシタンの経文を取り出して見せたとか、天草と島原の間の海上を歩いて渡ったとか。

一揆勢は松倉氏の島原城や寺沢氏の富岡城を攻めるのですが落とせず、十月に有馬晴信の旧城だった原城に立てこもります。

これは幕府軍が鎮圧に向かってくるのを知って急遽決定された戦略のようです。だからここで殉教する覚悟が三万人から四万人ともいわれる籠城者みんなにあったわけではありません。一同を結束させるためには、やはり四郎のカリスマが必要でした。

天草四郎と老中松平信綱

原城内の四郎はほとんどの時間本丸に籠って祈りに専心し、城中の者はたとえ機会があってもその顔を見上げるのも畏れ多いと四郎を崇拝していたと伝わります。

一六三八年正月。幕府軍の総司令官板倉重昌が総攻撃中に討ち死にし、老中の松平伊豆守信綱が指揮をとることになりました。

正面から戦ったら幕府軍にも大変な被害が出ると、信綱は原城を兵糧攻めにすることにします。

またネーデルラント（オランダ）商館長に命じて、海上から原城を砲撃させました。

その間一揆勢には投降を呼びかけ、懐柔を働きかけました。

二月末に総攻撃が行われ、翌日には本丸が陥落、天草四郎ほか、約四千人の首が長崎に運ばれて晒《さら》されました。一揆勢はほぼ皆殺しになり、原城は徹底的に破壊されました。

動員された幕府軍は十二万人余り、死傷者は一万二千人にのぼりました。これほどの戦いは、明治維新までありません。

一揆が終わった後、松倉勝家は改易、斬首になっています。江戸時代の藩主で、切腹したケースは他にもありますが、斬首になったのはこの一件だけだと思います。寺沢堅高も自害しました。

「お前、悪い政治をしたやろ」と、徳川政権にもこの一揆の原因がわかっていたのでしょうね。

いっぽう、天草四郎に率いられた宗教集団の手強さを見て、やはりキリスト教は恐ろしいと考えました。

photoAC

原城は、一揆鎮圧ののち徹底的に破壊されました。

松平信綱は「知恵伊豆」とよばれた有能な政治家でしたが、結局は体制を守る官僚ですから、必要以上にキリスト教を危険視したのかもしれませんね。

この年九月には江戸在府の諸大名にキリシタン摘発のための宗門改《あらため》の強化を命じています。以後、江戸時代を通じて、キリシタンは秩序を乱す邪教、というイメージが民衆に植え付けられました。

次章では、この一揆に前後して鎖国が完成していく経過をたどっていきましょう。

22 「鎖国」はなぜ続いたのか

前章では、島原天草一揆（島原の乱）が、鎖国の決定打となった様子を見ました。ですが鎖国がその後江戸時代を通じて二百年以上維持されたのは、キリシタンの取り締まりだけが目的ではなかったように思われます。

ところで「鎖国」という言葉は、一八〇一年に長崎のネーデルラント（オランダ）語の通訳だった志筑忠雄《しづきただお》が、十七世紀末に長崎に滞在していたドイツ人医師ケンペルの書いた論文を翻訳し、タイトルを『鎖国論』とつけたことで、初めて生まれました。ですから、これは後世になっての呼び名です。

最近では「日本は長崎や対馬、松前、薩摩という四つの口を通じて海外と交流していた」という点を強調して、「日本は鎖国していなかった」と考える人もいます。しかし、そう考える人も明治の「開国」は問題がないといっていますので、首尾一貫していない考えといわざるをえません。

僕は、どの窓口もさほどの規模ではなかったので、「鎖国」といっても何も問題はないと思います。幕府の「鎖国令」も後世の呼び方で、当時は個々の法令（下知状《げちじょう》）が長崎奉行宛に出されていました。ただ、理解しやすいので、ここでは「鎖国令」という言葉を使います。

矢継ぎ早の「鎖国令」

家康と同じく大御所政治を行っていた秀忠が一六三二年に亡くなると、名実ともに三代将軍家光が権力を継承します。すると家光のスタッフたちは矢継ぎ早に「鎖国令」を出していきます。まず三三年、「第一次鎖国令」が出ます。

数年前から朱印船貿易は、将軍による貿易許可証（朱印状）のほかに、さらに老中による追加許可証（老中奉書）の取得が要求されていました。奉書船以外の渡航は禁じるということで、この追加許可証の取得を必須としたのです。

また「日本に帰国するなら五年以内やで」と通達しました。

翌年重ねて同内容の鎖国令（第二次）を出すとともに、長崎に出島の建設を始めます。ここにポルトガル人を隔離して住まわせるためです。

さらに翌三五年には、外国船の入港を長崎に限定し、日本人の海外渡航・帰国を全面的に禁止する「第三次鎖国令」を出します。

続けて三六年の「第四次鎖国令」ではポルトガル人とその妻子を三百人ほど、マカオへ追放しています。彼らが日本の親類に手紙を送ることも当初は許しませんでした。

「もう誰も外国に行ったらあかん、外国へ出て行ったやつは帰ってきたら殺すで」という話で、ふつう鎖国令というと、このことを指します。

そして翌三七年に島原天草一揆が起こると、キリスト教を禁じるために外国との交流を徹底的に禁じようと、禁教と鎖国の法令が次々と制定されていきます。

島原天草一揆の鎮圧後、フランソワ・カロンという平戸のネーデルラント商館長が江戸で家光に拝謁します。ネーデルラントは原城包囲戦の際、幕府軍の要請を受けて海上砲撃など支援を行っていました。

家光はキリスト教を禁じるためとはいえ、ポルトガル人を完全に追い出していいものかどうか、迷っていました。なんといっても、海外交易は儲かりますからね。

そこにカロンが「ポルトガルが日本に供給していたものは、全部当方が供給できます」といい切ったので、「じゃあネーデルラントだけでええわ」と家光がポルトガルを見切ります。三九年、宣教師を支援したとして、全てのポルトガル人を追放しました（第五次鎖国令）。

翌年には、通商再開の嘆願にマカオからやってきたポルトガル船の使節と乗員六十一人を死刑にします。

また平戸のネーデルラント商館を破壊して、ネーデルラント人たちも長崎の出島に移転させました。ポルトガル人を追放して空き地になっていたところへ、管理しやすいということでネーデルラント商館を移して、ここで鎖国が完成するのです。

島原天草一揆でいかに幕府が動転したかは、一六四〇年に宗門改役《しゅうもんあらためやく》というポストをつくっていることからもわかります。六四年には宗門改制度と専任役人の設置を各大名に命令しています。七一年には宗門人別改帳《にんべつあらためちょう》ができます。お寺ごとに住民の台帳をつくっていくわけです。

とはいえ、第四次鎖国令は島原天草一揆より先に出ていますね。

島原天草一揆は鎖国の要因になったとは思いますが、本当にキリシタンの禁制だけで鎖国をやり続けたのでしょうか。

徳川四百万石を守れ

最近の有力説はこうです。

徳川政権は石高で大名たちをコントロールしていましたね。石高イコール軍事力で、徳川家は二百五十万石（のち拡大して四百五十万石）ですから、大大名の加賀前田家の約百万石の数倍はありました。

しかし海外交易でどんどん儲ける大名が出てきたら、あっという間に経済力の順位は入れ替わります。

例えば現代のシンガポールは人口五百六十四万人で領土も極小ですが、ひとりあたりのGDPは日本の一・五倍以上です。物流や金融など交易で大儲けしている国なのです。

逆にいえば、「交易を独占／交易をやらなければ、徳川家がずっとトップやで」ということです。

伊達政宗や黒田官兵衛は、領地は日本でもうこれ以上増やせないから、海外と商売して大きくなろうと考えていました。

伊達政宗は家臣の支倉常長《はせくらつねなが》をヨーロッパに派遣しています（一六一三〜二〇年）。こういう動きを封じるためというのが、鎖国の一番の理由ではないでしょうか。

ジャパンパッシング

日本の鎖国政策に対して、なぜ他の国が「まあええわ」と放置したかというと「日本に行っても大したものはもうないで」と感じていたからでしょう。

中国のように、当時の日本に欲しいもの（世界商品）が山ほどあれば、たとえ日本が鎖国をしていても、手を替え品を替えて商人たちがやって来たと思います。

でも十七世紀の後半になると、日本の銀山の産出量が減り、海外輸出に制限をかけるようになります。世界の貿易商人にとっては、「もう日本に行っても案外利益は薄いで」というわけですから、鎖国はたいして邪魔されませんでした。

逆に十九世紀にアメリカのペリーが軍事行動も辞さずに開国を迫ったのは、アメリカが

アフロ

キューバのハバナに建てられた支倉常長像。常長は伊達政宗の命を受け、太平洋を横断し、現在のメキシコとキューバを経由する大西洋ルートでスペイン、イタリアに渡りました。

中国と交易する際に、太平洋に中継基地が必要になったからです。日本に地政学的な価値が出てきたのです。

つまり鎖国の二百年の間は、わざわざ海外から日本にやって来る価値がなかったというわけですね。

実は世界史のなかで見ると、十六、七世紀の金銀が山ほど採掘された時代を除けば、日本はずっとそういうポジションでした。

でもよその国からちょっかいを出されない国は幸せだともいえます。かつて「ジャパンパッシング で日本がスルーされるのは問題だ」という議論がありましたが、スルーされていたほうがむしろラッキーではなかったでしょうか。ノルウェーのオスロで、こんなジョークを聞きました。

北大西洋にアイスランドという国がありますね。温泉も出るし、メキシコ湾流が流れているので、実はそれほど寒くなりません。いい所やからほかの人が来ないようにとアイスランド（氷の国）と名づけた。もっと寒い島は逆にグリーンランドと名づけたわけです。アイスランドは、いまも人口三十万人ぐらいでみんなが結構楽しい生活を送っています。そういう生き方もあっていいと思いますね。

第4章

武断政治から文治政治へ

23 文治政治への転換

徳川幕府は圧倒的な武力で当初は諸大名を抑えていました。しかし政権が安定してくると、武力一辺倒では収まらない問題が出てきて、文治政治へと変わっていきます。

二代将軍秀忠は一六二三年に家光に将軍を譲りましたが、三二年に亡くなるまで、江戸城西の丸で大御所政治を続けました。

「生まれながらの将軍」と自称したといわれる家光も、若いときはすぐ横にお父さんがいたわけです。実力会長の下の社長のようです。だから神経質なリーダーになったのかもしれませんね。

幕府体制の完成

一六三二年、家光親政の開始と同時に、「御代始《ごだいはじめ》の御法度《ごはっと》」として、藩政の不行届きなどを理由に加藤忠広（清正の息子）の熊本藩五十二万石が潰されます。

加藤忠広が謀反の企てに加わったという噂が流れていたところでしたから、家光は加藤家の改易によって自分の権威を示したわけです。こうして、福島家、加藤家という秀吉に取り立てられた大大名が消え去りました。

同年に柳生宗矩《むねのり》らを惣目付《そうめつけ》（大目付）に任じ、諸大名を監視させます。島津家の屋敷から小火《ぼや》が出たとき、屋敷の者が気づかないうちに目付から知らされ、慌てて消火したという笑い話のようなことが起きたほど、厳重な見回りが行われました。不正取引を摘発された元長崎奉行父子が切腹に処せられた事件も起こりました。

三三年に六人衆という、若年寄のもとになる制度をつくります。彼らと老中のもとで幕府の組織が再編されるとともに、大御所秀忠時代の実力者たちは、「大老」という格上の役職を設けて日常の政務から外しました。こうしてこの時代に徳川幕府の大まかな体制が完成したのです。

家光の時代で一番有名な事件は、三二年に弟の徳川忠長を改易し、翌年自害させたことでしょう。家光と忠長のお母さんは淀殿の妹の江《ごう》の方、お江です。お父さんの秀忠はお江に頭が上がらず、保科正之《ほしなまさゆき》という庶子をつくりながらも、ずっと隠していました。

お江が弟の忠長を可愛がるので、秀忠の周囲では忠長が将軍を継ぐと噂されていました。この時代は、まだ長男が家を継ぐとは決まっていませんでした。そこで家光の乳母《うば》の春日局《かすがのつぼね》が家康に直訴して、家光が将軍後継者になったという噂話もありましたね。

忠長は駿府で五十五万石の大名になりましたが、母の死後、家光の圧迫がストレスになったのか、家臣を手討ちにするなど常軌を逸した振る舞いをするようになりました。家光からのたび重なる勧告があっても改まらなかったとして、秀忠の死後、改易となります。

家光のこの統治スタイルは、家康、秀忠以来の武断的な手法を踏襲するものでした。いろんなルールを予め定めておいて、ルールを外れた場合には領地を取り上げる（改易）など厳罰に処すというものです。

そのルールのなかでも多くの大名が犠牲になったのが、末期《まつご》養子の禁です。

実の子どものいない大名が突然死去、または危篤に陥ると、家臣たちが急いで養子を仕立てて家を継がせていました（末期養子）が、それを禁止しました。

当時大名は何人も側室を抱えていましたから、いつ実子が生まれるかわからないので、なかなか養子を取りませんでした。養子を取った後に実子が生まれたら揉めることになります。それで大名が急死すると、「跡継ぎなし」ということで幕府は容赦なく取り潰していったのです。

家康から家光までの三代で、外様《とざま》八十二家、親藩、譜代四十九家が潰されています。

政治の変換点となった事件

すると必然的に牢人《ろうにん》（失業武士）が増えます。関ヶ原合戦以後、家光の時代までに生じた牢人は約四十万人と推計されています。

徳川幕府の時代になって、失業武士の再就職は大変難しくなっていました。おとなしく帰農したり、商売の道に人生を切り替える者もいましたが、武士の身分を捨てられない人たちもたくさんいました。

島原天草一揆の時に見たとおり、牢人はいつ暴発するかわからないやっかいな存在です。幕府はこの牢人の動きにも神経を尖らせていました。

一六五一年、家光の死をきっかけに、有名な慶安《けいあん》事件が起きます。軍学者として人気のあった由《ゆ》比正雪《いしょうせつ》が、門下の牢人たちを糾合して、幕府の転覆を図りました。

密告によって企ては事前に発覚し、由比正雪は自害しました。江戸、駿府、京都、大坂などで一斉に蜂起しようとした大きな事件ともいわれていますが、本当のところはよくわかっていません。ただ、幕府はショックを受けて、そもそもこんなに牢人を増やしたらあかんわな、と末期養子の禁を緩和します。

この一件にも見られるように、家光の嫡男として順当に将軍を継いだ徳川家綱の時代は、徳川政権が武断政治から文治政治に舵を切るターニングポイントになったといわれています。

五七年には俗にいう振袖《ふりそで》火事、明暦の大火が起こって、江戸城本丸も二の丸も焼け落ちてしまいますが、その後、本丸の天守は再建されませんでした。天守は遠くを見るためのもの、戦争に備えるものです。

でももう戦争なんか起こらへんということで、これ以降、江戸城に天守は再建されませんでした。

殉死を禁止

家綱の時代の「寛文の二大美事」として文治政治の象徴のようにいわれているのは、まず一六六三年、武家諸法度を改正したとき、代替わりの際の家臣の殉死を禁止したことです。

当時は殿様が亡くなると、身近で仕えた家臣も死ぬという「美風」がありました。でも、そんなんあかんで、と家綱は述べたのです。

殉死は戦国時代の遺風のように思われがちですが、実は戦国時代にはあまりなかった風習です。戦国の世が終わり、亡き主人への忠誠心をアピールするパフォーマンスとして、江戸時代に入ってから流行していたのですね。

殉死は主君と家臣の個人的な情愛にもとづくものですが、それよりも後継者に奉公を続けるほうが体制（家）への忠義だというわけです。

もうひとつは、六五年、大名の妻子だけではなく、外様大名などの重臣たちにもその子弟を人質に出すことを義務付ける制度（陪臣《ばいしん》証人制）を廃止したことです。

徳川初期には大名に比肩《ひけん》する力をもった重臣もいたのですが、もはや大名たちの家臣に収まり、安定した状況だと判断したのでしょう。

この間、六四年には一万石以上の大名二百人以上に、一斉に同じ形式、同じ日付の領知宛行《あてがい》状の発給が行われています（寛《かん》文印知《ぶんいんち》）。

領知宛行状というのは、将軍から大名たちに「オレがお前の領地やと保証するで」という証文です。家康の死後、秀忠が一六一七年に大名たちに出したのが、徳川将軍としては初めてでした。

それを家綱の時代になって、全国一斉に、書面を揃えて出したということは、将軍と大名という一対一の君臣関係から、幕府が

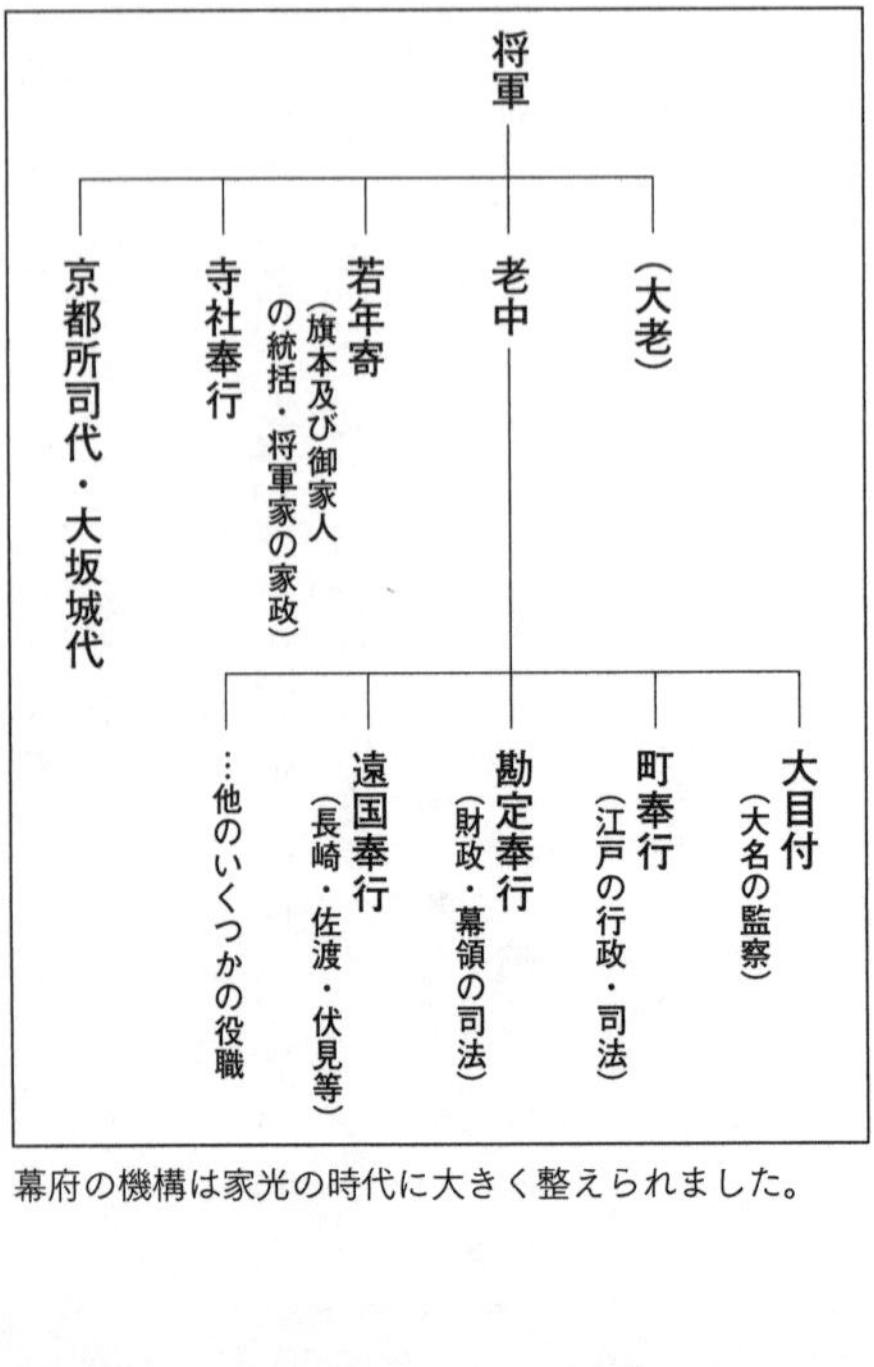

幕府の機構は家光の時代に大きく整えられました。

盤石な体制となり、幕府対全大名の関係になったことを示しているわけです。

家康、秀忠、家光までは武力を辞さずに大名を統制していたけれど、幕府の体制が整うにつれて、官僚による行政システムのような「文治政治」へと移行していったさまが、こうしたところからも見てとれますね。

さて、幕府の行政組織の整備とともに、将軍お膝元の江戸の町もまた整備されていきました。次章で見ることにしましょう。

24

江戸の町をつくった「明暦の大火」

「江戸はエコロジーの観点からも優れた循環型の町だったんや」とか、「清潔でシンプルな生活だったんやで」などとよくいわれますが、そのもとになったのは、実は江戸の火事の多さからでした。

当時の日本の大都市といえば、江戸、京都、大坂の三都です。

京都には都として八百年以上朝廷が置かれており、江戸幕府が開かれた後も、京都は呉服、漆器などの高度な手工業、さらには武器や薬種産業、出版業など文化の中心、交流点として栄えます。大坂は天下の台所として諸藩の蔵屋敷が集まり、米や大衆衣料品などの流通の要《かなめ》となって経済を握っていました。

そして将軍のお膝元、江戸には幕府と将軍に仕えるための諸大名、旗本の屋敷が集まりました。この三都のなかで、「火事と喧嘩は江戸の華」といわれたように、火事の件数は江戸がぶっちぎりで多かったのです。

災害や飢饉で農村から逃げ出し、日雇い仕事を求める農民や、年季奉公に売られた娘、それに牢人が集まるので、江戸は独身者の多い町でした（だから吉原などの遊廓も多かったのです）。そのなかには不満分子も大勢いたわけで、実は放火も多かったのです。火事の隙に金目の物を盗むことで生計を立てる人間さえ少なくなかったといわれています。

振袖火事の伝説

一六五七年（明暦三年）一月十八日、大火が起きます。

本郷の日蓮宗本妙寺から出火すると、毎秒二七メートルと推測される北西の強風に煽られて火は神田一帯を焼き、日本橋、八丁堀、佃島から深川へと燃え広がったのです。

さらに後楽園の水戸藩邸から江戸城に炎が広がり、天守、本丸、二の丸が炎上。将軍家綱は西の丸に移ります。麹町、赤坂、日比谷、芝も燃え、わずか二日間で江戸のほぼ全域が焼き尽くされました。

武家屋敷、寺社、町民の町家や橋などがことごとく焼け、死者は三万人〜十万人余りといわれます。当時の江戸の人口は三十万人程度と見積もられていますから、多くて三割近くの人が亡くなったことになります。

ちなみに一九二三年の関東大震災の頃の東京市の人口は二百五十万人、うち震災の死者・行方不明者は十万人程度といわれています。

この「明暦の大火」は、俗に「振袖火事」とも呼ばれています。

悲恋のうちに死んだ商家の娘の振袖を他の娘二人が着たところ、一年おきの同月同日に死んだので、振袖を奉納された本妙寺がこれを焼くと強い北風に舞い上がり、大火になったという伝説がありますね。

でもこれは根拠のない噂話です。他に幕府の重臣の家が火を出したのを本妙寺に責任を被らせたのだとか、由比正雪の残党による放火だとか、はたまた江戸の都市改造を目論んでいた幕府がわざと火事を起こしたのだとか、諸説ありますが、本当のところはわかりません。

吉原遊廓も移転

幕府も慌てました。大火の後に、それまで江戸城内にあった御三家、大名、旗本の屋敷などを全て城外に出しました。城内にあったら、誰が火をつけるかわからんからというのです。御三家の跡地は吹上御庭として防火帯にしました。

そして後北条氏の末裔で、軍学者としても知られていた旗本の北条正房《まさふさ》という大目付（大名に対する幕府の監察職）に、地図をつくらせます。

正房は西洋の軍事学にも通じていて、実際に測量して詳細で正確な地図をつくりました。この地図をもとに、江戸市街を武家地、寺社地、町人地に再整理したのですね。

武家地に火除地《ひよけち》（空き地）、町人地に道幅の広い道路をつくって防火帯としました。今でも上野広小路などという地名が残っていますね。

一六五九年には両国橋を架けました。それまで戦争が起こった際の江戸防衛のために隅田川には大きな橋がなかったのですが、大火のときに橋があったら本所や深川方面へ多くの人が逃げられたであろうという反省と、隅田川東岸を新たな市街地として開発する狙いがありました。

橋を架けると、東岸の低湿地を埋め立てて、武家屋敷や町屋を移転させていきます。

吉原遊廓も日本橋近くから浅草千束村日本堤へ移転し、元吉原の五割増しの二万坪が与えられました。

また定火消《じょうびけし》を新設しています(五八年)。幕府お抱えの火消で、旗本四人の定火消役に屋敷とスタッフの予算を与え、与力六騎と同心三十名、臥煙《がえん》(消防夫)三百名以上をつけました。

この定火消を江戸城の北と西に配置しています。なぜかといえば、東京には北西の季節風が吹くからです。火事が起こるといつも北と西から燃え広がってくるのです。

首相官邸と霞が関を守るために、北と西に国営の大消防署をつくったという感じですね。火消屋敷は三千坪もあり、約九メートルの火の見櫓《やぐら》が建っていました。

それから二十三町の町人が自主的に火消組合をつくりました。武家の火消は武家地ばかりを優先して、町人地の火災はちっとも消してくれへんで、という不満があったのです。やがて町方火消はいろは四十七組に組織されます。

火消は日常的には鳶職《とび》であり、町内の用心棒のような役目も果たしていたので、鉄火肌とかいなせとか騒がれ、与力、相撲取りと並ぶ江戸っ子の代表として人気者になります。彼らの能力は幕府にも認められ、次第に幕府関係の消火まで任されるようになりました。

大火の後には町を復興しなければなりません。そのための材料基地が、木場でした。

木場はなぜできたか

木場は海に木材を浮かべて保存しておく場所ですが、大火事が起きることを想定しているのですね。

当時は水を大量に運べませんから、消火法といえば破壊消防といって建物を壊すことでした。いま燃えているものは仕方がないので、周りの建物を破壊して延焼を防ぐのです。

だから江戸の町では、火事が起こることを前提にして、すぐ壊せ、かつまたすぐに組み立てられるような、柱の細い、いわば安普請の家を建てていました。西洋の家が庶民でも石造りで非常に頑丈なものをつくって代々何百年も住むという発想とは根底から異なります。

これは現代に至るまで尾を引いています。日本は鉄筋コンクリートの建物でも二、三十年でもうダメやと壊してしまうでしょう。家はどんどん新しくつくっていくもんや、という発想のもとが、実はこの江戸で頻繁に起こる火事からと考えたら興味深いですね。

大都市・江戸を建設するにあたって行われた、徳川幕府による利根川の付け替え工事や上水道

アフロ

明暦の大火以降、天守は再建されず、本丸の三重櫓が天守の代用とされてきました。

の建設など、当時の技術を結集した大土木事業も注目に値します。

しかし現代の私たちの生活スタイルにまで、これほどの影響を及ぼしたのは、やはり江戸の火災の多さだったともいえるでしょう。

明暦の大火の後も、何回も大きな火事が起きています。ある調査では、江戸時代を通じて大火は京都九回、大坂六回に対して江戸では四十九回もあったそうです。これほど大火が頻繁に起こったことも、また大火が起こるのを前提に都市の計画を立てていたということも、世界の歴史で他には見られない話です。江戸の文化はそうした土壌から生まれてきます。

25 町人の文化が花開いた「元禄文化」

日本の文化の流れを大まかに述べると、織田信長や豊臣秀吉が活躍していた時代の桃山文化（十六世紀末）、そして江戸時代に入って、徳川家光の頃の寛永文化（十七世紀前半）、綱吉の頃の元禄文化（十七世紀後半）と進んできました。

それは文化の担い手が、権力者から町人へと移って行く大きな流れでもありました。

桃山文化は何かといえば、その入れ物になったのがお城です。姫路城などを見るとわかりますが、あんなに大きなお城があったら襖《ふすま》がいっぱいいりますよね。

その襖絵を描いていた狩野永徳《かのうえいとく》や長谷川等伯《とうはく》らの障壁画が桃山文化の象徴です。

また信長はお茶を政治に利用し、マネーサプライを増加させるために積極的に茶道具を買い上げたので、千利休、古田織部《おりべ》、小堀遠州と続く茶道が発展しました。

こういった桃山文化の主人公は信長や秀吉という権力者でした。

それに続いた寛永文化は、京都で武家と公家《くげ》と町衆が交流するところから生まれています。

例えば京都の桂離宮です。親王家の別荘として京都の郊外につくられました。回遊式の美しい庭園と書院造の建物で有名ですね。

関東のほうでいえば、日光東照宮が、この頃の代表的な建築物として有名です。東照宮の陽明門は、白や赤、緑など極彩色で彩られていて、彫刻も山盛りです。

いま見る桂離宮は簡素な佇まいが特徴とされており、両者は一見、対照的な建築ですが、現在の研究では、桂離宮は建物にも庭園にも様々な工夫が凝らされ、実はかなり華美だったことがわかっています。

松花堂弁当の発想

寛永の頃は「きれいなものがええな」ということで「きれい」という言葉が一世を風靡したようです。

野々村仁清《にんせい》の色絵陶器は金銀を用いて美しい世界を生み出しています。

本阿弥《ほんあみ》光悦《こうえつ》、近衛信尹《のぶただ》、松花堂昭乗《しょうかどうしょうじょう》は「寛永の三筆」と謳われた書道の名人です。

本阿弥光悦は、刀剣の鑑定を行う家の出でしたが、芸術全般に造詣が深く、徳川家康から京都郊外の鷹峯《たかがみね》に土地をもらうと職人たちと移住して芸術村を建設しています。

当時の大画家、俵屋宗達《たわらやそうたつ》（『風神雷神図屏風』で有名）は、続く尾形光琳《こうりん》（『紅白梅図屏風』で有名）などとともに大きな芸術の流れを生み出しました。彼らは「宗達光琳派」、後に略されて「琳派《りんぱ》」と呼ばれるようになりました。

松花堂昭乗という石清水八幡宮のお坊さんは、書だけではなく絵も描く人でした。農家の種入れから発想して、箱のなかに小さい仕切りをつくったものに絵の具を入れて持ち歩いていました。

そして昭和に入ってその仕切りのついた箱から発想して、日本料理店、吉兆の初代主人が「松花堂弁当」を売り出します。松花堂弁当は、全国区の商品になっていまはどこでもつくられていますが、もとをたどると寛永文化に淵源《えんげん》があるのです。

こういった当時の芸術のスポンサーとなったのは、武家や公家、大寺社、もしくは朱印船や鉱山経営などで幕府の御用をつとめて巨富を築いた豪商たちでした。

ベストセラーと越後屋

さて元禄文化になると、江戸、大坂、京都の新興の町人たちが文化の担い手の中心になっていきます。

まだ圧倒的に農民の人口が多い時代ですが、高島正憲さんの推計によれば、江戸幕府が成立した前後の一六〇〇年から、一六五〇年までの間に、都市人口は百九万人から二百八十二万人に増加しています。

戦争がなくなり、江戸だけではなく各地に城下町が建設され、都市で生活する人々が急増しました。

町ではお祭りなど、町人たちが余暇を楽しむ年中行事が定着し、寺社参りにかこつけた名所への行楽もさかんに行われました。多少のお小遣いが庶民の手元に残るようになってきたのですね。

そんな庶民相手の出版事業も始まりました。現代の私たちが日本の古典文学と呼んでいるものは、この時代になって初めて広く読まれるようになったのです。

『徒然草』は、鎌倉時代に書かれた後、写本によって限られた人々の間でしか読まれていませんでした。それが、一六〇〇年代に入って注釈書や本文が活字で刊行され、同時に公開講義のようなことも行われるようになり、急速に普及します。

当時の書籍目録では、一六七〇年の三千八百六十六部から、九二年には七千百八十一部まで増えています。こういう本は貸本屋で多くの人に読まれましたから、読者数はこの数字の何倍か何十倍かにはなっていたと思います。

一六九四年に刊行された紅染山鹿庵《こうせんざんろくあん》『古今茶道全書』は、それまで秘伝とされてきた芸能を、町人大衆が学べるようにしたものでした。

九七年には宮崎安貞《やすさだ》の『農業全書』が出ます。ちなみに日本で初めての農書は、戦国時代の「清良記《せいりょうき》」です。親や村の古老から伝承されるものだった農業についても、書物から広く学ぶということが始まったのです。

「農業全書」の刊行を斡旋した、福岡の黒田藩の武士で儒学者でもあった貝原益軒《かいばらえきけん》は、当時の実用書ベストセラー作家のひとりでした。薬草や農作物などを分類してまとめた『大和本草《やまとほんぞう》』が著名ですが、晩年には『養生訓』を執筆、いまも各出版社から現代語訳や文庫が出ています。

このような時代背景のなかで、物語作家の井原西鶴《さいかく》や近松門左衛門が出てきます。西鶴が一六八二年に出した『好色一代男』は源氏物語にインスパイアされた作品で、京都の大豪商の息子の放蕩物語です。まだこの頃はもともと大金持ちでないと物語の主人公にはなれないわけです。

ところが八八年、元号が貞享から元禄に変わる年に出版された『日本永代蔵《にほんえいたいぐら》』では、無産無名の商人や職人が身を起こしていく物語として描かれています。新興の商人たちが主人公になったのですね。

彼らにこそ元禄文化のキモがあるのだと、守屋毅さんは著書『元禄文化』(講談社学術文庫)で指摘しています。

この西鶴の『日本永代蔵』のなかで描かれ、現代まで存続している企業が、三井グループです。

一六七三年、もとは伊勢(三重)の酒屋を兼ねた金融業者だった三井高利が、息子とともに京都と江戸の両方に越後屋呉服店(現在の三越)を開いています。

越後屋はそれまで年末支払いのツケで売っていた反物を、キャッシュオンリーの薄利多売の商法で売り出して大成功します。その後三井は幕府とも結びつき、八三年には江戸で両替商を始めて発展していきます。まさに元禄の時代を象徴する商人のひとりです。

衣服、ファッション面では、当時発達してきた染め技術を宮崎友禅が友禅染めとして普

文藝春秋写真資料室

現在も三井家の越後屋は「三越」として存続しています。写真は日本橋本店。

及させています。

大衆演劇も発展しました。

大坂では竹本義太夫が一六八五年、近松門左衛門の『出世景清《しゅっせかげきよ》』の上演成功から竹本座の地盤を固め、人形浄瑠璃を完成させます。京都では坂田藤十郎が同じく近松門左衛門と提携して上方歌舞伎を大成させました。

権力者や豪商の手を離れ、日本で町人たちの文化が初めて花ひらいた元禄文化、それは徳川綱吉が将軍の時代でした。「犬公方」で有名な将軍ですが、実際にはどんな将軍だったのか、次章で見てみましょう。

26

「犬公方」徳川綱吉は名君だったのか

徳川五代将軍綱吉は、小人症だったのではないか、という説が近年唱えられています。徳川家の菩提寺である愛知県岡崎市の大樹寺に、歴代将軍の背丈に合わせたとされる位牌があります。綱吉の位牌の高さが一二四センチであることが、この説の根拠ですが、興味深い話ですね。

一般に綱吉は「生類憐みの令」を出し、人間よりも犬を大事にした「犬公方」として悪名高い将軍だと思われています。

そのネタ元は同時代の資料、歌学者戸田茂睡《もすい》の『御当代記』などです。

同書は大正時代になってから広く紹介された記録で、綱吉について色々と悪評を伝えていて、「綱吉っていうのはしょうもない奴やで」という評価のベースになっています。

しかし戸田茂睡の父親は、三代将軍家光に殺された徳川忠長（家光の弟）の家臣でした。忠長が処罰を受けると、戸田茂睡の父も連座したので、綱吉（家光の子）のことを良く書くはずがありません。実はかなりの色眼鏡で見た記録だったのです。

宮将軍化の危機

綱吉は四代将軍家綱の弟でした。

家綱に後継ぎの子どもがいなかったので、家綱の遺言によって一六八〇年に将軍に就任しました。

このとき、「下馬将軍」と呼ばれた実力者の大老、酒井忠清が、京都から親王を招いて将軍に据えることを提案したといわれています。

鎌倉幕府の権力者である北条氏は、源頼朝の嫡流が絶えたときに京都の公家、天皇家から将軍を出してもらっていましたね。江戸幕府の幕閣も、幕府体制がしっかりしてきたのだから、それと同じにしたらええやないか、と考えたわけです。

前出の茂睡の『御当代記』では、「綱吉に将軍の器量なし」とまで酒井忠清にいわせています。それが本当かどうかはわかりませんが、幕府中枢で「将軍家を弟が継ぐ」という初めての事態に抵抗があったのは事実のようです。

こういう状況下で登板した人はどうなるかといえば、不利な評価をはねかえそうと張り切ります。綱吉政権はいやが上にも厳格な姿勢を取ることになりました。

将軍就任直後、「越後騒動」の再審問題が起きました。

越後（新潟）の高田を治める松平家は徳川家につながる名門でした。その藩主、松平光長の養子の跡継ぎをめぐって家臣たちが争い、前将軍、徳川家綱の時代に幕府が調停を行っていました。ところがこの調停で松平家の家中は収まりませんでした。

綱吉は「将軍のオレが自ら裁くで」と、御三家や譜代大名たちの前で、松平光長を改易、争っていた光長の家臣も切腹や流罪に処してしまいます。徳川一門といえども容赦のない断罪に、居並ぶ大名は震え上がったといわれています。

「オレには力があるんやで」と将軍の権力を見せつけたわけです。

家綱の治世における大名の改易・減封が二十六家、八十万石だったのに対して、綱吉政権下では四十六家、百六十万石にのぼっています。

反面、綱吉は幕府領（幕領）の百姓の困窮を案じ、代官は民の苦しみをよく察するようにと命じてもいます。また会計に不正があったとして、多くの代官を罷免・処罰しています。

「仁政」志向

綱吉は、将軍が大名たちに出していた武家諸法度の第一条を「文武弓馬の道、専《もっぱ》ら相嗜《あいたしな》むべき事」から、「文武忠孝を励まし、礼儀を正すべき事」と改めています。「これからは武家も、戦ではなくて礼儀が大切なんやで」と宣言したのです。

一六八三年に嫡子の徳松を病気で失ったのをきっかけに、綱吉は翌年、服忌令《ぶっきりょう》を諸大名に通知します。

近親者の喪に服する期間を定めたもので、例えば父母が亡くなった場合は五十日間休職し、十三か月の間喪に服すなどと決めています。

こういう規定によって武士の身分秩序を強固にし、幕府の権威を高めようとしました。

綱吉は儒教や仏教を大事にして、将軍就任直後にはお母さんの桂昌院《けいしょういん》のために護国寺を建てています。九一年には孔子をまつる湯島の聖堂を建て、九二年には東大寺の大仏殿を再建しています。

綱吉時代に造営された寺社は百六、その費用は七十万両を超えたといわれます。

仏教の「殺生《せっしょう》はあかんで」という教えや、儒教や神道に影響されて、綱吉は人や動物を憐れむ「仁政」を行おうとしました。その結実が生類憐みの令でした。

生類憐みの令と捨て子禁止令

将軍が出かけるときには道筋の犬猫を全部どかしていたのですが、一六八五年に「オレの前に犬猫が出てきてもかまわないで」という御触れを出しました。これを皮切りとして、一七〇九年までに出た同種の御触れ百十六件を合わせて生類憐みの令と呼んでいます。

一六八六年には、異様な風体で江戸の町をのし歩いていた無頼の「かぶき者」を一斉に検挙し、首領十一人を斬罪に処しています。実はかぶき者の間では町中の犬を捕らえて食べることが流行していたのです。

それまでも日本の庶民の間では、中国同様に犬を食べることは珍しいことではありませんでした。鍋物にしたり、焼いたりして食べたと当時の料理の本にはあります。綱吉の政策によって、犬食の習慣は、日本では表だって見られなくなりました。

八七年には生きた魚類や鳥類の売買も禁止しています。生け簀《す》の魚が食べられなくなるし、ニワトリを飼って店でしめることもできなくなりました。料理店にとってはえらいショックな話です。九三年に放鷹《ほうよう》制度を廃止しています。鷹狩《たかがり》をやめたのです。すると、猟犬は要らんということになります。それに、鷹の餌にしていた犬の需要もなくなります。

そのため江戸と近郊に野良犬が増えたので、大久保や四谷、中野など江戸郊外に二万坪から十六万坪という広大な犬小屋をつくりました。餌代が年十万両にのぼり、その費用は江戸の町から徴収されるので、町人の間に不満が広がったといいます。

この生類憐みの令の考え方を人間に対して行った法令が、捨て子禁止令（一六九〇年）でした。

養育が困難な場合は代官所や名主などに届け出るように命じました。町ごとに出生児を登録させて、禁令に反した場合は重罪にするというものです。この頃、捨て子を放置する風潮があったので、上からの命令で庶民にも慈悲の心を強制的に働かせようとしたのです。

一七〇九年に綱吉が死ぬと、直ちに生類憐みの令は撤回されます。ただ捨て子に関する規定は残されました。これは八代将軍吉宗の、捨て子や行き倒れの保護にまでつながっていきました。生類憐みの令全体が悪かったわけではなく、行きすぎがあったということですね。

photoAC

御茶ノ水駅からほど近い湯島聖堂は綱吉が建てました。後には幕府の昌平坂学問所もこの敷地に置かれています。

綱吉という人は、現代で思われているほど悪い人ではなかったと僕は思います。賢くて合理的で、ただ自分にも部下にもすごく厳しかった。弱者にも目が行き届くのですが、行きすぎて、「犬を殺したら死刑やで」のような極端なことになってしまう。

戦国時代をくぐり抜けてきた日本人の暴力性を、こうした極端な政策によって文化的に矯正しようとした名君だという評価もあります。

厳しい綱吉のもとで、元禄文化が栄えたというのは面白いことですね。しかし文化的な生活を送ろうとするとお金がかかるのが世の常です。次章では幕府の財政事情を見てみましょう。

27 貨幣改鋳の功と罪

十七世紀の後半、徳川家綱、綱吉という兄弟将軍の時代に、幕府の統治スタイルは「武断」から「文治」へと本格的に転換し、町民が文化の担い手として躍り出て、「元禄文化」のピークを迎えます。しかしその裏側で、幕府は財政赤字に苦しむようになりました。

幕府財政の悪化

家康による江戸幕府のスタートからしばらくの間、二百五十万石の幕府領とともに、幕府直轄の佐渡金銀山などの鉱山経営、朱印船貿易などで幕府の財政は潤い、多額の貯金を築きました。家康没後、遺されていた金銀は二百万両ほどあったという記録があります。現代のお金に一概に換算できませんが、一両を十万円程度とみなす（米価による計算。江戸初期の場合）と、二千億円ほどになります。

当時の金銀鉱山からは毎年十六万両、年貢収入に近い収益があがっていました。幕府領はその後、各地の大名を取り潰していったことで、のちには四百五十万石前後にまで拡大します。

ところが、世界的にも有数であった日本の金銀鉱山の産出量は、一六三〇年代、秀忠から家光の頃にはすでに減少に転じていました。

長崎貿易でも金銀の輸出は止められるようになり、代わりに銅が多く輸出されるようになります。

一方で幕府の支出はどんどん膨らんでいきます。

藤田覚《さとる》さんの『勘定奉行の江戸時代』（ちくま新書）では、綱吉政権下の財政問題に関する重臣会議の資料が紹介されています。

会議直前、一六九四年（元禄七年）頃の支出と、それより十年ほど前の支出を比較したものです。それによれば、幕臣への給与はあまり変わっていないのに対して、土木建設費と将軍の衣服や下賜品などの費用が大きく膨らんでいました。

綱吉の時代には東大寺大仏殿や孔子をまつる湯島の聖堂をはじめ、全国の寺社の造営や修復がさかんに行われています。

加えて幕府の公式の儀礼や将軍の私生活が整えられるようになると、どんどん経費が上昇します。このため、この資料の時点で幕府の財政は十一万両近い赤字になっています。実際には家光の頃から慢性的に赤字を垂れ流していて、貯金を取り崩して対応していました。

徳川幕府の直轄地四百五十万石は大名としては圧倒的です。しかしその財布で、全国政権を支えなければならないという一面もありました。

幕府の財政破綻は目前。そうしたなかで登場したのが、荻原重秀《おぎわらしげひで》という財政官僚だったのです。

元禄の改鋳

小さな旗本の家に生まれた荻原重秀は、徳川家綱が将軍の時代（一六七四年）に、十七歳で勘定所に採用されます。

職場で頭角を現した荻原は、出世をしていきました。徳川綱吉が将軍に就任すると、幕府領の代官たちの会計検査を命じられ、代官だけでなく勘定所の不正まで次々と摘発する手腕を見せます。

そこで荻原は一六八七年、綱吉のもとで新設された勘定吟味役（監査役）に抜擢されました。その後佐渡金山経営の立て直しに従事すると、九五年（元禄八年）、荻原のもとで貨幣改鋳《かいちゅう》プロジェクトがスタートします。

町には「百年前に出した慶長小判が摩耗してきているので、つくり直すで。でも最近金銀の産出量が減っているから、数量を確保するために小判の金銀の含有量を改めるで」と御触書を出しました。

貨幣改鋳とは何かといえば、お触書にあるとおり、要するにこれまでの金貨に含まれていた金の含有量を減らして、その減らした分で数をたくさんつくるというものです。

一枚あたりの金の量を三割減らすと、二・五枚あたりもう一枚分つくれるので、これまで十枚の金の小判をつくっていた金の量で、十四枚の小判をつくり出せますね。

慶長小判は金を八四・二九パーセント含んでいましたが、改鋳された元禄小判は五七・三六パーセントとなりました。

幕府はこれによって約五百万両の利益を上げました。

かつてはこの改鋳によって猛烈なインフレが起こったとして、「元禄の改鋳」は「生類憐みの令」とともに将軍綱吉の悪政の代表に数えられてきました。

ところが、近年の研究によれば、この時のインフレ率は年三〜四パーセントとあまり大きくなかったと考えられています。

現在、日本銀行の黒田東彦《はるひこ》総裁が、「二パーセントの物価上昇」を目標にして「異次元緩和」を掲げて市場からどんどん国債やETF（上場投資信託）を買っていますね。

経済学の世界ではデフレ（物価が安くなる）であるより、少しインフレのほうが、景気が良くなるとされているので、黒田総裁は一所懸命お金を市中に放出しているわけです。

デフレとは、お金の価値がどんどん高くなるということですから、お金を使わずに貯えておく人が増えます。逆にインフレの場合は、お金を手元に置いておくと価値が下がっていくので、早く物と交換しようという動きになりますね。

年一六九万パーセントというベネズエラのような急激なインフレは困りますが、数パーセント程度のマイルドなインフレは、経済を活性化させると考えられているのです。

こうしたことから、現代では荻原重秀の貨幣政策は、マネーサプライの観点から一定の評価がなされるようになっています。

荻原重秀は「お金は国がつくるものだから、流通するのなら瓦でもええんやで」と語ったと伝えられています。これは信長の「ビタ銭でも法律でこれがゼニやと決めたら市中に回るのや」という発想と似ていますね。

「みんながお金だと思えば、それがお金なんやで」という発想は現代にも通じる考え方です。

一六九六年に荻原重秀は三十九歳で勘定奉行に就任します。

幕府の重要ポストは、基本的には高い家柄の出身者しかなれません。しかし勘定奉行だけはプロパーからの実力登用が時々行われ、荻原は、平社員から叩き上げでトップの奉行まで上り詰めたひとりでした。

新井白石の憎しみ

その後の江戸幕府の通貨政策は、ほとんどこのエピゴーネン（亜流）、つまり繰り返しです。

現代ではマネーサプライの観点から評価される貨幣改鋳ですが、主要な目的は幕府財政の逼迫《ひっぱく》解消のほうでした。ですので実施のタイミングによっては必要以上にお金を市中に放出し、良くないインフレを起こしたこともあります。

元禄の改鋳の十四年後、徳川綱吉が死去し、徳川家宣《いえのぶ》があとを継ぎます。綱吉の葬儀や新将軍就任にまつわる出

藤田覚『勘定奉行の江戸時代』より作成

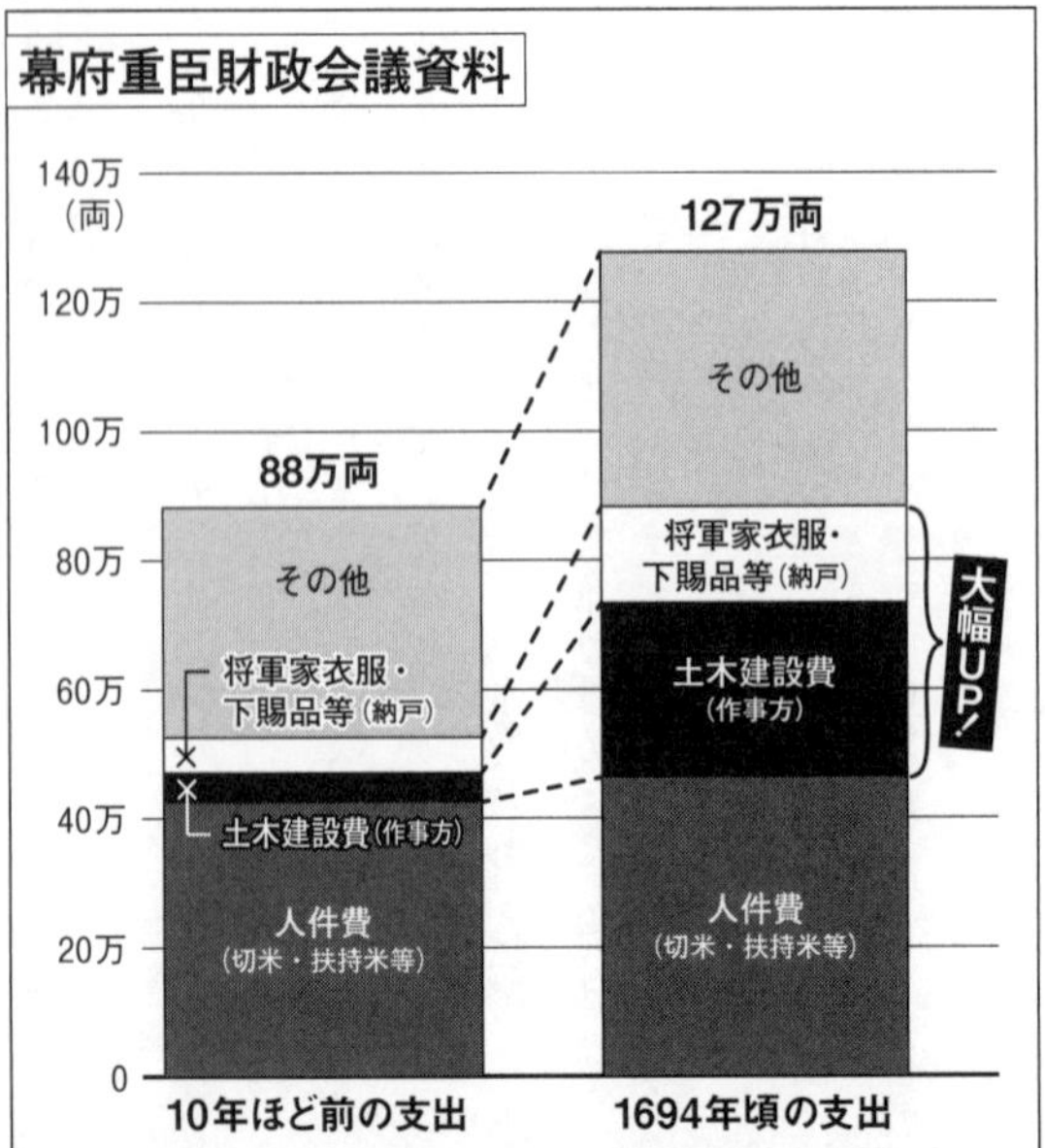

幕府重臣財政会議資料。綱吉の時代は寺社造営がさかんで財政の大きな負担となりました。

費、さらに地震や富士山の噴火などの天災対策で臨時の出費が相次ぎました。幕府財政の悪化を、荻原重秀は再度の貨幣改鋳で乗り切ろうとしました。

この「宝永の改鋳」は元禄以上の規模となりました。しかし西日本を中心とした不作が重なり、経済の混乱による物価の高騰を招いてしまいました。

このような荻原重秀の貨幣改鋳を、家宣の顧問役をつとめていた儒学者、新井白石は邪悪な行いとして憎んでいました。次章は家宣と白石の時代を見てみましょう。

28

新井白石と「正徳の治」

徳川綱吉を継いだ六代将軍徳川家宣《いえのぶ》の時代は、悪法を廃止し、改鋳で質の悪くなった貨幣をもとに戻すなどして、文治政治をさかんにした「正徳の治」と一般には呼ばれています。その推進役が、将軍の政治顧問となった儒学者、新井白石でした。しかしその学識に裏付けられた理想を追求する政策は、困難な現実に直面することになります。

徳川家宣は、三代将軍家光の三男、徳川綱重（甲府藩）の長男でした。生母の身分が高くなかったので、一時は家臣の養子に出されましたが、その後呼び戻されて綱重の跡を継ぎ、さらに綱吉にも跡継ぎができなかったので綱吉の養子となり、一七〇九年に将軍職を継ぎます。

家宣は甲府時代からの側近、間部《まなべ》詮房《あきふさ》を側用人（将軍と老中とをつなぐ係）として、新井白石を儒学などを教える侍講《じこう》として重用しました。ことに白石を「俺とお前とは一心同体や」というほど信頼していました。

この政権の最初の仕事は、生類憐みの令の廃止です。綱吉の死のわずか十日後に、思い切りよく改めたのです。

社長が代わると前の社長の功績を否定して「俺は違うで」と示したがる人が多いですよね。思い切った政策を実行して、人心を一新する意味もあります。「綱吉と家宣は違うんやで、新しい時代が来るんやで」とフレームアップする効果を狙ったものだと思います。

和文の法度と朝鮮外交

さらに翌一七一〇年、武家諸法度を、和文に変えました。

武家諸法度は将軍の代替わりごとに大名宛に出している基本法で、新しい将軍の方針として重要なものです。

綱吉のときには「これからは礼儀やで」と条文を変えていましたね。家宣はそれまでの漢文調で書かれていた条文を、わかりやすいようにと和文に変えたわけです。

ここにも、文治政治をわかりやすく徹底しようという白石の意気込みがうかがえます。

新井白石の特徴が一番強く現れたのが、朝鮮外交です。

江戸時代には将軍の代替わりの度に朝鮮通信使が「おめでとう」とお祝いに来る習慣になっていました。朝鮮通信使には朱子学者も含まれていたので、日本の漢学者が通信使のもとに朱子学の教えを乞いに押しかけ、賑わったことが記録に遺されています。

当時、朝鮮国王の国書は、宛先の将軍について「日本国大君」と記していました。

対して将軍からの返礼の手紙には、「日本国源〇〇」と書いていました（徳川の本姓は源氏。公文書では本姓を書きます）。

外交のやりとりは同格同士が基本ですから、本来は国王同士が望ましいのですが、日本には天皇が存在しているので、将軍が王号を称するのを憚《はばか》っていたのですね。

朝鮮側からすると格下とのやりとりになるので、初期には対馬《つしま》の宗氏が「日本国王」と手紙を書き直していて、それがバレたことで大問題になったこともありました。

これを白石は「中国の皇帝に臣下の礼をとる朝鮮国王の関係と、日本の天皇と徳川将軍の関係は同じや。だから国書に書く称号は日本国王が適切や」と考えました。

朝鮮通信使には正使と副使と従事官がいました。正副使は朝鮮で日本の三位に当たる位を持っていました。日本では御三家がちょうど二〜三位ということで、御三家がこれまで接遇していました。ところが白石は「朝鮮の使節は三位と言っても家臣やで。御三家は日本の国王の一族や。過剰接待はいかん」と理屈を唱えるわけです。

こうしたことは学者のスジ論としては正しいのですが、根回しが足らずに外交上のトラブルが生じました。

インフレ退治とデフレ対策

もうひとつ白石を特徴づける一件は、勘定奉行の荻原重秀を批判して罷免《ひめん》へと追い込んだことです。

荻原は、前回見たとおり幕府財政の急場をしのぐ貨幣改鋳の責任者です。家宣就任時の改鋳では、大きなインフレが起こっていました。

これを白石は幕府の信用を落とすとんでもない政策だと考えました。白石は、金銀貨幣は純粋でないといかんと信じていたのですね。

一七一四年には慶長金銀と同じ質の正徳金銀を出します。

金含有率は慶長金と同じ八四・二九パーセントです。翌年にはさらに金含有率の高い通貨もつくりました。逆に以前の改鋳貨幣は、正徳の貨幣の半分の価値とされます。

この間、家宣は死去し（一七一二年）、わずか五歳の息子家継が七代将軍についています。しかし家継も一六年に夭折、御三家の紀州藩（和歌山）から徳川吉宗がやってきて将軍になりました。

すると吉宗は即刻、間部詮房と新井白石のコンビをクビにしてしまいます。武家諸法度ももとの漢文調に戻しますし、朝鮮通信使への対応も旧に復します。

白石らが綱吉の生類憐みの令を廃止して新しい政治の到来を世間に示したのと同じく、吉宗もまた前政権のスタッフと政策を断固否定することで、新しい世の中をつくることをアピールしたわけです。

とはいえ貨幣政策については、将軍就任当初の吉宗も白石らの正徳金銀を追認しました。吉宗も「家康がつくった慶長金銀と同等レベルや」の考えには抗《あらが》えませんでした。

しかし貨幣の出回る量が少なくなりマネーサプライが不足して、デフレになってしまいます。米の値段が三分の一にまで下がり、武家から農民まで収入減に苦しみました。

将軍就任から二十年後、一七三六年に至り、「やっぱりあかんわ。いくら金の純度が高くても、量がなかったら経済は回らへん」ということで、純度を下げた元文金銀をつくることになりました。

流通量は正徳金銀の二倍になり、ようやくマネーサプライが回復して物価の収縮が止まります。これが日本で最初に行われた組織立ったデフレ対策でした。

江戸幕府は磐石となった

新井白石はクビになってから、『折《おり》たく柴《しば》の記』という自叙伝を書き始めました。「オレがやったことは正しかった」と言い続ける、なかなかタフな人です。この本には生類憐みの令や荻原重秀の悪口がたくさん書かれていて、それらが後世の評価に大きな影響を与えています。

白石は他にも『読史《とくし》余論』や『西洋紀聞』など、『新井白石全集』として六巻本にまとめられるほど多くの本を書いています。政治の中枢で働きながら、著作も残した大変優秀な人でしたが、朝鮮通信使の接遇や貨幣改鋳の件などを見ても、理想を追求するあまり、現実を直視しなかったところが見られます。

中国にも、儒教に基づく理想社会を実現しようとした「新」（八〜二三年）の王莽《おうもう》という皇帝がいました。

古代中国王朝、「周」を理想として、ゼロから新しいことをやろうとしましたが、理

アフロ

千葉県久留里城跡に建つ新井白石像。新井白石は、上総久留里藩藩士の息子として生まれましたが、父が藩主に追放され牢人となります。木下順庵のもとで儒学を学び37歳で甲府藩主時代の徳川家宣の教師として就職したことで、政治家の道が開けました。

想に現実が追いつかず、王莽一代で滅んでしまいます。

白石の仕事を見ていると、王莽と似ているという感じがしますね。

しかし新井白石らに見守られながら、家継が四歳でも将軍になれたということは、もう誰も徳川幕府の統治を疑わない、誰が将軍になっても揺るがない体制が固まったということです。家継の死で、秀忠以来の徳川の嫡流は途絶えてしまいましたが、吉宗が継いで幕府はさらに百五十年続きます。

29 儒学と幕府

前章では、儒学者新井白石の「正徳の治」における仕事を見ました。徳川幕府は、幕府の圧倒的な武力による武断政治から次第に文治政治へと切り替えていったのでしたね。その文治政治のコアの教義になったのが、儒学でした。

今回は幕府のなかで儒学教育を担った林家を中心に見ていきます。

ところで日本の武家政権のブレーンは、実は鎌倉時代以来、ずっと僧侶たちでした。金地院崇伝《こんちいんすうでん》を取り上げた回でも話しましたが、お坊さんは公家を除けば日本で唯一の知識階級だったのです。

仏教の教えは当時の日本に深く浸透しており、例えば江戸時代の天皇のお葬式はほとんど京都の泉涌寺《せんにゅうじ》で、仏式で行われています。

徳川家康の儒者として知られる林羅山《らざん》は、高名な儒学者であった藤原惺窩《せいか》の弟子でした。

藤原惺窩は、秀吉の朝鮮出兵で捕虜になった朝鮮の儒学者から朱子学を学びました。

朱子学は十二世紀、中国南宋の朱熹《しゅき》（朱子）が開いた新しい儒学の教義でした。朱子の子孫は朝鮮に移住したので、朝鮮は朱子学の本家のように振る舞い始めます。超自然的なものに頼らず合理的な精神で様々な知や哲学を総合する朱子学に、惺窩や羅山は魅せられました。

惺窩は家康など諸大名に招かれて儒学を講義していました。そのつながりから、家康のもとで二十代半ばの羅山が働き出します。

反仏教のお坊さん

儒学者としての林羅山は、仏教の影響を「仏なんて迷信やで」と排除しようとしていました。羅山は少年時代、京都のお寺で勉強していたのですが、学業が優秀なので僧になることを勧められたのを拒否し、家に逃げ帰っていたのです。

ところが家康は「俺のブレーンは全部お坊さんスタイルに統一するで」ということで、羅山にも剃髪《ていはつ》して僧服を着ることを命じました。

家康は「インテリ＝お坊さん」という意識だったのです。

羅山にとっては屈辱的だったと思います。でも権力者のそばにいるために、現実的な選択をします。

林羅山の有名な逸話は、豊臣家のお寺、方広寺の鐘の銘にあった「国家安康」が、「家康の字を上下に切り離して呪っている」と騒ぎになった一件にあります。羅山はさらに「銘文にある〈右僕《うぼく》射《や》源朝臣家康公〉も、〈家康を射る〉という意味です！」と家康に注進しました。「右僕射」は右大臣を中国風に呼んだだけですが、学問的な話はさておいて、羅山は豊臣家を叩きたい家康の意向を忖度したわけです。

崇伝などが重きをなしている家康のインテリブレーン集団のなかで、若い羅山はまだ低い立場だったようです。しかし一六二三年に家光が三代将軍に就任すると、羅山は御伽《おとぎ》衆という側近になります。

二九年、羅山は民部《みんぶ》卿《きょう》法印《ほういん》の位を家光から与えられます。法印というのは仏僧の最高位です。儒学者羅山は、これも「天命だから受けていいのだ」と苦しい弁解をしています。

林家のピーク

文治政治にシフトしていった四代将軍家綱の頃から、儒者の地位がぐっと上がっていきます。儒学を好んだ五代将軍綱吉は、湯島聖堂を建て、林家の三代目当主の鳳岡《ほうこう》を重用します。それとともに林家の教える朱子学を、正式に幕府の体制教学としました。

同時に林家は剃髪のお坊さんスタイルをやめました。ついに儒家は僧ではなく武士になったのです。

林鳳岡は大学頭という地位と所領三千五百石を与えられ、これ以降、大学頭の地位に林家が代々就くことになります。この綱吉の時代が、おそらく林家のピークだったと思います。

ところが一七〇九年に綱吉が亡くなり、甲府藩から徳川家宣が六代将軍に就任すると、林鳳岡は冷遇されるようになります。

家宣は、甲府藩時代からのお抱え儒学者だった新井白石をブレーンに起用して色々と相談しましたから、鳳岡の出る幕はなくなったわけです。

家宣と次の七代将軍家継がともに短命政権に終わり、徳川吉宗が八代将軍に就くと、白石が失脚したので林鳳岡が復権するかに見えました。

しかし吉宗にもお抱え儒学者として室鳩巣《むろきゅうそう》（新井白石の同門）が身近なところにいました。また江戸の町には荻生徂徠《おぎゅうそらい》など新しい視点を売りにする儒学者もいました。いきおい吉宗の諮問はそちらに流れます。

なにより吉宗は実学が好きでしたので、旗本のなかから優秀な人間をどんどん登用し始めます。彼らは役人として実務に通じています。大学頭の林家に対しては、霞が関の実務官僚対東大の「センセイ」のような関係になるわけです。

「林家の朱子学は、体制教学やで」ということから想像されるほど、林家の身分は高くありませんでした。

だいぶ後ですが、ペリー来航で慌てた幕府がハリスとの交渉に伴い外国奉行を設けます。外交文書（朝鮮通信使関連）の管理は、大学頭（通信使から朱子学を学び続けていました）の管轄でしたので、林家十二代の林学斎《がくさい》が「欧米の外交文書もうちが保管します」と述べますが、外国奉行からは「漢文しかわからんやつが何言うてんのや」と一蹴されます。そんなところからも林家のポジションが見えてきますね。

林家が何をしていたかといえば、大学頭として、学問に幕府のお墨付きを与える役目だったといえるでしょう。フランスなら、「アカデミー・フランセーズに入ったら一流の学者やで」といわれるようなものを想像すれば近いかもしれませんね。

リアルな政治の世界では、林家はもう将軍の知恵袋になるようなことはありませんでしたが、儒学は武家にとどまらず庶民にも浸透し、たたりなど超自然的な迷信を退《しりぞ》けて合理的に物事を考えることや、身分や大義名分を重んじる考え方が江戸時代後半の思想のベースになっていきます。

儒学の浸透

一七九〇年に、大インテリでもあった老中松平定信が寛政の改革の一環として「寛政異学の禁」を打ち出し、湯島聖堂では朱子学だけを教えることにします。儒学（朱子学）が広まるなかで、それに飽き足らない在野の学者たちが、様々な独自の見解を説き始めていました。

九七年には林家の聖堂学問所を幕府直轄の昌平坂《しょうへいざか》学問所として、大規模に拡張します。そして学問吟味や素読吟味という官僚試験制度を始めたことで、儒学（朱子学）が幕臣の基礎教養に位置づけられました。

江戸時代の俗にいう享保《きょうほう》、寛政、天保《てんぽう》の三大改革は、「農本主義」に根ざしたものでしたが、儒学の考え方を借りてきて理屈付けをしていま

アフロ

現在も京都府方広寺に残る鐘。「国家安康」「君臣豊楽」の文字が、四角で囲まれています。

す。

商業が発展していく世の中で、幕府の財政は窮乏していきます。それを幕府財政の根幹である農業こそが、国家の根本なんやでという考えで立て直そうとしたのです。

結局三大改革はうまくいきませんでしたが、こうした幕府の政策の看板に、儒学の考え方が援用されて人々の説得に使われるようになっていきました。

やがて儒学の浸透によって生まれた考え方は、明治維新にもつながっていきます。意外なようですが、現代の皇室の祭祀や皇室についての考え方には、もとをたどると儒学の影響が大きく見られます。江戸時代の儒学は明治の日本を用意したという言い方もできますね。しかしそれはまた後の章で詳しく見ていくことにしましょう。

第5章

享保と寛政の財政政策

30 徳川家の継承プラン

二〇一九年五月、生前譲位によって天皇が交代し、平成から令和へと改元されました。皇室の存続については様々な議論が行われています。

徳川将軍家の継承はどうなっていたのでしょうか。

皇室には秋篠宮家、常陸宮家などの宮家があります。皇室のあり方を規定する皇室典範によって、もしものときは、こうした宮家から天皇が即位することになっています。

同じように徳川家の血筋を担保していたのが、尾張《おわり》徳川家、紀州徳川家、水戸徳川家の「御三家」でした。徳川宗家が絶えたときに、スペアの将軍を出す役割だったのです。

家康の九男だった義直は、尾張（愛知）六十一万石の大名になりました。家康の十男、頼宣は、紀伊（和歌山）と伊勢（三重）を合わせた五十五万石の大名となります。さらに十一男の頼房が、水戸で二十五万石（のち三十五万石）。その子どもが光圀《みつくに》で、『大日本史』の編纂《へんさん》を始めた人ですが、一般にはテレビドラマで人気だった水戸黄門のモデルとして有名ですね。尾張、紀州に対して水戸はだいぶ格下の扱いでした。

大名を所領の大きさで並べると、前田の加賀（石川）百万石、島津の薩摩《さつま》（鹿児島）七十三万石、伊達の仙台六十二万石と続き、その次が尾張、紀州ですから、この二家はトップ5に入ります。

その次に細川、黒田、浅野、毛利、鍋島と続いて、水戸はようやく十一番目に顔を出します。

足利の御一家と徳川の御三家

この御三家の制度は、足利幕府の「御一家」からきています。

足利六代将軍の義教《よしのり》は、四代義持と五代義量《よしかず》が亡くなり一時空位になった将軍職に、くじ引きで選ばれたのでしたね。

義教は自分が将軍になったいきさつからも、将軍家の血筋が絶えたときのリスク管理を考え、将軍職を継ぐ血統として、鎌倉時代の足利家三代当主義氏《よしうじ》の子孫を御一家としてスペアを定めます。吉良《きら》氏、渋川氏、石橋氏の三家です。

実際にはその後、足利将軍家は宗家の子孫が次々分かれて将軍の座をめぐって争い、三氏が継ぐことはありませんでしたが、これに学んで、徳川宗家が絶えたときには御三家から将軍を出すという発想でした。

徳川宗家に話を戻します。

二代将軍秀忠（家康三男）を継いだのはその子の家光でした。弟の忠長は駿河《するが》（静岡東部）や甲府に五十五万石を与えられました。秀忠の血のスペアだったのかもしれませんが、後に家光によって自害させられてしまいます。

一方家光の子どもには、家綱、綱重、綱吉の三人がいました。

家綱が将軍となり、弟の綱重は甲府に、綱吉は館林《たてばやし》にそれぞれ二十五万石ずつを与えられました。

とはいえ綱重と綱吉は、基本的には江戸に常駐していました。彼らは家光の血のスペア的な存在です。

四代将軍家綱に跡取りができず、また綱重は早くに亡くなったので、綱吉が家綱の養子に入って五代将軍になりました。綱吉にも子どもができず、綱重の子どもの家宣《いえのぶ》が六代将軍になります。

六代将軍家宣が死の床で、「嫡子の家継が早く死んだときはどうするんや」と問うと、新井白石が「御三家はそのためにあるのです」と答える場面が白石の自伝『折りたく柴の記』に記録されています。

一七一六年に七代将軍家継が亡くなったことで、ついに秀忠からの宗家の血は絶えてしまいます。そこで家継の後継をめぐって、尾張の六代目、継友《つぐとも》と紀州の五代目、吉宗の争いになりました。ここで家宣の正室の天英院が、「家宣の意中の後継者は吉宗や」と押し切るのです。継友に遠慮して固辞する吉宗を大奥に招き、「辞退はゆるさへんで」と声高に命じたといわれています。

幕府の幹部は継友を推していました。尾張家が御三家筆頭だったからです。九男の尾張家と十男の紀州家では大した違いはないようですが、イングランドの薔薇戦争でもランカスター家とヨーク家が三男か四男か五男かで争っているので、やはり血統を考えると先に生まれたほうが強いということになります。

しかし大奥の女性たちは、英明な紀州藩主として実績と名声の高かった吉宗に期待しました。日本の女性は地位が低かったと言われたりしますが、江戸時代でも将軍家の跡継ぎを鶴のひと声で決めているわけですから、決して低くはなかったのですね。

御三卿

吉宗の次に嫡男家重《いえしげ》が九代将軍になるのですが、家重は吃音《きつおん》で、うまくものが言えない。一方弟の宗武《むねたけ》と宗尹《むねただ》は有能と見られていました。

弟のどちらかに将軍を継がせたら、ものすごい兄弟喧嘩が始まるのではないかと考えて、あえて長兄に後を継がせたのが、吉宗の英断だといわれています。

そのうえで、宗武に田安家、宗尹に一橋家を開かせました。家重の子どもの重好《しげよし》が清水家を開き、この三家が「御三卿」と呼ばれるようになります。

家重の後、十代将軍の嫡男家治《いえはる》に子どもがいなかったので、一橋家から家斉《いえなり》が養子に入り十一代将軍になりましたから、御三卿は吉宗の血のスペアとして実際に役立ったわけです。

それにしても、ガールフレンドをたくさんつくっていた将軍家でも、後継ぎが絶えることがこれほどあるのですから、いまの皇室が厳しい状況にあるのがよくわかりますね。

巧みな自己演出

徳川吉宗は、紀州藩二代藩主光貞《みつさだ》の四男でした。本来でしたら紀州藩を継ぐ立場ではありませんでしたが、兄たちが次々に亡くなったことで、一七〇五年、紀州藩主の座が転がり込んできました。その後藩主として倹約令などで財政の収支改善に励み、徳川宗家の後継争いの頃には、名君として知られるようになっていました。

綱吉や家宣が将軍職を継いで江戸城に入ったときには、もとの館林藩や甲府藩の家臣たちを幕臣に編入し、もとからの側近、柳沢吉保《やなぎさわよしやす》や間部詮房《まなべあきふさ》らを重用しました。綱吉の側用人《そばようにん》、柳沢吉保は三百七十俵から十五万石の大名となりました。家宣の側用人、間部詮房も能役者の弟子だったのが、五万石と大出世を遂げています。

ところが吉宗は家継の死に際して、江戸藩邸から江戸城に入る際に、二百人ばかりを連れて行っただけだったというのです。

徳川宗家に仕えてきた老中や譜代の重臣たちの間には、綱吉や家宣が連れてきた新参の幕臣が、将軍との結びつきを背景に権勢を揮ったことに対する反感がありました。まして御三家は家康の子孫とはいえ、もう百年も前の話です。

実際には吉宗は徐々に紀州藩士を江戸城に呼び寄せ、最終的にはかなりの紀州藩士を側近として自分の身の回りに配置しています。

しかし従来の幕臣たちに刺激を与えない

将軍家の血を絶やさないよう、知恵が絞られました。

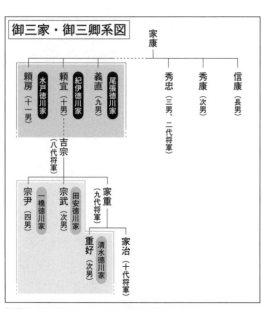

ように、目立たないように連れてきたわけですね。彼らに与えられた新たな所領も、最大で一万石どまりといいます。

こうした配慮は自分を将軍にしてくれた大奥に対しても当然発揮され、天英院や家継生母の月光院には敬意を払い続けたようです。

このように、吉宗は巧みな自己演出によって徳川幕府「中興の祖」と呼ばれる将軍となります。

31
"名君"吉宗の「享保の改革」

一七一六年（享保元年）、紀州（和歌山）藩主吉宗が徳川八代将軍に就任しました。当時これは「革命」と認識されていたと、大石学さんは著書『徳川吉宗』（山川出版社）で指摘しています。中国でいう易姓《えきせい》革命、つまり血統が変わったという意味です。百年も前に家康から分かれた家が宗家を継ぐことになるわけで、これは大きな衝撃です。

吉宗の不思議なところは、生涯が美談に包まれていて、名君として語られていることです。不安定な立場の吉宗が、自分のことを相当フレームアップしたのだと思います。

吉宗は質素倹約を旨として、木綿の下着しか身に着けなかったと伝わっていますが、将軍がどんな下着をつけていたかは、将軍自身が語らなければわからないことでしょう。

江戸の東西南北に市民公園をつくったことも功績に挙げられています。東は隅田川堤、西は中野村、南は品川御殿山、北は王子飛鳥山《あすかやま》です。

とくに飛鳥山一帯は、鎌倉時代（十四世紀）に地元の領主が、紀州から熊野権現《ごんげん》を勧請して王子神社を建立したとされ、紀州出身の吉宗にとってもイチ押しの場所でした。

飛鳥山を江戸一番の桜の名所に仕立てるとともに、「立派な将軍が桜の名所にしたで」と自身を称える大きな石碑を建立しています。

「名君」パフォーマンスを繰り返しながら、政治的にも吉宗は「享保の改革」として知られる新しい施策に取り組んでいきます。

幕府財政の再建

吉宗が将軍になってまず行ったのが、側用人、間部詮房と侍講、新井白石の幕府中央からの追放でした。ついでに将軍と老中の間をつなぐ側用人制度も「廃止」しました。

「今まで側用人が好き勝手してたやろ。俺はそんなんは使わへんで」と宣言したのです。

それによって、側用人に牛耳られていた老中など幕府の重臣たちのご機嫌を取ったわけですね。

でも「御側御用取次《おそばごようとりつぎ》」という役を新しくつくります。

側用人は大名クラスの家臣がつとめていたのに対して、御用取次は旗本がつとめることになります。「側用人よりずっと軽い役や」とはいいますが、「俺は秘書部長は置かへんで。でもその代わりに秘書課長をつくるで」というようなものです。

むしろ側用人は部長（老中や若年寄）との間を取り次ぐだけだったのに対して、御用取次は立場が軽い分、老中をパスして課長クラスの実務官僚にも行き来することになり、役割が拡大することになりました。

吉宗は儒学や和歌など、当時の教養、学問にはあまり向いていなかったようです。儒教のテキストもいちいち細かくは読まず、お抱えの儒学者に「つまり、どういうことや」と要点を聞くだけでした。反面、法律や農政など実用的な学問に関しては、ものすごい知りたがり屋でした。

「世界はどうなってるのや。ちょっと教えろ」と長崎奉行に下問したので、吉宗の好奇心から蘭学が始まったという人もいます。

三代将軍家光が禁じた洋書の輸入についても、キリスト教と関係のない実用書については解禁しましたし、家臣に外国語の習得を命じたりもしています。

そんな吉宗が直面した最大の課題は幕府の財政再建でした。

以前に貨幣改鋳の回でも見ましたが、全国政権を四百五十万石で支えている幕府財政は常に逼迫ぎみです。

吉宗は、勘定奉行が所轄する幕府領の司法関係（公事方《くじかた》）と、幕府領の財務関係（勝手方《かってかた》）を分離しました。

勝手方が幕府領の管理と財政問題に専念できるようにしたのです。役人の数も四割ほど増やします。関東と関西とで分かれていた幕府領の支配も統合し、幕府の財布の中身を見えやすくしました。

また「足高《たしだか》の制」を行って、広く人材を登用できるようにしました。

実力登用は今のビジネスの世界では常識ですが、当時は家柄相応のポストにしか就けず、いったんポストに就いたらその年俸は家禄として子孫に世襲されるのが常識でした。

それを吉宗は、家禄の低い者でも奉行などの重役に就いている間だけ、その役にふさわしい給与（町奉行や大目付なら三千石）を補って出す（足高）ようにしたのです。

この体制の下で吉宗は新田開発を始めます。江戸日本橋に高札を立てて「新田開発をやるぞ」と宣言し、五、六十万石、尾張藩領に匹敵する新田を開発したといわれています。

「胡麻油と百姓は絞り取れ」

次の施策は、農民から年貢をもっと絞り取ることでした。

それまでは年貢を決定するのに、年々の出来不出来を調査して「今年は不作やから年貢を減らそう」などと決める畝《せ》引《びき》検《け》見《み》法（毛見法）を採用していました。

このやり方だと、年によって税収がぶれます。それと代官の手心も加えられて、四公六民（収穫の四割が年貢、六割が農民の収入）の建前が、場合によって三公以下になることもありました。ちなみに現在の日本の負担率はちょうど四公六民ぐらいです。

そこで吉宗は、一七二二年に「豊作凶作にかかわらず、税率は変えへんで、いつも一定量を課税するで（定免《じょうめん》法）」とし、さらに五年後には税率も五公五民に引き上げます。

その後、神《かん》尾《お》春央《はるひで》という勘定奉行が、定免法に加えて有《あり》毛《げ》検見という制度を採用します。収穫がよかったら、規定の税金にプラスしてさらに取るで、ということです。四四年には年貢はピークの百八十万石に達します。

こうして吉宗は幕府の財政を再建しました。年貢総額の平均が一〇パーセント余り増加し、江戸城の金蔵に百万両の金が新たに蓄えられるまでになったのです。

でもそれは新田開発と、税金を重くしたためですよね。神尾春央は「胡麻の油と百姓は絞れば絞るほど取れるで」と語ったとされていますが、農民のことは考えていないわけです。だから百姓一揆も吉宗の時代に最初のピークをつけています。

秘密の法典

吉宗はまた、裁判を合理化しました。一七四二年に『公事方御定書《おさだめがき》』をつくります。いわば罪刑法定主義で量刑を定めて、裁判処理のスピードアップと担当者の恣意的な裁量の余地を少なくしようとしたのです。

でも面白いことに、これは奉行しか読めないよう秘密にしておきます。法典を公表したら庶民は「ここまではええんや」と幕府をなめると考えたのです。

秘匿するのはいいアイデアのようですが、現場では何百人もの官僚が関わるものですし、各藩から相談に来たときに「実はこんな内規があって楽なんや。教えたるわ。まぁ一杯飲もうや」というような具合で広がっていきます。それで御定書に倣った盛岡（岩手）藩の『文化律』という法令集ができたりしました。

photoAC

吉宗がつくった東京都王子の飛鳥山公園は、現代でも桜の名所として親しまれています。

吉宗はその他にも、それまでに出た御触書を整理して『御触書寛保集成』をまとめたり、司法関係だけではなく、様々な公文書類を整理したりして行政の効率化を図っています。

米の増産増収を図り、法律を整理して幕府の組織を機動的にしたのが、享保の改革のポイントでした。

じゃあ年貢が増えて万事丸く収まったのかというと、そうは問屋が卸さなかった。その事情を、次回は世界初の先物マーケットといわれる大坂米市場から見てみましょう。

32

オオサカ・ライス・マーケット

大坂米市場は、世界初の先物取引所として有名です。堂島の米の先物取引所が幕府に公認されたのは、一七三〇年のことでした。

世界的に有名なシカゴ商品取引所ができたのが一八四八年ですから、それよりもさらに百年以上古い取引所です。

といって、「世界のトップランナーだったんやで」といってしまうのも、少し短絡的かもしれません。というのも、これはかなり特殊な状況で発達した取引市場だったからです。

徳川政権は鎖国をして、貿易は幕府が専管していました。しかも幕府は寛永通宝以降、貨幣の発行権も独占しています。

こういう状況下では、大名たちは国内市場で物を売って貨幣をゲットしなければ、何もできなくなってしまいます。そして徳川政権は米の生産高（石高）による分割支配ですから、各大名は米の生産に力を入れるようになります。

その米を当初は各地で売り買いしていましたが、取引がだんだん大坂に集約されていきました。米は重いので、船便で運びます。すると瀬戸内海の海運によって大坂に運ぶのが便利ですし、そこには買い手となる大商人もいます。大坂に蔵（蔵屋敷）をつくって米を集中させるのが、誰にとっても一番合理的でした。

米切手の有価証券化

さて蔵屋敷に米はありますが、まさか現物を持ち歩いて売買するわけにはいきませんので、「この紙を持ってくれば一万俵の米に交換するで」という米切手（保管証書）をつくって、それで取引を行います。

そうすると次には、カラの米切手が現れます。本当は一万俵しか手許になくても、もうすぐ本国から入ることがわかっているわけですから、二万俵の米切手を出すのです。

切手をもらった商人がすぐ二万俵を取りに来るのでなければ、実は一万俵しか蔵になくても誰にもわかりません（このため米切手の過剰発行の誘惑が起こります）。

各藩は現物より数倍の米売上代金が手に入るし、商人は保管料を節約して必要なときに必要量の米を引き出せるメリットがありました。

そういうなかから先物取引もできてきたと考えればいいですね。「一か月後に米がつくから、それをいくらで売るわ」とかいうように。

そして今度はこの米切手自体を売買し始めます。米切手を有価証券とする市場ができたわけです。こうして帳合米《ちょうあい》市場といって、帳簿に記入するだけで取引する先物市場が成立します。

世界初の先物マーケットは、取引が高度化したというよりは、米だけに絞って限られた人々が取引をしている、「米一元制」といってもいい経済の仕組みのなかで生まれてきたのではないか、というのが僕の考えです。

米価デフレからインフレへ

当初幕府はそういった取引を認めていませんでした。「実物もなく物の値段だけ決めて紙切れの売買で商売しているのは、博打と同じやで」という反応でした。

ところが江戸で「米価安の諸色高《しょしき》」という現象が起こります。吉宗が新田開発や増税を行ったことで、江戸市中への米の供給が増えて米の値段が下がります。にもかかわらず、他の物価（諸色）は下がりませんでした。

これで困るのは農家から米を取り立てて生活をしている幕府、大名から下々の家臣に至る武家の人々です。武家はその米を売ってキャッシュに替えているわけですから、お米が安くなったら現金収入が減るし、他の物価が高くなれば、ダブルパンチで武家の生活は貧しくなるのです。

なぜこんなことが起こったかといえば、江戸に町民が増えたからです。彼らはお米の値段が下がったらエンゲル係数が下がるので、その分購買力が上がって他のものが買えるのです。

幕府は武家と農民だけを頭に置いて考えているので、「お米の値段が下がったら、他の物価も下がるはずやのに、他の物価が上がるのはなんでや」と思うわけですね。

これは供給サイドで考えているからです。需要サイドで考えたら、他のものへの需要が増えているわけですから、お米以外の物価は上がりますよね。

武家が消費者の主役であった時代には、武家が買えなければ「需要はないで」ということで、商品の価格は下がったはずですが、需要面で町民のウエイトが大きくなってくると、武家が買えなくても町民が買う商品が増えていきます。

ここで、大岡越前守忠相《ただすけ》が登場してきます。「大岡裁き」で有名ですが、大岡裁きは宋の名判官、包拯《ほうじょう》の話をネタ本にした創作です。大岡忠相が町奉行として主にやっていたのは、実は物価対策でした。

賢いと評判の大岡越前守も当初は経済には疎かったようで、はじめは「商人が儲けようと思って物価を上げているんや。物価の引き下げを命じるべし」と将軍吉宗に進言し、一七二四年に諸色物価引き下げ令を出して介入します。

でもそれは物価高の本質をついた政策ではないので、簡単に物価は下がりません。

それがようやくわかってきて、三一年、今度は米価引き上げ策をとり始めます。大名や、江戸や大坂の大商人たちに「お前ら、お米をいっぱい買うんや」と幕府が命じたのです(買米令)。お米の需要の強制的喚起策ですね。

この策のもとになった考え方は太宰春台《だざいしゅんだい》の『経済録』(一七二九年)という本にありました。昔は米穀を貴《たっと》んだが、今は貨幣を貴ぶので、米価はむしろ高いほうが良いと論じたのです。

武部善人さんは著書『太宰春台』(吉川弘文館)で、これは一種の「インフレ政策」であり、お米の換金化を起点として消費市場の活性化を求めたものだと指摘しています。

商人たちを動かして値を上げ下げしないとうまくいかないので、一七三〇年、大坂堂島の米会所も「米相場の安定のために、自由に米取引をやってええで」と幕府に認められるようになりました。

そこでこの年が、一般に大坂米市場の開設年とされています。

大飢饉と打ちこわし

ところが一七三二年、西日本でイナゴの大群が発生したことから大飢饉が起きます（享保の大飢饉）。西国の多くの藩で七割も年貢収入が減り、一万二千人が餓死しました。

大飢饉が起きたら、お米は自然と高くなりますね。そのうえに大岡忠相が米の買い占めをやっていますから、米価は暴騰します。江戸では約二倍に達しました。

だから翌三三年に江戸最初の暴動が起きて米の買い占めが噂された商人の家が襲われ、家屋家財が破壊されます。大都市で「打ちこわし」

文藝春秋写真資料室

米市場のあった現在の中之島、堂島付近。海運に便利なこの地に米市場が置かれました。

が起きたのは初めてのことでした。

吉宗の時代は講談や時代劇ではバラ色に描かれがちです。しかし実際には増税路線で農民一揆が頻発したり、米の価格調整で頭を悩ませたり、その結果、将軍お膝元の江戸で最初の暴動が起きたりと現実はなかなかハードでした。

幕府財政の基幹である「米」のことに一所懸命だったので、吉宗は「米将軍」と揶揄《やゆ》されたりもしています。

そのため吉宗の次の時代には、幕府は一歩踏み込んだアプローチに取り組んでいきます。

33 重商主義をとった田沼時代

田沼意次《おきつぐ》といえば、ワイロで有名です。彼が老中として権力を握った時代は、汚職だらけのひどい時代だったといわれてきました。

ですが、当時の贈答文化（現代からみると破格のやりとりですが）の範囲を超えた汚職があったかどうかは実はよくわからない。むしろ田沼意次は商業に注目した立派で有能な政治家だったと僕は思います。

前の章で、徳川吉宗がそれまでの側用人（大名クラス）を廃止し、代わりに御側御用取次《おそばごようとりつぎ》（旗本クラス）を設置したのを見てきました。秘書部長をやめて、秘書課長を設置したのでしたね。この秘書課長を存分に働かせて吉宗は力をふるいました。

ところが吉宗のあとを継いだ九代将軍、家重の時代（一七四五〜六〇年）になると、この御側御用取次に力が集まるようになります。

言語能力に問題のあった家重のもとで、小姓から御側御用取次になった大岡忠光《ただみつ》は、数少ない将軍の言葉を理解できる家臣として重きをなしました。

大岡忠光は、一七五四年には若年寄を兼任し、その二年後には側用人に就任、結局ここで側用人制度が復活することになりました。忠光は三百石の旗本から二万石の大名になります。

また田沼意次もこの家重の小姓になり、御側御用取次を経て大名に取り立てられたひとりです。六〇年、家重が引退した後、十代将軍徳川家治《いえはる》にも重用され、引き続き御側御用取次（のち側用人に昇格）をつとめました。

七二年に側用人と老中を兼ねたことで、田沼意次は強大な権力を握ることになります。側用人は秘書部長で、要するに政治の裏方です。それがその職についたまま若年寄や老中になったということは、表と裏をひとりで兼ねるわけです。これが非常に強い権力になることはよくわかりますね。秘書部長兼ＣＯＯのようなものですから。

では田沼意次はその権力を何に使ったのでしょうか。

田沼意次の重商主義

田沼意次は、吉宗の政策を端《はた》で見ていました。幕府財政を立て直そうと、吉宗とその側近大岡忠《ただ》相《すけ》は財政の基幹となる米政策を熱心に検討していましたね。大坂米市場を公認したのも吉宗の時代でした。

この先は、米ではなくもはや幕府も商業を重視していかねばならない、というのが田沼意次の基本的な発想でした。

まず勘定所を再編します。

享保の改革で、裁判を扱う公事方《くじかた》と財政を扱う勝手方《かってかた》に分離していましたが、その後、長崎貿易や朝廷の財務管理など、勘定所の職務を広げました。

そのなかで優秀な官僚として抜擢されたのが小野一吉《くによし》や松本秀持《ひでもち》です。

小野一吉は家柄の低い御家人出身でしたが、能力が認められ勘定奉行、大目付にまで出世しました。

松本秀持も御天守番《ごてんしゅばん》という身分の低い家柄の出身です。そこから勘定奉行まで昇り、御三卿の田安家の家老を兼ねるまでになりました。

こういう有能なスタッフを使って、田沼意次は重商主義的な政策を実行していきます。

例えば、株仲間の増設です。これは今でいえば経団連とか、自動車工業会のようなものです。商人集団の営業上の特権をある程度認める代わりに「運上《うんじょう》」「冥加金《みょうがきん》」と呼ばれる上納金を吸い上げる仕組みです。

飛脚《ひきゃく》仲間、菱垣廻船《ひがきかいせん》問屋、青物市場問屋、油問屋、毛綿問屋など江戸と大坂に株仲間が多数できました。

また、勘定奉行に長崎奉行を兼任させて、長崎貿易のテコ入れを図ります。産出が激減していた銀の輸出を禁止し、代わりに銅と、俵物と呼ばれる干しアワビとかフカヒレなどの海産物の輸出を始めました。

さらにそれと引き換えに逆に銀の輸入を始め、純度の高い銀貨の鋳造を行っています(一七六五年)。

西日本を中心に貨幣として流通していた銀は、品質の保証印がついた銀のかたまり（丁銀）で、正確な価値を知るためにいちいち重さを測っていました。

そこで田沼は「この銀貨八枚で、小判一枚に換えるで」と彫り込んだ貨幣（南鐐《なんりょう》二朱銀）を発行することによって、一枚あたりの価値が一定になる貨幣（計量貨幣）に切り替えようとしたのですね。同時にこの貨幣を使えば、銀と金との交換比率も一元化されることになります。

後年、この南鐐二朱銀は松平定信によっていったん廃止されますが、「やはりないと不便やわ」という声が強く、定信が失脚した後に復活することになりました。

また、米切手制度に手を入れます。

前章で見たとおり、大坂米市場が一七三〇年に公認されましたが、この頃になると諸大名が翌年以降の収穫をあてにしたカラの米切手（引換券）をどんどん出して現金化するようになり問題になっていました。カラの米切手は先物取引され流通していましたが、なかには事実上不良債権化するものも現れてきます。

そこで「検査官の改印《かいいん》が押してなかったら通用しやへんで」と改めようとしました（大名の不満が強く翌年撤回）。また米切手をめぐる争いについてのルールも定めます。これも流通を円滑にするための政策です。

このように商業を重視する政策を様々に打った田沼意次ですが、一方で幕府の負担を軽減する政策もとりました。例えば幕府の拝借《はいしやくきん》金制度の縮小です。

田沼意次の行政仕分け

イナゴが異常発生して米が穫れなかったり、引っ越しや火事で金欠に陥った大名は御公儀（幕府）にお願いしてお金を貸してもらうことができました。これが、拝借金制度です。

現代の地方交付税のようなもので、無利子でした。大震災などの際に政府が復興資金を被災地に投入しますが、その幕府版です。

　しかし幕府財政がもたへんというので、しばらくの間、京都、大坂などの幕府直轄地は別として、他の大名や旗本、公家や寺社には拝借金を出さないことにしたのです。

　しかしこれは幕府としての公の立場の放棄ともいえます。「幕府は、おまえの苦境とは関係ないで」ということになりますね。

　困ったときにお金を出さないのだから、諸大名は「もう幕府はあかんな。自立するしかない」ということで、田沼時代から各地の藩政改革が本格的に始まります。なお、江戸時代も後半になると、大名を「諸侯」と呼ぶようになり、中国に倣って諸侯の領地ということで「藩」という言葉が使われるようになりました。従って藩という言葉は比較的新しいのですが、わかりや

文藝春秋写真資料室

日本相撲協会の「年寄株」は、江戸時代の株仲間を原型とし、今でも続いているものといわれています。

すいので、前にもコメントしましたが、本書では、藩政改革のように使うことにしています。例えば上杉鷹山《ようざん》による米沢藩の改革は有名ですね。各地の藩も米だけではなく、換金性の高い特産品に力を入れるようになりました。

幕府も朝鮮から輸入していた朝鮮人参などの栽培を国産化して独占販売したりしています。田沼意次の施策を好意的に解釈すれば、幕府ができないことはできないとはっきり仕分けして、「みんな自立して生きていくんやで」と促したことになります。

お米をベースに幕府財政を考えて米将軍といわれた吉宗は、勃興しつつあるマーケットに揉まれました。田沼時代はそこから一歩進めて、マーケットの合理性を活用するかたちで幕府の立て直しを図ったわけです。それは現代の視点から見れば、決して悪い考え方ではないですよね。

とはいえ、当時の経済に疎い人々の目には、田沼意次は金権政治の権化《ごんげ》に映りました。そこで大きな揺り戻しが起きます。田沼意次は失脚して「寛政の改革」が始まります。

34 寛政の「揺り戻し」

田沼意次《おきつぐ》は、自分が六百石の小旗本から老中にまで身を起こした人だけに、身分の低い人でも能力主義でどんどん登用して仕事をさせました。

マーケットの力を活用して、経済財政の活性化を図りました。現代の田中角栄のようなイメージですね。

しかし田中角栄に対して保守層の反発があったように、家柄を誇る人々には、田沼ら「有能な成り上がり」への嫉妬と反発がありました。

そこから松平定信《さだのぶ》による「寛政の改革」という揺り戻しが起こり、意次は失脚に追い込まれます。

江戸城内の斬殺事件

一七八四年、田沼意次の跡取り息子で若年寄の田沼意知《おきとも》が江戸城内で旗本に斬殺されます。

田沼意次にとって不運だったのは、天明の飢饉が八二年から八七年にかけて起こったことです。浅間山の噴火や冷害が起こり、農業生産がガタガタになっていたのです。この間、餓死者も数十万人規模で発生しました。

意知斬殺をきっかけに田沼体制への不満が吹き出します。意知を殺した旗本は切腹になりましたが、「世直しの義人やで」と葬られた寺に参詣の人が押しかけました。

その風潮を背景に、御三家や、御三卿の一橋家の徳川治済《はるさだ》（十一代将軍家斉の実父）などが、「凶作が起こるのも全部政治が悪いからや」と、田沼意次を老中辞任に追い込んでいくわけです。一七八六年九月十七日に将軍家治が亡くなると、二日後には意次は病気を理由に依願退職します。田沼政権が進めていた印旛沼などの開発が中止になり、政策が行き詰まっていたため代替わりを機に引責辞任したという面もありました。しかし幕府中央にはまだ田沼派の老中たちが頑張っていました。

翌年、十一代将軍として家斉が正式に就任すると、徳川治済らが松平定信を老中に推挙します。松平定信は御三卿の田安家の出身で、白河藩の松平家に養子として入っていました。吉宗の直孫《じきそん》にあたり、学究肌で、白河藩でも名君として知られていました。

一七八七年五月、米の値段の高騰をきっかけに暴動が起こります（天明の打ちこわし）。江戸、大坂や京都など全国の主要都市で米屋などが襲われ、江戸が無政府状態になります。

松平定信のレトロ政策

この大混乱のなかで「じゃあ定信に一度やらせてみようか」ということになり、松平定信はいきなり三十歳で老中首座に任命されます。

田沼意次の時代は、幕府もマーケットを重視せなあかんでという方向に振り子が振れていました。そのために社会が汚職や利益第一の悪習にまみれたと定信は考えて、米将軍と呼ばれた自身の尊敬するお祖父《じい》さん、徳川吉宗の時代に戻そうとしたのです。

打ちこわしが起きるのも町に米が足りないためだと考えて、定信は米の増産政策を採っていきます。

まず旧里《きゅうり》帰農《きのう》奨励令（一七九〇年）を出します。

農業で飯が食えなくなって田畑を捨て、江戸で日雇いなどをやっている人たちが大勢いたわけですが、きちんと米をつくらなあかんでと、希望する者には旅費や農具費を支給し、田畑を与えることまでしました。

田沼時代に広まった換金作物への転換は「米より金を尊ぶ考えはあかん」と規制し、米の生産に再転換させようとします。

九一年には、七分《しちぶ》積金《つみきん》令を出します。江戸では町の治安、防火、祭礼などの費用を町入用《ちょういりよう》と呼び、地主が負担していました。幕府はそれを減額し、減らした分のうち七割を窮民救済資金に充てたのです。

浅草に町会所や米蔵をつくって、米や麦を貯蔵させます。これを囲米《かこいまい》（囲籾）と呼びました。

この穀物の備蓄政策は農村でも行われ、凶作になっても耐えられるようにと各地で貯えさせました。

それから農村の荒廃対策として、公金を代官に貸し付け、代官は幕府領に近接している大名領の富裕層に転貸《てんたい》し、その利息で荒廃地を開発するという、理屈に走ったややこしい制度を考えたりしています。

陸奥《むつ》（福島）塙《はなわ》六万石の幕府直轄地の代官であった寺西封元《たかもと》は、幕府から五千両を借り受け、大名などに年利一割で貸し付けて毎年五百両の利子を資金として得ました。寺西は荒廃地開発のほか、捨て子対策の養育金に充てています。養育にお金を回せば農村人口が増えますからね。

海外からの脅威

この間、一七九〇年に連合王国（イギリス）船が、紀伊熊野浦に寄港する一件がありました。翌年には、国籍不明船が対馬海峡を通って、北へ向かうという事件が起こりました。後で改めて触れますが、十八世紀半ば、連合王国ではすでに産業革命が始まっていました。また一七八九年にはフランス革命が起こり、フランス王家が倒れます。フランスは共和国になったことで周辺の王国と戦いとなり、ヨーロッパ中が戦争に巻き込まれます。

その戦いのなかでネーデルラント（オランダ）の勢力が弱まり、ネーデルラントが交易を独占していた日本はじめアジアの海に大きな変化が生まれてきました。

こうした状況下で、九二年九月にはロシア帝国のアダム・ラクスマンが、遭難者大黒屋光太夫《だいこくやこうだゆう》を乗せ、ロシア皇帝エカチェリーナ二世の「うちと交易しようで」という国書を携えて根室に来航します。

幕府は急いで松平定信を海辺御備《おそなえ》向御用掛に任命して、対応することになりました。

定信はラクスマンに対して「うちは国法として鎖国しているので、国書の受け取りは断るが、話し合いなら長崎でするで」とひとまず答えて時間稼ぎを図ります。

一方で定信は伊豆、相模《さがみ》（神奈川）の海浜を二十日間に渡って視察しています。また青森などに北国郡代を置き、西洋式の軍船を配備する政策を立てます。加えて無役の、つまり仕事のない旗本や御家人を房総半島に住まわせて、江戸湾（東京湾）の防備に当たらせようとしました。

九三年七月、ラクスマンは長崎に行くことなく帰国します。ところがその直後、外国からの脅威が去ったのを機に松平定信は老中を辞職してしまいました。

「白河の清きに魚もすみかねてもとの濁《にご》りの田沼こひしき」というよくできた当時の戯《ざ》れ歌があります。

白河藩主である松平定信の窮屈な規制策を嫌い、田沼時代のほうがましだったというのですね。

定信は贅沢を禁じる倹約令や風俗統制令を頻発していました。

料理屋などでの売春行為を禁止し、そういったお店がたくさんあった隅田川の中洲を潰しています。また贅沢品の生産者も処罰しました。ついでに銭湯で当時常識だった男女混浴の習慣も禁止しています。

このような緊縮、風紀取締政策のため不景気になったことを商人

アフロ

ロシアに漂流し日本に戻ってきた大黒屋光太夫を描いた掛け軸です。

が嘆き、海防問題も絡めて幕臣たちの間に不満が膨らんでいました。

もともと定信を老中の座につけた徳川治済を始め、重臣たちの間でも、定信の性急で独裁的な傾向に対する反感が広まっていました。ですから定信は辞職せざるをえないところまで追い込まれていたのです。

こうして「寛政の改革」は約六年の短命に終わり、海防策をはじめ定信の政策は中途半端なまま頓挫しました。しかし松平定信は意外なところで明治維新を用意していたのです。

35 「尊号一件」の思わぬ影響

幕末に、徳川将軍から天皇への「大政奉還」が起こりましたね。将軍は朝廷から「大政」を預かっている。だから返還するんやで、ということですが、このもともとの考え方を持ち出したのが誰かというと、実は寛政の改革の実行者、松平定信でした。

松平定信が老中のときに「尊号一件」という大きな事件が起きました。今回はこの事件を詳しく見ていきましょう。

父親を太上天皇にしたい

一七七九年、後桃園《ごももぞの》天皇が亡くなります。跡継ぎがいなかったので、曾祖父の弟（閑院宮《かんいんのみや》）の孫にあたる閑院宮典仁《すけひと》親王の子どもが急遽、光格《こうかく》天皇として即位します。ちなみに光格天皇は、村上天皇（在位九四六〜九六七年）以来途絶えていた天皇号を復活させたことで知られています。天皇号は中国に見せるため、「日本」という国号とセットで持統天皇の時代に確立したものでしたね。その後、天皇が政治（外交）の表舞台に立つことがなくなり、天皇号を誰も使わなくなっていたのです（この本ではわかりやすさを重視して、天皇という言葉を使っています）。

そして、十年後の八九年、光格天皇は武家伝奏《ぶけてんそう》という自分の幕府担当秘書を通じて、実父典仁親王に太上天皇（上皇）の称号を与える宣下《せんげ》（天皇の命令の公布）を認めてほしいと、京都所司代に要望を出します。

お父さんは閑院宮であって天皇にはなっていなかったので、当時の「禁中並公家諸法度」に記された席順では、天皇の次に大臣たち、その次に天皇のお父さん（親王）という順番になってしまいます。光格天皇としては、「なんとかお父さん孝行をしたい」というわけです。

ところが松平定信はスジを重んじる学者肌ですから、「そんなの大義名分が乱れるやないか。天皇になったことのない親王が、太上天皇になるなんてあかんで」とひと言のもとに否定します。

しかし光格天皇は諦めません。九一年に関白が鷹司《たかつかさ》輔平《すけひら》から一条輝良《てるよし》に交代すると、天皇の周りを賛成派の公家たちで固めました。

そして尊号（上皇号）宣下を断行すると幕府に通告します。

これに対して松平定信は「幕府の言うことを天皇が聞かないのは、天皇の秘書たちがサボっているからや」と、「幕府の意思をちゃんと知らしめなあかん」と考えます。

それで上皇号宣下賛成派であった武家伝奏、正親町《おおぎまち》公明《きんあき》と天皇の秘書長（議奏）の中山愛親《なるちか》を江戸に召喚して厳しく査問したうえ、謹慎などの処罰を下してしまいます。

この処罰が議論になりました。

当時の慣習としては、朝廷の官位を持つ公家を幕府が処罰するときには、幕府がまず朝廷に通告し、朝廷が「お前はクビや」と事前に官位を解いて（解官《げかん》）から、幕府が処分していました。朝廷の体面に傷をつけないための段取りですね。

ところが松平定信は、まず理屈が先に立ちます。

「ちょっと待て。大名を処罰するときには朝廷の手続きなんか取ってへんで。なんで公家だけ例外なんや」と言い出したのです。

公家とは別に、武家も例えば大納言の尾張（愛知）徳川家や、中納言の水戸徳川家をはじめ、参議の加賀（石川）前田家など大名たちも官位を持っています。松平定信も従四位下《じゅしいげ》越中守などになっています。

そういった武家の処分のときは、わざわざ朝廷に解官の手続きを取ってもらっていません。幕府が直接処分していました。

松平定信は賢い人であるがゆえに、そのスジの違いが許せません。「理屈で考えたら、これまで延々とやってきた現状のほうが間違っているんや」ということになります。

このあたりは朝鮮通信使問題で理屈にこだわった新井白石に似ています。

実際、松平定信は朝鮮通信使に関しても「通信使は朝鮮でそれほど高い身分ではないのに、日本の御三家が接待しているのは礼に反する」と、新井白石と同様の議論をしているのです。

そしてそれまで将軍の代替わりのたび十一回にわたって行われていた通信使の江戸入りをやめさせて、対馬で国書を交換（易地聘礼《えきちへいれい》）するよう命じています。

このため十二回目の通信使は延期を重ね、実現したのは二十年後の一八一一年で、これが最後の朝鮮通信使となりました。

松平定信には新井白石や本居宣長に影響された朝鮮軽視観があり、それを易地聘礼に具体化させたことで、近代日本の対朝鮮外交の枠組みをつくる結果になったともいわれています。

尊号問題に戻ると、処分に関して自身の意見の裏付けに松平定信が持ち出したのが「王臣論」です。

王臣論、大政委任論という理屈

一七九三年に幕府が朝廷に示した文書では、「武家も公家も天皇の臣下（王臣）であり、王臣に対して公平に賞罰を与えるのが将軍の仕事やで。公家だけを特別扱いしたら公家と武家を差別することになり、天皇に対してかえって不敬やで」と述べています。

ここで持ち出されたのが「大政委任論《たいせいいにんろん》」です。そもそも将軍は日本を統治する「大政」を天皇から委任されているのだという理屈です。

これは一見すると、幕府に都合がいいわけです。幕府は天皇から全権委任されている、だからオールマイティなのだ、なんでもできるんやというわけですから。

松平定信は政治家であると同時に学者としても一流で、弁舌さわやかに説明するので、幕府の官僚はみなこの王臣論と大政委任論に染まりました。

でも翻《ひるがえ》って考えてみれば、委任されているということは、委任元の朝廷のほうが、権威は上だということです。

ここから尊王の思想が出てくるし、やがては建前だけでは済まなくなってきます。

例えば一八〇六～〇七年にロシア船が蝦夷地を襲撃したとき、それまではやったことがないのに、京都所司代から朝廷に報告をさせています。

一回報告をしてしまったら朝廷に報告するのが先例になり、朝廷は幕府の対外政策に口を挟む権利をほぼ自動的に得てしまったのです。

大政奉還への道を開く

松平定信が後世に与えた影響は、寛政の改革よりも、実はこの尊号一件事件のほうが大きいのではないかと思います。

尊号一件事件で松平定信の大政委任論が幕府に浸透したことによって、後の明治維新における大政奉還につながっていくひとつのきっかけができました。

はじめに大政委任がなければ、それを奉還（返還）するという理屈も成り立ちませんからね。

武力で権力を握った徳川家康やそのブレーンだった金地院崇伝《こんちいんすうでん》はおそらく考えもしなかった理屈です。

徳川政権が長く続き、幕府が武断政治から文治政治に転換したことによって、儒学が

アフロ

現在の御所は幕末のものですが、寛政期のスタイルを踏襲しています。松平定信は、寛政の御所再建の責任者として、平安時代の様式を模したスタイルで紫宸殿などを建設しました。

人々のなかにどんどん浸透していきました。

幕府の政治家たちも大義名分とか理屈を考えるようになり、定信のような賢い人が自身の政策の裏付けのためにスジを正してきれいな理論を持ち出すようになります。

儒者の中井竹山《ちくざん》は一七八九年に『草茅危言《そうぼうきげん》』を書き、優れた政治を行う幕府に朝廷が政権を委任したのだと主張しています。

水戸藩の学者藤田幽谷《ふじたゆうこく》は九一年の『正名論』で、「幕府が朝廷を尊《たっと》べば諸大名が幕府を尊び、秩序が保たれる」と論じています。両書とも定信の求めに応じて書かれたものです。

こうしたブレーンたちの建言をもとにして、定信の理屈はかたちづくられたのでしょう。しかしその理屈はやがてひとり歩きをし始めます。大政委任論といい朝鮮外交といい、それが明治維新につながることになるとは、松平定信はおそらく夢にも思わずに亡くなったことでしょう。

36 贅沢将軍家斉の五十年

江戸幕府で一番長く将軍職を続けたのは誰だかわかりますか。答えは第十一代将軍家斉《いえなり》、在職期間は五十年にも及びます。その家斉の治世は、前半後半で大きく変わります。

将軍就任当初は松平定信による寛政の改革が行われました。寛政の改革の理念は、「理想は八代将軍吉宗の時代やで」「国の基本は商売ではなくて農業やで」という考え方です。

吉宗のひ孫にあたる家斉はまだ十代だったので、松平定信という吉宗の孫から「ガールフレンドと遊びすぎたらあきませんよ」などと意見されると、「わかった。ちょっと慎むわ」という具合に、おとなしくしていました。

定信が数年で失脚した後も、松平信明《のぶあきら》（知恵伊豆・松平信綱の子孫）などの定信シンパが引き続き政権を運営して、定信の改革路線をダラダラと続けていました。

松平信明を象徴する言葉が「貨幣改鋳などというのは国の恥やで」。要するに原則論です。倹約令を徹底して緊縮財政を行う一方、菱垣《ひがき》廻船積問屋仲間などに商売を独占させ、見返りとして冥加金を上納させて不足分を補おうとしました。

婚礼のためのカネづくり

でもこんなことをやっていても埒《らち》があかないので、一八一七年（文化一四年）に松平信明が亡くなると、家斉は水野忠成《ただあきら》を老中に抜擢します。

この人は家斉の小姓として寵愛を受け、側用人と老中首座と財務担当（勝手掛）を兼ねたので、将軍秘書部長兼総理大臣兼財務大臣として絶対的な権限を持つわけです。

水野忠成は手っ取り早く貨幣改鋳によって財政の逼迫を緩和しようと考えます。金銀の含有量を減らした分が幕府の利益になるのでしたね。水野は老中になって八度にわたって貨幣を改鋳し、五百万両以上の差益を得たといわれています。

なぜ八度も改鋳しなければならなかったかといえば、ひとつは、日本近海に現れるようになった異国船対策として、蝦夷地《えぞち》、今の北海道を直轄地にしたからです。あの広い土地を直轄にしたら役人の人件費など、たいへんなお金がかかりますよね。

もうひとつは、家斉の子女の婚姻にお金がかかったからです。

家斉はガールフレンドが大好きで、水野忠成の頃にはもう歯止めが利かなくなり、子どもを五十五人もつくっています。

死亡率が高かった時代ですが、そのうち二十五人が成人しています。全員を結婚させなければいけなくて、しかも将軍の子どもの結婚ですから、たくさんのお金がかかるわけです。

水野忠成は「田沼意次の再来や」「賄賂政治や」と評判が悪いのですが、「全体的には正しいことをやっていれば、ちょっとぐらい後ろ暗い部分があってもかまへんで」というとても合理的な考えの持ち主でした。

幕府の支出が増える以上、税金（年貢）を増やすしかありません。それを水野忠成は、インフレにこそなりましたが、増税ではなく貨幣改鋳で乗り切りました。この忠成の合理性は他の面でも見られます。

合理的な政治判断

関東は将軍の直轄地、将軍の家臣である旗本の領地、大名の領地などが入り組んでいるところです。

たとえ犯罪が起きても、取り締まりの管轄が違うところに逃げ込んだら警察権を行使できないので、対策として一八〇五年に関東取締出役（八州廻り）が設置されています。これは関東全体を管轄する警察本部長のようなものです。

でもその下の警察署長もいなくては困るので、水野忠成は一八二七年に改革組合村をつくります。幕府領か大名領かに関係なく四、五十の村を地域ごとにまとめて、関東取締出役の下請け組織にしたのです。これは「文政の改革」と呼ばれたとても合理的な政策でした。

（江戸時代の〝村〟は現代の地方自治体の行政区分の〝村〟と比べてかなり小さく、ひとつの農村の戸数は四、五十軒程度です。江戸時代の村の名残は、現代の地名〝大字〟などに残っています。）

ところが不幸なことに、一八三三年から三六年にかけて、天保の大飢饉が起きます。これは享保、天明と並ぶ、江戸の三大飢饉のひとつです。

水野忠成は「江戸で餓死者を出すな」という方針のもと、備蓄米百五十万俵を放出して施米《せまい》します。松平定信の時代から江戸町会所に備蓄された古米で「もらっても食えたものじゃない」という批判もありましたが、忠成は「死ぬよりましやで」と言ったそうです。そのため江戸では米騒動が起きずに済みました。

江戸以外では、五十年振りの凶作だった東北を始めとして、全国で一揆が多発したのですが、天明の飢饉の死者数が一説には百万人ともいわれるのに対し、二、三十万人の死者で被害が留まったとされています。

松平定信らの対策が功を奏して被害が抑えられました。それでも総人口が三千万人の時代ですから、すごい人数ですよね。現代の日本の人口に当てはめれば百万人前後が餓死するような異常事態です。

えこひいき将軍

水野忠成は天保の飢饉の半ば（一八三四年）に亡くなりますが、この間、家斉が自分でやったことは何かといえば、続柄大名という、自分の子どもを嫁がせて親戚になった大名の優遇策ぐらいです。幕府拝借金という無利子融資や、何万石もの加増を与えています。お金も石高も融通できない場合は、官位を上げています。

自分のお父さんの一橋治済《はるさだ》の処遇を上げることも一所懸命やりました。それまで治済のような御三卿の最高位は従三位権中納言だったのに、准大臣に上げています。家斉自身も、二七年に将軍職兼任のまま異例の従一位太政大臣へ昇進します。

三七年に将軍職を息子の家慶《いえよし》に譲りましたが、家斉は実権を握り続け大御所政治を行いました。

四〇年、死の前年に、家斉は三方領知替えを画策します。川越藩の松平家を鶴岡に、鶴岡の庄内藩酒井家を長岡に、長岡藩の牧野家を川越に移すという大規模なものでした。

これは家斉の五十三番目の子どもの斉省《なりさだ》を養子に迎えた川越藩の松平家が、財政破綻を免れるため条件のいい所領に替わりたいと家斉に訴えたことから始まったものです。

ところが、幕府があまりにも身勝手だと、諸大名から領知替えの理由を問う文書が提出され、また鶴岡では、そんなえこひいきのために殿様を替えるなんてとんでもないと、一揆まで起こります。数万人の集会が開かれ、代表が江戸に出て幕府や諸藩主に直訴したので、さすがに幕閣が「ちょっとこれは無理やで」ということで撤回します。

家斉は統治理念があまりなかった人だと思います。こういう人の政治が五十年続いたことで、

文藝春秋写真資料室

東京大学に残る赤門は、1827年、徳川家斉の娘の溶姫が加賀前田家に輿入れするにあたって建てられました。

幕府の弱体化が顕《あら》わになったわけです。

とはいえ、たくさんガールフレンドをつくり、お金をふんだんにばら撒いて贅沢をしたので「化政文化」（後の章で見ます）が花開いたのです。文化というのはお金を使わないと生まれませんよね。家斉政権はそういう意味で皮肉にも文化的には素晴らしい時代となったのです。

さて家斉が将軍に正式に就任した一七八七年は、その十年ほど前に独立したアメリカが合衆国憲法を採択した年で、二年後にフランス革命が起こります。家斉が引退した一八三七年には、連合王国（イギリス）でヴィクトリア女王が即位しました。世界は大きく動いていたのです。

第6章

列強のアジア進出で揺らぐ幕府

37 産業革命と国民国家（ネーションステート）

徳川家斉《いえなり》がガールフレンドと仲良くしては、老中がその子女たちの婚活に頭を悩ませていた頃、ヨーロッパでは大きな動きがありました。

この頃、日本周辺に異国船が出没し始めるのは、産業革命の影響だという話を以前にしましたね。今回は世界史の大きな転換点となった産業革命と国民国家《ネーションステート》についてまとめてみましょう。

産業革命の発端は、十七世紀のアンボイナ事件に遡《さかのぼ》ると思います。

香料がきっかけの産業革命

現在のインドネシア東部、モルッカ諸島のアンボイナ島は、クローブやナツメグの有名な産地で、イングランドとネーデルラント（オランダ）が激しく利権を争っていたのですが、一六二三年にイングランドの商館員がネーデルラント側によって皆殺しにされる事件が起きます。

イングランドは最終的にモルッカ諸島（香料）を諦め、インドへ退きました。ところがインドに腰を据えてみると、インドが綿織物で儲けて栄えていることに気がつきます。

なぜ綿織物が売れるかというと、東西の交易は中国とヨーロッパの間を海岸沿いに往復するので、インドに必ず立ち寄るわけです。そこで食料や水を仕入れるだけではなく、擦り切れた服や帆《はん》布《ぷ》を取り替えます。

そこでイングランドは「俺たちも綿織物で儲けよう」と考え始めます。

イングランド本国では一七〇九年にダービーがコークス（炭素の純度を高めた石炭）製鉄法を開発しました。それまでは製鉄のために木を伐《き》って燃料にしていましたが、当時は森林破壊が限界まできていました。

昔のイングランドを舞台にした『ロビン・フッド』を読むと、主人公はシャーウッドの深い森に住んでいますね。そういう森林はこの頃までに伐り尽くされていたのです。

コークス製鉄法が生まれると、木の代わりに石炭の需要が急増します。でも鉱山は湿地帯にあったので、排水が問題になります。

そこで一七一二年にニューコメンが蒸気機関を実用化した排水ポンプを発明します。

それと並行して、綿織物業界で三三年にジョン・ケイが飛び杼《ひ》を発明します。一般に織物は並べた経《たて》糸に緯《よこ》糸を通し入れるさいに、杼《シャトル》を左右に往復させて織り上げていきます。この杼の往復を高速化させることで、織物の織り上げ速度が倍増しました。

すると糸の需要が増大したので六四年に、ハーグリーブスのジェニー紡績機が発明されます。紡績機はどんどん改良されて大量の糸が供給されるようになりました。

同じ頃ワットがピストン運動を回転運動に転換できるように蒸気機関を改良し、蒸気機関の用途を鉱山業以外にも広げました。

蒸気機関の利用に伴って、紡績も織物も機械化され、生産量は手工業時代と比べて二〇〇〇パーセント以上にも増大しました。

この産業革命によってイングランドは農業中心の社会から、気候に左右されない工業社会に移行したのです。世界の工業生産に占める割合も二パーセントから二十三パーセントに急増しています。

一方、インドの綿織物産業はイングランドの工業製品に駆逐されて壊滅し、綿織物の輸入国になります。その輸入代金を稼ぐため、インドは換金性の高い商品作物を栽培するようになり、そのため食料も輸入に頼るようになりました。商品作物の栽培はやがてアヘン生産に至り、アヘン戦争につながっていきます。

アメリカ独立とフランス革命

さてそのイングランドとアメリカの植民地の間で独立戦争（一七七五〜八三年）が起こりました。北アメリカの支配をめぐるフランスとの戦費調達のため、イングランドはアメリカの植民地を対象に、お茶などいろんなものに税金をかけました。重税にあえぐ植民地の人々は、「俺たちはロンドンの議会に代表を送っていないのに、一方的に税金をかけられたらたまらんで」と憤ります。「代表なくして課税なし」の原則にもとると反発したのです。そして「自由・平等」を掲げて独立戦争を始めました。

敵の敵は味方とばかりにフランスはアメリカに与《くみ》して、多くの義勇兵を送り出します。有名なのがラファイエット侯爵です。首尾よくアメリカは独立し、手伝ったフランス人も、自由・平等はええでと気分が高揚して帰国するわけです。

ところが振り返ってフランスはどうかと見れば、ブルボン王家が絶対王政を敷いています。

アメリカ独立宣言(一七七六年)の自由・平等の思想はフランスにも広まり、ルイ十六世の対応が悪かったこともあってフランス革命が起こり(八九年)、フランス人民は国王を処刑してしまいます(九三年)。

他のヨーロッパの国々は、プロイセンもオーストリアもイングランドも全てが君主政国家ですから、「人民が国王を殺すなんてとんでもないで」と、対仏大同盟を結んでフランスを潰そうとします。すると、周囲が全部敵という状況下で、祖国フランスを守らねばならないという「愛国心」が芽生えてきます。それを若き軍司令官ナポレオンが上手に統合しました。

フランスの歴史からジャンヌ・ダルクを見つけてきて「昔、パリがイングランドに占領されていた時代のフランスの危機をひとりの乙女が救ったんやで。われわれもフランスのために立ち上がるんやで」と訴える。田舎から出てきた若い乙女に、地中海の小島から出てきた自分を投影したわけです。

ナポレオン軍は、「自由・平等・友愛のフランスに敵対する王政を倒すんや」という看板をかかげてヨーロッパ中を席巻しました。その結果、ヨーロッパ中に、「国は王侯のものではなく国民のもの」という国民国家の意識が広まりました。

最強国家の誕生

国民国家とは、ベネディクト・アンダーソンの名著が指摘するように「想像の共同体」ですよね。フランス革命のときにもアジビラが山のようにまかれたのですが、「諸外国の侵略から母国フランスを守ろう」と煽り立てると、それがものすごく強い力を持って、「俺たちはフランス人だ。祖国のために戦おう」というジャンヌ・ダルクの子孫なんだ。祖国のために戦おう」という国民意識を人々が持ち始め、戦争や統治の主体になろうとするわけです。

それまでの絶対王政では、戦争は基本的に君主たちの争いでした。ところが国民国家になると、国民一人ひとりが当事者として戦争に関わることになります。

ナポレオンは一八〇四年にフランス皇帝に即位しますが、ナポレオン法典を整備して、私有財産（所有権）の絶対性を初めて認め、アダム・スミスの唱えた市場経済の法的根拠を確立しました。

フランス革命によって、フランスでは市民は等しく教育を受ける権利を持つという「公教育」の考えが生まれ（実現はずっと後ですが）、ナポレオンはフランスの官僚や技術者を養成するグランゼコールというエリート校をつくっています。

アフロ

18世紀のイギリスでは、産業革命が始まっていました。図はジェニー紡績機。

この「国民国家」と「産業革命」とが結びつくと、非常に強い「近代国家」ができあがります。近代国家の枠組みはこの頃にできあがったわけです。もはや従来の国が対抗してもとても勝てません。

産業革命と国民国家という人類の歴史上最も影響力の大きかった二大革命に、鎖国の日本はリアルタイムでキャッチアップできなかったことが、やがて大きなツケとなって回ってきます。

38 出没する異国船と蘭学の広がり

さて、以前述べたようにガールフレンドと贅沢が大好きな徳川十一代将軍家斉《いえなり》の時代、海外では産業革命が起こって、日本の周辺には異国船が出没し始めていました。

蒸気機関の開発と技術革新によって連合王国（イギリス）の綿織物生産は何百倍にも拡大し、工場制機械工業の時代に入りました。それまで手でやっていた作業を機械でやるわけですから、大量生産が可能になります。ヨーロッパ諸国はこぞってこの産業革命を導入しました。

一方、十八世紀後半に起きたアメリカの独立戦争やフランス革命によって、ヨーロッパのパワーバランスは大きく変わりました。

かつてネーデルラント（オランダ）が支配していた東南アジアの海域にも、ヨーロッパ諸国が改めて進出を始め、日本周辺に異国船が現れるようになったのです。

異国船打払令とシーボルト

幕府は鎖国が建前です。

松平定信の章で見ましたが、一七九〇年には連合王国の船が紀伊（和歌山）熊野に寄港、翌年対馬海峡に異国船が現れ、さらにその翌年の九二年にはロシアからラクスマンが漂流者大黒屋光太夫を連れて来航しています。

次々と現れる異国船に対して、松平定信は九一年、異国船取扱令を出しています。「異国船が現れたら、なるべく穏便に乗組員を勾留して、幕府に届けよ。複数の船が敵対行動をとるようなら、近隣と共同して対処するんやで」と。異国船の艦隊との軍事衝突を初めて視野に入れた指令として注目されます。

その後も異国船の来航は続き、幕府は江戸湾の防備を固め、一八二五年には異国船打払令（無二《むに》念打払令《ねんうちはらいれい》）を出します。異国船は無差別に砲撃せよという命令です。

これは水野忠成《ただあきら》政権のときです。日本の漁民が洋上や港で異国船と接触して好印象を持ち、鎖国政策に疑問を抱き始めるのを防止する狙いもありました。

その動きのなかで、シーボルト事件が起きています。シーボルトはネーデルラント商館付きの医師で、種痘《しゅとう》ワクチンの接種などで日本人の信頼をかちとりました。

シーボルトには医師のほか、日本の物産の調査という仕事もありました。ネーデルラント商館長とともに江戸に来た折には、書物奉行兼天文方筆頭の高橋景保《かげやす》らと情報交換をしています。

ところが一八二八年に帰国しようとした際、持ち出し禁止の日本地図（伊能忠敬《ただたか》による「大日本沿海輿《よ》地全図」など）を所持していたために追放処分になります。

地図を贈った高橋景保は逮捕され獄死します。異国船に対して防備を強化しているときに地図を渡すなど不届き千万という理由でした。

それから十年後の一八三七年、今度はアメリカの商船モリソン号が三浦半島の浦賀に来航します。

モリソン号は商売をしたいと思ってきたわけですが、打払令に従って砲撃され、マカオへ去ります。

翌年、モリソン号は漂流民を乗せて交易を求めにきたものだったという情報が長崎のネーデルラント商館長からもたらされました。

このときの幕府は、水野忠成の後を継いだ水野忠邦が老中の時代でした。彼が進めた「天保の改革」は後で見ていきますが、このモリソン号の取扱をめぐって、幕府内で議論が起こります。

結局打払令は維持されますが、この当時、江戸では渡辺崋山《かざん》が西洋の学問（蘭学）の勉強会を開いていました。

八代将軍吉宗は知りたがり屋で実学が好きだったという話をしましたね。「キリスト教と関係ない本は輸入してもええで」ということで、蘭学がさかんになっていました。

一七七四年にはヨーロッパの精緻な解剖学書（ネーデルラント語訳版）が、医師杉田玄白《げんぱく》や前野良沢《りょうたく》らによって、『解体新書』の名で漢文に翻訳、出版されています。

渡辺崋山と高野長英

渡辺崋山は貧しい武士から身を起こして、三河（愛知東部）田原《たはら》藩の江戸屋敷の家老になった人です。「鷹見泉石《せんせき》像」などを描いた画家としても知られていますが、湯島聖堂で勉強した秀才でした。儒学に飽き足らず、西洋医学を学んでいた高野長英らを集めて、蘭学の勉強を始めます。

その塾には川路《かわじ》聖謨《としあきら》や江川英龍《ひでたつ》など少壮の幕臣も勉強に来ていました。江戸の町なかに大蘭学サークルができていたわけです。

モリソン号事件が起きると、川路、江川などの幕府の官僚はこの事件のあらましを、渡辺崋山や高野長英に話しました。

そうすると、渡辺崋山は『慎機論』（未発表）を、高野長英が『戊戌《ぼじゅつ》夢物語』を書いて、科学技術の進んだ連合王国（アメリカ船が誤って連合王国船と伝わっていました）との紛争の危険を警告し、幕府の対応を批判しました。「異国船を打ち払っているだけではあかんで」と。

ここで鳥居耀蔵《ようぞう》という男が出てきます。水野忠邦の側近のひとりで、当時、幕臣（旗本・御家人）を取り締まる目付に就いていました。

この人は大学頭、林述斎の次男で、鳥居家に婿養子に入った人でした。実父が幕府の朱子学教育のトップ林家の長なので、林家の朱子学を大事にしています。

その鳥居耀蔵が一八三九年、「無人島に渡航するつもりやで」と罪をでっち上げて、渡辺崋山らを捕まえました。渡辺崋山は家宅捜索を受け、幕政を批判した『慎機論』の原稿が見つかったことで、国許にて謹慎を命じられ、その後自害します（一八四一年）。高野長英は無期禁錮（永牢）になります。

ところが長英はタフな人で、放火させてそのドサクサに脱獄し、秘かに宇和島（愛媛南部）藩に招かれて兵書の翻訳に従事したりしています。ふたたび江戸に潜り込んで医者として暮らしていましたが、最後は追手に囲まれて自殺しました（一八五〇年）。

この言論弾圧事件が「蛮社《ばんしゃ》の獄《ごく》」です。蛮社というのは野蛮な学問をする集団ということです。建前上、正しい学問は朱子学だということになっていますからね。

「蛮社の獄」の目的

鳥居耀蔵が蛮社の獄をしかけた理由については、様々な説がありますが、渡辺崋山や高野長英らを放っておくと、彼らのもとに優秀な人材が集まって、ヨーロッパの最新の学問が世間に広がり、自分たちが信奉する朱子学がお役御免になってしまうと恐れたのではないでしょうか。

蘭学の有用性は、すでに一部の幕臣が自ら学ぶところまで認められていました。こうした動きのなかで水野忠邦などの幕政の中心グループと蘭学グループとの間にクサビを打ち込もうとしたのでしょう。

最新の洋式砲術を研究したことで、長崎の有力商家から幕臣に引き上げられた高島秋《しゅう》帆《はん》も、一八四二年に鳥居耀蔵によって陥れられ、一時は死罪をいいわたされています（投

アフロ

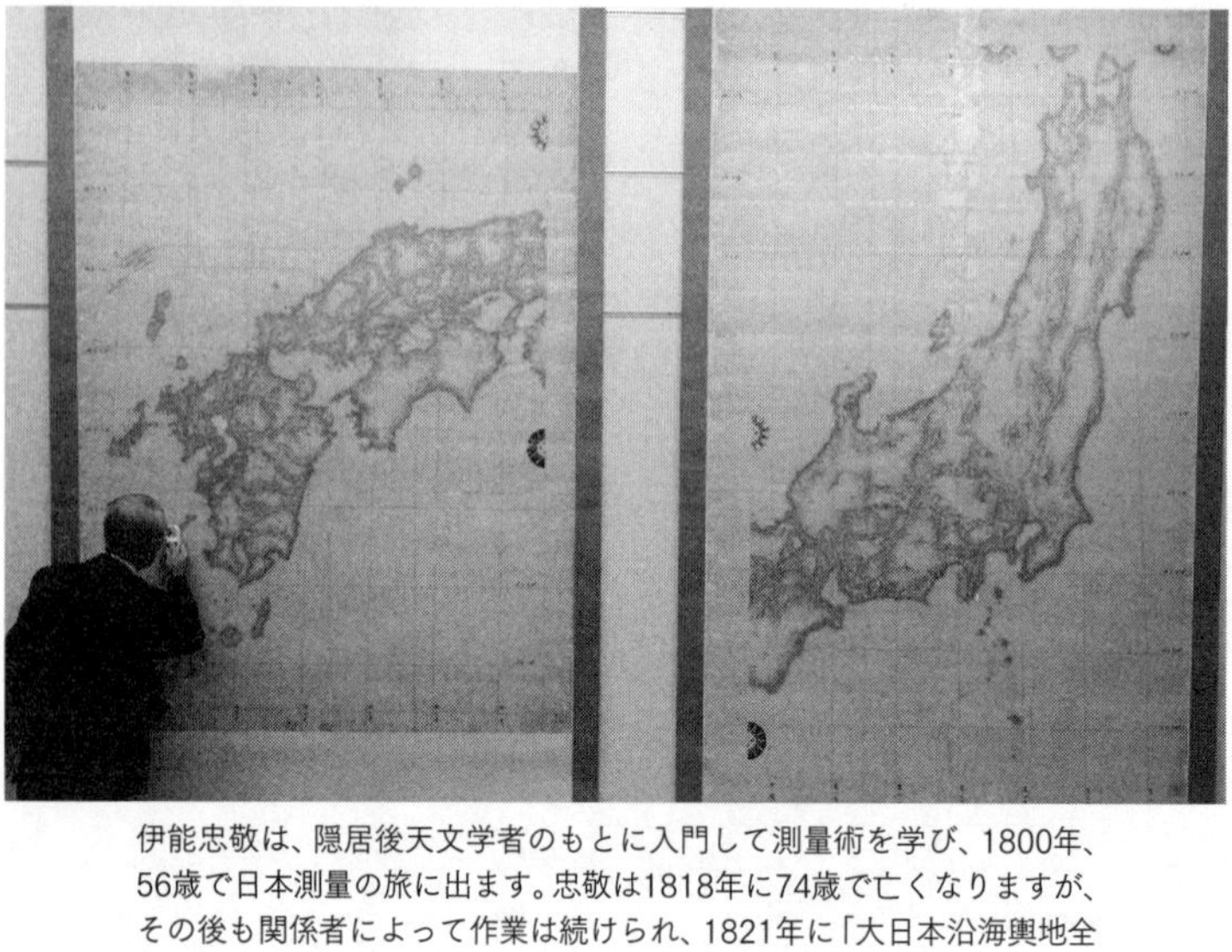

伊能忠敬は、隠居後天文学者のもとに入門して測量術を学び、1800年、56歳で日本測量の旅に出ます。忠敬は1818年に74歳で亡くなりますが、その後も関係者によって作業は続けられ、1821年に「大日本沿海輿地全図」が完成しました。写真はそのもっとも縮尺率の大きい「小図」です。

獄後、追放刑に改まりました)。

江戸時代の後半は、商売や蘭学などの現実に即した実学的な思考と、あくまでも日本は農業がベースや、鎖国やでという、朱子学に理論を借りてきた保守的な思想とが行ったりきたりしていた時代でした。両者のはざまで、水野忠邦の「天保の改革」が始まります。

39 水野忠邦の緊縮財政

老中水野忠成《ただあきら》は将軍家斉《いえなり》のもと、一八一八年から十六年間、政権を握っていました。その間、貨幣改鋳によって財政を再建し、インフレにはなりましたが、市中のお金のまわりをよくしたことで、結果的には商業が発展し経済は上向きになりました。

ところが、水野忠成が三四年に亡くなり、放漫財政の元凶であった「大御所」家斉も四一年に亡くなると、老中首座についていた水野忠邦が、正反対の政治を始めました。

水野忠邦はものすごく出世欲の強い人でした。

もともとは肥前（佐賀）唐津《からつ》藩主でした。唐津藩は六万石といいながら、実質は二十五万石といわれた豊かな藩です。ところが唐津藩主は長崎警備の役目柄、江戸に出てきて老中になることができませんでした。

そこで水野忠邦は浜松に転封を願い出ます。浜松は実質十五万石ぐらいですから、約五分の三の減俸ということになります。二十五万石でもヒイヒイしていた家臣は、大いに嘆いたといわれています。

大塩平八郎の乱

さらに忠邦は親戚筋にあたる権力者、水野忠成にじゃんじゃか接待して贈物も欠かさず取り入って、水野忠成の没後、老中にのし上がりました（一八三四年）。

当時は十一代将軍家斉がまだ生きています。家斉がいる間は、緊縮財政はできないわけです。家斉に「緊縮財政」と言った瞬間にクビになるのがわかっていますから、じっと雌伏します。

このとき、跡部良弼《あとべよしすけ》という水野忠邦の実の弟が大坂東町奉行をしていました。

天保の飢饉になると、廻米といって、大坂に全国から集まっていたお米を江戸に回すお触れが出ます。

兄貴が江戸で老中首座の地位を狙っているのだから、江戸で米不足による騒動を起こさせるわけにはいかんと、跡部は廻米を行います。

これに対して、「大坂が飢えているのに、そんなの許せんで」と、一八三七年、元奉行所与力の大塩平八郎が乱を起こします。自分がやっていた陽明学（儒学の一派）の私塾の塾生たちを中心に三百名ぐらいで挙兵したのです。

ところが乱に加わった者のなかにはならず者も相当入っていたようです。大塩平八郎は「救民」の気持ちで立ち上がったにもかかわらず、乱が膨れるなかで統制が効かなくなり、結局一日で鎮圧されてしまいました。

ただ、大塩平八郎は与力ですから、現代でいえば大阪府の局長が反乱を起こしたようなイメージなので、心理的な影響は小さくありませんでした。直後に新潟で国学者、生田万《よろず》による反乱が起きています。

四一年、家斉が亡くなります。水野忠邦は老中になってから七年も自重してこのときを待っていました。

まず十二代将軍家慶《いえよし》が、「享保、寛政の改革をもう一回やるで。農業復興と緊縮財政や」という意思を示されたと宣言します。そして水野忠邦が、「上様のご意思に沿って頑張ります」というかたちを取ります。そうするとやりやすくなるわけです。

倹約令と遠山の金さん

そのうえで、奢侈《しゃし》禁止令とか倹約令を山ほど出します。そのことを当時「法令雨下」と呼んでいます。法令が雨のように降ってくるという面白い表現です。冠婚葬祭や年中行事も制限され、雛《ひな》人形や蒔絵《まきえ》など少しでも派手なものは禁止されました。

当たり前ですがその結果、江戸は深刻な不景気に見舞われ、大呉服店の前年同月比売上高が、二割から七割も減少したといわれています。

家屋の新築も憚られて土木建築の職人は仕事がなくなり、遊興に出かける気分も出ないので、飲食店や盛り場が閑散としてしまいました。

このときの北町奉行が遠山景元《かげもと》（金四郎）でした。景元は市中の事情に通じていますから、贅沢禁止令を真面目にやっていたら街の灯が消えてしまうで、と手を抜きました。

例えば、江戸に二百軒以上あった落語などの寄席を全廃する措置や、繁華街にあった歌舞伎三座の僻地移転にも抵抗しています。寄席はなんとか十五軒の存続を認めさせていますが、歌舞伎三座については浅草に移転することになりました。

一方、喜んで活躍したのが鳥居耀蔵《ようぞう》です。「蛮社の獄」で暗躍した鳥居耀蔵は、結構使えるやつやと水野忠邦には思われていたのですね。南町奉行に据えられると、法令通りにガンガン取り締まります。

そうすると、江戸っ子は単純ですから、遠山景元は正義や、鳥居（甲斐守）耀蔵は「妖怪《ヨウカイ》（耀甲斐）」や、と単純な善悪二元論で遠山景元がものすごく持ち上げられ、「遠山の金さん」という伝説になっていきました。

一八四三年には、人返しの法を発令します。「天保の飢饉」などで、農村では食べられなくなった人々が江戸に流れてきていました。五十五万人の江戸の町方人口のうち、十六万人が他国の生まれだったとされます。農村は人がいなくなって荒れていきます。だから幕府は法律で無理矢理に農村へ帰そうとしました。

これと表裏の関係だったのが、前出の町民文化の取り締まりです。江戸での生活が文化的で楽しいから、農業を捨てて人が集まる。そう考える農本主義的な「改革」は、農村復興のため、江戸に人が集まらないように、もっといえば、江戸を魅力のない町にしようとしたのですね。

水野忠邦は、簡単な小売や、庶民の食生活を支えていた屋台（床見世）も規制しようとしましたが、これもその日暮らしの貧しい人々の貴重な稼ぎの場を奪うものとして遠山景元の抵抗にあっています。

そのほか、水野忠邦は市場経済の力を信じませんでしたから、物価も基本的に統制しようとしました。一方で株仲間という業界団体に対しては、「お前らが談合して幕府に逆らってるのやろ。解散や」とバラバラにしてしまう。江戸だけではなく地方の株仲間も解散させました。

水野忠邦の失脚

いろいろと張り切った水野忠邦の失脚のきっかけが、「上知令《あげちれい》」でした。これは江戸、大坂の周囲は一定の範囲まで全部幕府の直轄領にするで、というものです。領地が入り組んでいたら、外国が攻めてきたときに守りにくいというわけです。

でも、江戸や大坂近くに領地を持っている大名や旗本にしたら、遠くへ行かされるなんてとんでもないと反対します。

結局、一八四三年に水野忠邦は老中を罷免されてしまいます。人返しの法も上知令も撤回され、株仲間もその後復活しました。改革は三年足らずでほとんど失敗に帰します。

ところが、翌年に江戸城が火災に遭い、その再建が捗らなかったことで、異例にも〝豪腕〟と評された水野忠邦が返り咲きました。

とはいえ権威付けのための再任ですから、老中としての仕事はあまりありません。四五年に病気を理由に辞職をすると、その半年ほど後、「在職中の不正」を理由に二万石と麻布の上屋敷を没収され、渋谷の下屋敷での謹慎を命じられます。

雨の夜にたった十五人で渋谷の下屋敷へ移る水野忠邦の姿は、まことに哀れだったと伝わっています。

水野忠邦の失脚の原因になった上知令は、もともと幕府の海防政策の一環でした。次章ではその海防問題について改めて見ていきましょう。

アフロ

遠山景元が奉行を務めた北町奉行所があった現在の東京丸の内には、オフィスビルが建ち並びます。

40 一八四〇――アヘン戦争の余波

前章で見たように、贅沢取り締まりを徹底して行ったのが天保の改革でしたが、この改革にはもうひとつの側面がありました。海防の問題です。それは明治維新につながっていく問題でもあります。

一八二五年に異国船打払令が出たことは話しましたね。

しかし、アヘン戦争（一八四〇～四二年）で清（中国）が連合王国（イギリス）に負けたとの情報が日本にもたらされると、これはえらいことやで、あの大国の清がボコボコにされたんやからなと、幕府の政策は急転回していきます。

早くも四〇年に高島秋帆《しゅうはん》という長崎の砲術研究家からレポートが出されます。高島家は長崎の裕福な商家で、代々の役目として町年寄をつとめるかたわら、長崎奉行所の鉄砲方の仕事にも就いていました。

洋式砲術の威力を知り、ネーデルラント（オランダ）商館員に西洋砲術を学んでいた高島秋帆は、アヘン戦争での連合王国と清の軍事力の差は大砲にあると報告したのです。

翌年、幕府は秋帆に徳丸原《とくまるはら》（現在の東京・高島平）で、老中たちの臨席のもと、ネーデルラントから輸入した大砲や銃砲による砲術演習を実施させました。

高島秋帆自身は、鳥居耀蔵《ようぞう》の讒言《ざんげん》によって陥《おとしい》れられますが、幕府は四三年に大筒組を創設します。

天保の改革の砲声

幕府も、大砲などを近代化して守りを固めないとあかんで、とわかっていました。これが天保の改革のもうひとつの側面です。

前章では、水野忠邦の復古主義的、農本主義的な改革の中身を見ました。

その一方で、水野忠邦は、深刻化する海防問題に対応するため、先進的な西洋の科学技術を学ぶ蘭学者を積極的に登用していました。

鳥居耀蔵に代表される保守派（反蘭学派）と高島秋帆などの改革派（蘭学派）、両方の支持者を政権基盤に取り込んだことで、水野忠邦の政権は不安定な構造になったことを、藤田覚さんは『幕末から維新へ』（岩波新書）で指摘しています。

一八四二年、幕府は異国船打払令を撤回して薪水《しんすい》給与令を出します。「異国船が来たら、必要なものは補給してやれ」というものです。

これは新任のネーデルラント商館長が、連合王国は日本に軍艦を送って交易を要求し、戦争も辞さない姿勢だという情報をもたらしたことから、大慌てで決定したものです。

また、千葉県の印旛《いんば》沼の開削工事を始めます（一八四三年）。

大消費都市の江戸は、大坂からお米や物資を回してもらってご飯を食べていました。

大坂からの輸送の船は、浦賀水道から江戸湾に入って荷揚げしていました。もし江戸湾を押さえられたら船荷が入ってこなくなり、江戸はあっという間に干上がります。一週間ももたないといわれていました。

そこで、水野忠邦は津軽海峡を通って、東回りで船を回し、銚子港に荷を揚げ、利根川を経由して印旛沼から検見川《けみ》という流通バイパスをつくろうとしたのです。

また新潟を直轄地にして新潟奉行を置いています。北への備えですね。ネーデルラント商館長に蒸気船や蒸気機関車を輸入できないかという打診もしています。

だから水野忠邦は出世欲の塊だっただけではなく、自身の政治に確かな目的があって、政策判断をしていたのだと思います。失脚して全てパーになってしまいましたが。

『海国図志』ものがたり

面白いことに『海国図志《かいこくずし》』という本が、一八五一年に日本に入ってきています。この本には、アヘン戦争をめぐるいきさつがありました。

連合王国の東インド会社はインドでアヘンを製造し、ひそかに清で販売していました。清のアヘン吸引者は一千万人以上に達します。

アヘンの密輸入量が増えて、一八二七年には清の貿易収支が赤字になり、銀が流出し始めます。その額は清の歳入の四分の一にも上りました。

三九年、林則徐《りんそくじょ》がアヘン対策の臨時特命大臣（欽差《きんさ》大臣）になり、海外交易の唯一の港であった広東《カントン》（広州）へ陸路はるばると下ります。

中央のエリート官僚である林則徐には、道中で有力者たちの接待攻勢が待ち受けていましたが、心遣いは無用と断り、代わりに毎晩勉強しました。洋書を買い集め外国語が読めない自分の代わりに学者に読ませ、翻訳させて勉強していたのです。

広東到着後、林則徐はすぐにアヘンを厳しく取り締まり、連合王国の貿易監督官と対決して二百万斤以上のアヘンを没収、全て焼却しました。

連合王国は仰天しました。

中国の役人といったら、賄賂を渡せばオッケーだったのに、「今度のやつはどうも違うで」というわけです。

だからアヘン戦争を始めると、林則徐が守っている広州は避け、北京のすぐ近くの天津に軍艦を集めて「北京を攻めるで」と大砲で清の皇帝を脅し、林則徐を新疆《しんきょう》へと左遷させました。そのうえでアヘン没収に対する莫大な賠償、香港《ホンコン》の割譲などを清に請求して、南京条約を結びます。

林則徐は、自分が集めた文献を友人の政治学者、魏源《ぎげん》にたくさんのお金とともに渡します。これを中国人が読めるよう本にしてほしい。俺は今度はロシアの勉強をせなあかんといい残して、新疆へ去っていきました。

魏源も林則徐は去っていったわけですから、もらったお金で遊んで暮らしてもいいのに、この人も偉くて、林則徐の依頼を果たします。

こうして四二年に完成したのが『海国図志』五十巻です。五二年には百巻まで増補しました。本書の序文で魏源は、外国の技術を学び、中国の富強を図るのが目的だとはっきり書いています。それは林則徐の志でもあったのでしょう。

『海国図志』は、中国や西洋の地理書をベースに、国際法やヨーロッパから見た中国について、また様々な書籍や新聞記事などの翻訳によって編集されていました。

生命保険と明治維新

僕がなぜ『海国図志』に興味を持ったかといえば、生命保険の知識が日本に初めて入ってきたのがこの本だったからです。「命担保」として紹介されています。

林則徐が洋書を集めてこいと部下に命じたとき、部下が「政治や軍事の本ですね？」と問うと、林則徐は「違う。全部や」と答えたそうです。

連合王国と戦おうと思ったら、ヨーロッパ全体を理解しなければ勝てないと考えていた。そのため買い集めた本のなかには、生命保険の知識も入っていたのですね。

林則徐は自分の集めた文献を漢文で誰でも読めるようにしておけば、いつかきっと役に立つと考えた。素晴らしい志ですよね。

一八五一年に日本に入った『海国図志』はキリスト教に触れた部分があるので禁書になりましたが、ペリー来航の五三年にまた輸入され、今度は幕府も許可して中身をみんなが研究していきます。

佐久間象山は魏源のことを「海外の心の友よ」と呼び、横井小楠《しょうなん》は、『海国図志』からアメリカの民主政治について学んでいます。吉田松陰《しょういん》も獄中で読み、外交について学んだことを松下村塾の塾生らに伝えています。西郷隆盛もこの本で海外情勢を知りました。

『海国図志』で勉強した西洋の知識が明治維新につながっていくので、明治維新は林則徐の志を継いだもの、あるいは林則徐のリベンジともいえるのです。

アフロ

没収したアヘンを燃やして処分した
池のほとりに立つ林則徐の銅像。

41 「雄藩」の改革は商工業重視

田沼意次《おきつぐ》政権の時代、拝借金というお金を、幕府が出ししぶるようになったという話をしました。災害や引っ越しで緊急のお金が必要となった藩が、幕府から無利子で借りられたお金で、いわば現在の地方交付税のようなものでした。

これをやめようとしたのは幕府の財政悪化のためで、「ない袖は振れない」というわけですが、見方を変えれば、「幕府は地方の苦境についてはもう面倒見ないで」。つまり幕府が公のポジションを放棄した宣言ともいえるわけです。

米沢藩の上杉鷹山《ようざん》の改革に代表されるように、各地の大名は「幕府にはもう頼れへんで」と独自の藩政改革に取り組みはじめます。

幕府による「寛政の改革」や「天保の改革」は失敗に終わりましたが、同時期に行われた諸藩の改革は成功しています。両者の命運を分けたのは、農業か商業かの選択でした。朱子学か実学か、といってもいいかもしれません。

財政再建・専売・軍備

薩摩《さつま》（鹿児島）藩は、七十三万石という大大名でしたが、一八二〇年代には五百万両もの負債を抱えていました。

その財政改革を主導したのは、下級武士出身の調所広郷《ずしょひろさと》でした。調所は、江戸や大坂の商人から借金証文を取り上げ、二百五十年賦の無利子償還への書き換えを一方的に通告します。実質的には踏み倒したわけです。裁判沙汰になりますが、幕府に手を回して乗り切ります。

また、奄美《あまみ》大島などの砂糖の専売制によって十年間に二百万両以上の収益を上げます。それから琉球《りゅうきゅう》を通じて清（中国）との密貿易を大々的に行いました。

薩摩藩は幕末に製鉄、造船、紡績《ぼうせき》などの各種の工場を藩内につくりますが、こういう殖産《しょくさん》興業策が実行できたのも、調所広郷が財政を再建していたからです。

長州（萩）藩は表向き三十七万石でしたが、新田開発などを進めた結果、十九世紀前半には、実質百万石以上の大藩になっていました。日本海側から大坂に米を運ぶルートの要衝にあたる下関を持っていたことも大きな力になりました。

にもかかわらず一八三八年には銀九万貫の負債に苦しみ、そこで藩主毛利敬親《たかちか》の信任を受けて、家老、村田清風《せいふう》が財政改革に乗り出します。

長州藩では、各藩で行われていた専売制度強化とは逆の方向をとり、蝋《ろう》の専売を廃止して「自由に商売してええで。その代わりオレがピンハネするで」と運上銀を取ります。

また、下関という海上輸送の要になっている港で越荷方《こしにかた》という金融倉庫業を興します。そこは必ず船が通りますから、倉庫があれば貨物を預けるし、お金も借りますよね。この商売は上々で、わずか四年で負債の三分の一を返済できたそうです。

佐賀藩（三十六万石）も、一八二〇年代には銀二万貫以上の負債がありました。

そこで藩主鍋島直正《なべしまなおまさ》と中堅家臣団が改革に乗り出しました。

まずリストラを敢行して、鍋島直正と側近たちに権限を集約しました。藩士たちの役職も減らし、その分人件費を削減します。一方で商人たちへの借金の返済は、長期年賦に切り替え、「献金」を強要し、薩摩藩同様、実質的に踏み倒しました。

さらに白蝋、陶器、石炭を佐賀藩の専売としました。

佐賀藩の改革のもうひとつの特徴は、軍備の強化です。

長崎に近い佐賀藩は、長崎警備の役目をになっていました。しかし一八〇八年に連合王国（イギリス）船フェートン号が長崎に入り、人質をとって薪《たきぎ》や食料を要求する事件が起きると、佐賀藩はまともに対応できない失態を演じ、幕府から譴責《けんせき》されてしまいます。

これをきっかけに、佐賀藩は西洋の軍備を研究するようになります。

長崎経由でネーデルラント（オランダ）から西洋の蒸気船や武器弾薬を輸入し、藩主一族のなかには、長崎の西洋式砲術の研究者、高島秋帆《しゅうはん》に弟子入りする者も現れました。

佐賀藩では、一八五〇年に大規模な反射炉を建てて日本で最初の鉄製大砲を製造します。それまで日本には、鉄製よりも砲身の弱い青銅製の大砲しかありませんでした。

一八五三年のペリー来航で、幕府は佐賀藩に大砲鋳造を依頼します。このとき日本で鉄製大砲をつくれるのは佐賀藩だけだったのです。

こうした経緯もあり、幕末には、佐賀藩は日本でも指折りの軍事大藩となっていました。

脱獄犯による改革

四国の宇和島藩（十万石）では大坂商人からの借財が二十万両にのぼり、ついに藩主伊達宗紀《むねただ》（仙台の伊達藩の親戚です）は一八二八年、「二十年以上前に借りた分は時効やで、残りは無利息二百年賦や」という荒技でこれを解消します。

藩士を農学者の佐藤信淵《のぶひろ》に弟子入りさせ、朝鮮人参の栽培をはじめ、紙、木綿、木蝋を専売制にします。この殖産政策が成功して、四四年に宗紀が引退したときには六万両の蓄財ができていました。

次の藩主伊達宗城《むねなり》は蘭学を取り入れ、軍事の近代化を図ります。弓組を鉄砲組に改編し、四七年に宇和島藩初の洋式軍事訓練を行い、新式火縄銃の製造を始めます。

十年後の五九年には、純国産としては日本初の蒸気船の試運転に成功しています。宇和島藩には一八五二年に種痘所が設けられたほどで、西洋医学を学んだ蘭医が数十人もいました。そのひとりが連れてきたのが、蛮社の獄で捕らえられ、脱獄した高野長英です。

高野長英は藩主宗城の知遇を得ていて、宗城が秘かに宇和島へ招いたものと思われます。長英は一年ほど宇和島に滞在して蘭書の翻訳と蘭学教育に従事したほか、砲台の設計図も書いています。

周防《すおう》（山口東部）出身の村田蔵六（大村益次郎）も蘭学者として宇和島藩に雇われ、二年半の滞在中に軍艦の雛形の試運転に成功しています。

存在感をます改革成功藩

この時期には、御三家のひとつ、水戸藩でも改革の動きがありました。

水戸藩は、光圀《みつくに》が編纂を始めた『大日本史』以来、朱子学に神道や日本の古典研究から生まれた国学などを統合した「水戸学」がさかんな地でした。これは多岐にわたる学問の総称でしたが、十八世紀の後半には、学者たちは藩政改革や日本の対外関係に関心を大きく寄せていきます。

一八二四年に、水戸領内で連合王国の捕鯨船の船員が上陸する事件が起きると、海岸防衛への関心が高まりました。

そんななかで一八二九年、徳川斉昭が藩主に就任し、藩政改革に取り組み始めます。まず全領地を再検地して、収入源の整理を行いました。領内に学校を建てて、教育にも力を入れます。

斉昭は軍備にも力を入れていました。大砲の製造を命じ、高島秋帆の砲術を取り入れ、独自の戦術を採用しました。

さて、いくつか代表的な雄藩改革を見てきました。

諸藩の改革に共通する成功のポイントは、まず負債をリセットするとともに、商工業を重視してお金を稼ぐことに積極的だったことです。

幕府の「寛政の改革」や「天保の改革」は、ともに農業重視で、商業の発展をできるだけ抑える方向に向かっていました。ですが財政の再建は、農業振興だけではうまくいきません。
商工業を重視し改革に成功した藩は、ほかの藩から抜きん出た存在の「雄藩」となり、幕府も彼らを無視できないようになっていきます。

文藝春秋写真資料室

1853年のペリー来航を機に、幕府も直営の反射炉を伊豆韮山に建設します。その際、佐賀藩で反射炉建設に携わった技師たちが招かれました。

42 華やかな町民文化　化政文化

これまで、八代将軍徳川吉宗の時代に生じた「米価安の諸色高《しょしき》」を見てきました。なぜモノの値段が上がるかといえば、江戸の経済が町人主体で回るようになったからでした。

商業を重視する田沼意次《おきつぐ》の時代を経て、町人たちの力はますます強くなっていきます。すでに元禄《げんろく》時代（十七世紀後半）、幕府の文治政治のもとで、町人たちが文化の担い手として登場してきた様子を見てきました。

さらに十九世紀の文化・文政期（一八〇四〜三〇年）になると、町人たちの文化はピークを迎えました。「休暇」が生まれ、花見や舟遊びにでかけ、茶の湯や生け花、謡《うたい》など芸事を習うまでになるのです。

この時代は十一代将軍家斉《いえなり》という上様自身がガールフレンドをたくさんつくって遊んで贅沢していましたから、それにみんなが倣うなかで豊かな化政文化が花開きました。

江戸のファストフード

江戸では様々な外食産業が生まれました。落語に登場する夜鳴き（夜鷹）そばなど、庶民の食生活を支える屋台もこの頃発展しました。

まさに化政文化のさかりの一八二四年頃、与兵衛《よへえ》寿司が現れます。いま和食ファミレスの名前に採られている華屋《はなや》与兵衛ですね（両者には直接の関係はありません）。

それから一八三〇年に松《まつ》が鮨《すし》の堺屋松五郎が現れ、この二人が握り寿司を始めました。

寿司の原形はもともと中国から奈良時代に日本に入ってきたもので、魚を発酵させた熟《な》れ寿司や押し寿司が中心でした。それに対して握り寿司は、海からとれた魚をそのまま切ってご飯と握る、まさにファストフードです。

最初は安い魚を握っていましたが、寿司屋同士の競争が始まると、すぐに高級なものを握るようになります。こんな贅沢なものを町人が食べていたらあかんと天保の改革で処罰されたほどです。

贅沢といえば、この頃は庶民も絵を楽しむ時代になっていました。

多色刷りの木版画による錦絵《にしきえ》の登場です。当時の錦絵は蕎麦一杯程度の価格といわれていますから、数百円程度で人々は美しい絵を手に入れられるようになったわけです。

この錦絵は、十八世紀の後半に鈴木春信が興して人気を得た後、次第に発展して、美人画の歌麿、役者絵の写楽、風景画の北斎、広重などの天才が現れます。

美人画というのは、歌麿が実在の女性を描いたものです。

御茶屋にいた女性、いまでいえばＡＫＢ48のスターを描いたというところで、男性にとって美人画は現代のピンナップ写真です。若者がピンナップ写真のように美人画を部屋に貼っていたのですね。

そういう御茶屋の有名なお姉さんのファッションが、世間の女性の間で流行するようになりました。「髪型がええで」とか「あの帯の合わせ方がナイスやわ」とか。

浮世絵は、現代でいえばファッション雑誌や、『週刊プレイボーイ』、『女性自身』などと似たかたちで庶民の間にまたたく間に広がっていったわけです。

小説から学問まで

人口が増えて、社会が複雑になっていくと、少しは読み書きもせなあかんでということで、この頃から読み書きを教える民間の「寺子屋」が爆発的に普及していきます。

商売にも文書が必要ですからね。文化・文政の時代には、一千校の寺子屋が新たに開設されています。

そうすると本を読む人も増えるので、本がたくさん出版されました。江戸、大坂、京都で年間七百点ほど本が刊行されています。一八〇八（文化五）年の江戸には、六百五十軒の貸本屋があって、その読者は十万人に上ったと推計されています。

為永春水の『春色梅児誉美《しゅんしょくうめごよみ》』などの人情本は、現代でいえばさしずめ『アサヒ芸能』のような感じでしょうか。それから小説（読本）では滝沢馬琴《ばきん》の『南総里見八犬伝』、ユーモア小説（滑稽本）では、十返舎一九《じっぺんしゃいっく》の『東海道中膝栗毛《ひざくりげ》』や式亭三馬の『浮世風呂』などエンタメ文芸がたくさん出てきました。

娯楽方面だけでなく、学問のほうも進展しています。

十八世紀後半、本居宣長《もとおりのりなが》が、『源氏物語　玉の小櫛《おぐし》』、『古事記伝』などを書いています。どちらも分厚い注釈書です。

初め儒学者たちは「仏教は迷信やで」と排斥していました。

でもそのうち「ちょっと待て、仏教はインドから中国を経て来たものやけれど、儒教も中国から来たものやないか」ということになります。

そう考え始めて、「仏教や儒教に染まっていない日本古来の文化があったはずやで」と、「国学」が発展してくるのです。

こうした流れから、「外来文化に汚染される前の神道はこうや」と平田篤胤《あつたね》の復古神道が出てきます。これが幕末には尊王攘夷の思想につながり、明治になると神仏分離、廃仏毀釈《はいぶつきしゃく》の運動が起こるわけです。

経世家と呼ばれる合理的な思想家も出ました。

『西域物語』の本多利明は、イングランドのロバート・マルサスのような経済論や人口論を唱え、外国と交易をしてヨーロッパの真似をせなあかんでと述べています。海保青陵《かいほせいりょう》は「市場取引が自然の秩序やで、財政の立て直しは農業ではあかんで」と論じています。

天保の改革で苛められ

しかし贅沢文化の旗振り役であった大御所の徳川家斉が一八四一年に亡くなると、状況は一変しました。

水野忠邦による天保の改革が始まって、みんな苛められるわけです。

書物問屋仲間の自主規制に任されていた出版物は、町奉行を通して幕府学問所と天文方で全て検閲されることになります。

　一八四二年に人情本の出版が禁止され、為永《ためなが》春水《しゅんすい》は手鎖《てぐさり》五十日の処罰を受けています。源氏物語を下敷きにして、足利将軍家の子息が、好色な冒険を交えて活躍する『偐紫《にせむらさき》田舎源氏』を書いた柳亭種彦《りゅうていたねひこ》も、「好色な家斉を風刺したやろ」と絶版を命じられ、直後に没しています。

　江戸歌舞伎三座は風俗紊乱《びんらん》の元凶として浅草に移転させられ、もっと低料金で見られた寺社の小屋掛け芝居は全面禁止になります。

　五百余りあった寄席も十五に減らされ、しかも勧善懲悪の軍書講談や教訓話ばかりに限定されます。

　幕府のこうした政策は中国の明の政権とよく似ています。明を建国した朱元璋《しゅげんしょう》は朱子学者のブレーンに囲まれて、大元ウルス（元）の商売最優先の政治を否定しました。

　農業を本道とし、通貨さえ用いない社会をつ

文藝春秋写真資料室

握り寿司は現代では世界中で食べられ、日本の食文化の象徴となっています。写真はハワイの寿司店で出されている寿司。

くろうとした暗黒政権でした。もちろん、貨幣経済がある程度発展した後で、いまさらそんなことをいってもうまくいかないわけです。

江戸幕府の「改革」も、武家は農家から上がる年貢（米）を売って生活していましたから、「農業こそが国の根本なんやで」と、財布の紐を緩める商業や文化的な贅沢をなんとか抑えようとしたわけですが、当然うまくいきませんでした。

江戸時代は、「大岡越前」や「遠山の金さん」など、ドラマや小説でも人気があるだけに多くの誤解も生まれています。フィクションと歴史的な事実はかなり違います。次章から、回を分けて詳しく見てみましょう。

43

「武士道」の幻想

これから三章にわけて、私たちがイメージしている江戸時代と、現代の研究者が考えている江戸時代との違いを紹介していきましょう。

以前、江戸時代には「士農工商」という身分制度はなかったという話をしました。特権階級である武士は日本の人口の一割弱。あとは庶民で、地方に住む人を百姓、都市に住む人を町人とざっくり呼んでいたのです。

ということは、百姓イコール農民ではないのですね。林業をする人も漁業をする人も、あるいは手工業者も、農村に住んでいる人はみんな百姓やで、ということです。

僕は確か学校で「慶安《けいあん》の御触書」というのがあったと習いました。「武家諸法度や禁中並公家諸法度と並んで、一六四九年に百姓の生活を規制する法令が出たで」と覚えている人も多いと思います。

「慶安の御触書」はなかった

その中身はといえば、「朝は早く起きて草を刈り、昼は耕作、晩は俵や縄をつくるんやで」「酒や茶を買って飲んだらあかんで」「タバコもあかんで」「肥料を取るために雪隠《せっちん》を広くつくるんやで」「綺麗な女房でも大茶を飲み、遊山《ゆさん》好きなのは離縁するんやで」「年貢が足りなくても米を高利で借りてはあかんで」など、細かく百姓に指図《さしず》するものでした。仕上げに「平和な世だから、納税さえしておれば百姓ほど安心な身分はないで」と言い聞かせています。

これは三十二条もあって、武家諸法度や禁中並公家諸法度と比べれば異様に長文です。それに、当時なら欠かせないはずのキリシタンの禁止や田畑永代売買禁止令といった大事なことが抜けているのもおかしい。

発布当時の御触書の現物も発見されず、偽書であるという説も古くからありました。

山本英二さんが『慶安の触書は出されたか』(山川出版社)という本で、この疑問を追求しています。

その本によれば、「一六四九年に幕府が慶安の触書を出した事実はない。しかしまったくの偽書ではなく、一六九七年に甲府徳川藩(当時は、六代将軍になる前の徳川家宣が領主でした)で出された覚書が、一八三〇年に、岩村藩(岐阜県恵那市)で林述斎《じゅっさい》によって、『慶安御触書』として出版されて全国に広まったものだ」ということのようです。

林述斎は、岩村藩主の松平家から養子として、断絶した大学頭の林家を継ぎました。文字通り林家の中興の祖として、幕府の史料編纂《へんさん》事業に力を入れています。天保の改革時に水野忠邦の懐刀として暗躍した鳥居耀蔵は、林述斎の息子でしたね。

この林述斎が編纂した『徳川実紀』という幕府の公式の記録に、「慶安御触書」を記載したので、後世になってみんなが信じてしまったのです。

「士農工商という身分制が厳格で、百姓は御触書でコントロールされていたんやで」と学校で教えられた時代と、現代の歴史研究者たちの認識はかなり違ってきています。

「武士道」は明治の造語

実態と認識の食い違いでもうひとつやっかいなのが「武士道」です。現代の日本でも「武士道」は結構好まれている言葉ですね。ちょっとひねって「サムライ・ジャパン」などといったりしていますが、念頭にあるのは「武士道」でしょう。

武士道は赤穂浪士の討ち入りのように、「主君のために殉じるのが本当の武士道やで」とフレームアップされることがよくあります。

十八世紀に佐賀藩士が書いた『葉隠《はがくれ》』という本には、「武士道というは死ぬことと見つけたり」という有名なフレーズがあります。少し前まで、これを引用して「主君（会社）には死んでも忠誠を尽くすんやで」といった使われ方をしていました。

しかし「武士道」という言葉は、実は一九〇〇年以前の用例はほとんどありません。実際のところ「武士道」は、新渡戸稲造《にとべいなぞう》が英文で『武士道』という本を一八九九年に書いて有名になった言葉なのです。

新渡戸稲造は二つのことを考えていたようです。ひとつは、「国のリーダーたるものは、社会全体への義務を負うのやで」ということです。

もうひとつはキリスト教、とくにクエーカー教徒の信仰です。社会のために頑張って働き、寄付もたくさんする。その高い宗教的な倫理観に、新渡戸稲造は刺激を受けて、日本でそれに匹敵するモデルはと探求して見つけたのが武士道だったのです。

「武士は食わねど高楊枝」という言葉もあるように、武士は美味しいご飯とか綺麗なお姉さんとか、あるいはお金儲けとか、そういうことには目もくれず、社会全体のことを考えて自らを犠牲にしていたのだと想像して、「これぞ世界に誇る、キリスト教にも負けない日本のブシドーやで」と紹介したのです。

さて実際に『葉隠』を読んでみると、「死ぬことと見つけたり」の一節は、「常に死身になっているときは、武道において自由を得て、一生の間恥になるような落度なく、代々担ってきた役職を勤めおおせるのである」と結ばれています。

むしろサラリーマンの処世訓のような話でした。

武士はギブアンドテイク

武士道という言葉が最初に出てくるのは、甲斐武田家に仕えた軍学者の書いた『甲陽軍鑑《こうようぐんかん》』です。よく読んでみると、ここには一族の繁栄のためには、戦闘に勝ってまず生き残らなあかんで、と書いてあるのです。

もともと武士の本源は鎌倉時代の「御恩」と「奉公」です。源頼朝が領知を安堵してくれたからその対価として奉公するというかたちの、ギブアンドテイクの関係なのです。

例えばＮＨＫ大河ドラマ「真田丸」で有名な真田家が典型ですね。

長野と群馬の国境あたりを支配する小領主（国衆）の真田氏は、自身の領地を保護してくれる大名武田氏に仕え、武田が敗れれば織田や豊臣に仕え、その後は兄弟が分かれて兄は徳川に、弟は豊臣に味方して、どちらが勝っても一族が生き残れるようにしていたわけです。

これが武士本来の姿です。

戦国時代の大名の藤堂高虎も、主君を何度も変えて一所懸命に働き成り上がっていき、最後は徳川家康に仕事ぶりを評価されて、伊勢（三重）の津の三十二万石の大名になりました。高虎は「七回主君を変えなければ、武士とはいえへんで」と語ったと伝えられています。

『葉隠』にも、「（江戸時代初期の）御家来衆は、『七度牢人しなければ誠の奉公人ではない。七転び八起きだ』と口ぐせのように言っていた」という一節があります。

かつての武士は終身雇用ではなかったのです。どんどん転職して、いい上司を見つけて、一族を繁栄させるのが武士やでという考えが、戦国が終わった後、江戸時代にもずっ

アフロ

『葉隠』は、佐賀藩主に仕えた山本常朝が話した武士の心構えや生き方を、田代陣基という佐賀藩士が聞いて筆録したものです。常朝の話を聞いた地に、石碑が建てられています。

と根底に生きていたのだと思います。

「主君のために死ぬのが武士道や」という考えは、明治時代になって、欧米先進国に対抗するネーションステート（国民国家）を構築しようとしたときに、つくられた虚構です。

それはやがて「御国のために死ぬことが日本人の義務やで」と置き換えられていきました。

実際の江戸時代は、「士農工商があった」、「武士は武士道精神に殉じていた」などという時代ではまったくなかったわけですね。

44

一揆（百姓武装蜂起）の幻想

白土三平さんに『カムイ伝』という大ベストセラー漫画があります。カムイ伝といえば、百姓一揆のシーンが印象的です。江戸時代の百姓一揆が、ひどい領主に対して、竹槍と莚旗《むしろはた》を押し立てた農民の大武装蜂起として描かれています。私たちの百姓一揆のイメージも、それに近いのではないでしょうか。しかし実際の百姓一揆は、そういうものではなかったようです。

江戸時代においては諍《いさか》いがあれば、まずは裁判に訴えました。裁判には「吟味筋《ぎんみすじ》」と「出入筋《でいりすじ》」という二つの形式がありました。

吟味筋は殺人や強盗など刑事事件を裁くもので、出入筋というのは、主に民事裁判を指します。地方（藩領）の場合は領主に、幕府領や国境をまたぐ案件は幕府に訴えます。出入筋は、さらに金公事《かねくじ》、要するに借金争いと、それ以外の本公事《ほんくじ》という土地争いなどに分かれます。

金公事については、当事者間で内済《ないさい》、いまでいう和解を勧めていて、村役人や有力者が扱人《あつかいにん》と呼ばれる第三者になり、双方の話を聞いて和解させるようにしていました。

本公事の土地争いなどは、当事者間ではなかなか決着がつきませんから、役所が裁くことになります。

そのときは訴状を紙に書きます。これを目安と呼びました。民の声を聞くための目安箱というのは、もともと訴状を放り込んだものです。

しかもこの訴状は、個人ではなく村単位になるので、名主がちゃんとハンコを押しています。幕府に訴えるときには、領主が添文をしました。

幕府や江戸在中の領主に訴えるためには、江戸や大坂まで出向かないとなりません。そこで裁判に来た人のための公事宿《くじやど》が置かれます。公事宿は幕府公認でした。訴願文書の代筆や、領主と百姓の間を取り持つ役割があったのです。

そこには公事師《くじし》がいました。これは幕府の役人ではない、いまの弁護士のような存在です。

十九世紀前半の大坂では、公用文書の筆耕料が当時の米一・五キロ相当で、百姓が気安く依頼できる値段でした。ですから百姓の請願が多く、一八五〇年に河内国《かわち》(大坂)の代官へ一か月半の間に百四十六件の訴願が出され、そのうち大坂町奉行所への公訴が十一件という記録が残っているそうです(井上勝生『開国と幕末変革』〈講談社学術文庫〉)。

江戸時代の紛争解決は基本的にはこういう書類で争うシステムでした。では暴力的に見える百姓一揆は実際にはどうだったのでしょうか。

一揆でなく強訴

これについては保坂智さんが『百姓一揆とその作法』(吉川弘文館)という本で詳しく紹介してい

ます。

それによると、いわゆる私たちが想像する、武器をもって蜂起する一揆は、一六〇〇年代の十件を最多とし、一六三〇年代に三件（このなかに、島原・天草一揆も含まれます）を数えるのを最後に途絶えます。

代わりに十八世紀に入ると、同じ領内にある村々が協力しあって示威行動をする、「強訴《ごうそ》」が増えました。いまのデモのように大勢で奉行所や城下に押し寄せるわけです。

彼らは鉄砲を持ち出すことがあっても法螺貝《ほらがい》などと同様に「鳴り物」として使うだけで、竹槍を持っていても、それで人を殺したのは江戸時代の三千件以上の一揆のなかで二件だけだったそうです。

鎌や鋤《すき》なども、自分が百姓であることを示す「身分標識」として携行していたと考えられています。一揆の象徴のように思われた莚《むしろ》旗《ばた》も、実際に使われた例はごくわずかにあるだけで、村の印やスローガンを書いた旗も、木綿や紙のものがほとんどでした。

一八二五年に信濃で激しい打ちこわしが起きたときの記録には逆に「百姓騒動の作法に外れている」と評されているぐらい、実は暴力行為は少なかったのです。

幕府重臣への直訴

地元の領主に要求が通らない場合、幕府に直接訴え出ることも行われていました。いわば現代の裁判の「上訴」のようなものですね。

江戸城中から駕籠に乗って帰る老中や奉行など幕府重臣たちへの直訴(駕籠《かご》訴《そ》)は、厳しく処罰されるイメージがありますが、意外にも許容されていました。

十九世紀の公事宿の記録には、「城から下がる駕籠にお願いがございますと声をかける」という駕籠訴のマニュアルや、その後の処分についても、「牢に入れられることもあるがそれだけだ」などという記載が残っています。

幕府の重臣に庶民が駕籠訴したというだけでは、「直訴はマナー違反やで」というだけで、厳罰の対象にはなりませんでした。

なぜ武装蜂起が姿を消したかといえば、四代将軍家綱の頃から社会が安定して、「幕府や領主は民を愛して労《いたわ》る政治をやるで」という「仁政イデオロギー」が強くなったので、百姓も実力行使をせずに、「現場でこういう不正義がございます。仁政を掲げる領主や幕府が悪事を糺《ただ》してください」と願い出るほうが有効だと考えられたのですね。

ただ、あまりにも大規模なデモ(強訴)を行った場合、デモの首謀者は死罪になる場合がありました。領主も建前上は仁政を掲げているので「そうか、仕方ないな」と百姓の要求を聞いてやる。しかし交換条件として煽ったリーダーは殺すで、ということです。

一揆のリーダーもそれは覚悟していたようです。「よし、俺は村の人たちのために犠牲になるで」という意識があったのでしょうか。

死罪になった場合の子どもの養育料や、義民として顕彰することを保証している一揆もありました。一揆の規約に、犠牲者の家族は「片時も路頭に迷わせない」などと書いてあるのです。

暴力的な一揆になると、島原・天草一揆のように参加者は皆殺しに遭いますから、それに比べれば、リーダーが殺されても、コストは低いと考えられたのかもしれません。

幕末の「世直し」一揆

こうした一揆も、十九世紀の半ばに入ると過激化していきます。

幕府が百姓の生活を支えられず、仁政の建前が綻《ほころ》びを見せると、一揆の作法も廃《すた》れ、「口で言うてもあかんから」と実力行使に向かうようになるのです。

一八三六年（天保七年）に初めて「世直し」を主張する一揆が現れました。幕末の混乱による生活の苦しさについて、示威的な行動で幕府や領主に改善を迫ったものです。

一八六六年（慶応二年）には、埼玉県の秩父地方を中心とした「武州世直し一揆」が起きました。高騰した米の安売りを求めて武蔵《むさし》国だけでなく、上野《こうずけ》（群馬）、相模《さがみ》（神奈川）など十万人規模に膨れ上がった一揆の参加者が、豪農や村役人の屋敷など四百軒以上の打ちこわしを行った大規模な

アフロ

歌川国貞による歌舞伎の演目を扱った浮世絵「東山桜荘子　佐倉義民伝」。
下総佐倉藩の義民、佐倉惣五郎を題材とし、大ヒットしたと伝わります。

ものでした。幕末の治安悪化と不安のなかで、一揆は暴徒と同一視されるようになります。

それでも、江戸時代全体としては基本的には書類を交わす裁判が主体であって、一揆にしても「暴動」のイメージとはだいぶ異なるようです。

江戸時代は文書行政が進んでいました。そのため「江戸時代は世界でも有数の高識字率の国やったんやで」と言う人もいます。次章はその実態を見ていきましょう。

45 「高識字率」の幻想

一九八六年、当時の中曽根《なかそね》康弘首相の発言が国際問題となり、首相がアメリカ国民に対して釈明するという事件がありました。

中曽根さんは自民党の全国研修会で講演した際、「(日本は) 相当インテリジェントなソサエティーになってきておる。(略) アメリカには、黒人とかプエルトリコとかメキシカンとか、そういうのが相当おって、平均的に見たら非常にまだ低い」と発言しました (『中央公論』一九八六年十一月号)。

この講演の別の箇所では「徳川時代は教育が奇跡的に進んでいて、識字率が約五〇パーセント。その頃のヨーロッパの国々はせいぜい二、三〇パーセント」とも発言していました。

総理大臣の発言ですから、その影響はとても大きかったと思います。江戸時代はリテラシー(識字率)がものすごく高かったという思い込みが、日本人のなかに生じてしまいました。いまでも「江戸時代の日本人は、世界で一番字が読めたんやで」という人が結構います。

寺子屋はいつできた?

江戸時代には藩校や寺子屋がたくさんあって、読み書きを教えたという話は以前の章でも紹介しました。

しかし、藩校などがいつできたかというデータをみると、急増するのが寛政年間、つまり一七八九年以降です。ちょうどフランス革命が起きて、十九世紀に入る頃です。

それ以前には藩校は八十にも足りないぐらいでした。それが明治維新までに百四十校ほどが新設されています。藩校としては熊本藩の時習館、福岡藩の修猷館《しゅうゆうかん》、薩摩藩の造士館《ぞうしかん》などがよく知られていますね。

一八三〇年以降、それまで四十校程度だった私塾も千校まで増加します。寺子屋に至っては三百校程度だったものが一万校近くも急増します。しかしこれらはみな明治維新からわずか三、四十年前の話です。

江戸時代には庶民も寺子屋で読み書きそろばんを教わっていたといっても、実は江戸時代もかなり後期の話です。江戸時代の初期には、村や町では庄屋や町役人など武士の下で現地の行政を担う人たちが、読み書きができた程度でした。

ヨーロッパの識字率

角知行さんの「日本の就学率は世界一だったのか」(『天理大学人権問題研究室紀要』)によると、一八五〇年の非識字率は北欧が一〇パーセント。つまり九割の人が字を読めました。スコットランドやプロイセンが二〇パーセント以下。イングランドは中位グループで、三〇パーセントから五〇パーセントですから読めた人は七割から五割です。

これに対して日本の数字は、一九六五年に発表されたロナルド・ドーアさんの研究では、明治維新時点で男性の四三パーセントが就学、つまり読み書きができたと推計しています。これが中曽根発言の日本の識字率の元ネタだったのかもしれません。

ところがヨーロッパの数字は女性を含めたもので、日本は女性の就学率一〇パーセント（ドーア推計）を入れると、全体の識字率は三割を切ってしまいます。

また近年の研究では、明治維新後に行われた政府の調査を利用して、義務教育以前の日本人の読み書き能力を紹介したものもあります。

それによれば、滋賀県では男性の九割（女性の五割）が自分の名前をサインできたのに対して、鹿児島県では六割の男子、九割の女子がサインできなかったといいます。

軍による徴兵にあたっての調査（男性限定）では、仙台や三重県の津などのエリアでは非識字率は低いものの、沖縄や四国などでは半数以上の男性が読み書きができなかったという結果でした。女性はもっと低かったことでしょう。

江戸や京都、栄えている地方都市の男性を中心に、字が読める人はそこそこいて、ヨーロッパにそれほど遅れていたわけではないと思います。しかし「世界のなかでも優れていた、というのは言いすぎやで」というのが現在の研究者の認識です。

もっとも、ヨーロッパの識字率のデータも一八五〇年ですから、産業革命とネーションステート（国民国家）の建設が進み、近代的な教育がかなり普及してきた頃の話です。

欧米では産業革命が始まると、国家や地方自治体が小学校をつくりました。工場には均質な労働者が必要だからです。

それまでは、簡単にいえば、「人生＝仕事＝教育」でした。

例えば鍛冶屋《かじや》になりたい人は鍛冶屋のおやじのところへ徒弟修業に行って仕事を覚えるわけです。それが教育であり、人生であり、仕事だったのです。

ところが機械を使った工場ができると、誰でも機械を操作しなければならないので、工場のマニュアルが読めるようにと学校ができます。

学校は、すぐに工場で働けるような均質な労働力をつくり始めたのです。デイヴィド・ヴィンセントさんは『マス・リテラシーの時代』（新曜社）で、「ヨーロッパ社会の労働貧民層の子どもは、生活《ライフ》を通じた学びから人生《ライフ》に備える学びへ転換する必要があった」と述べています。

産業革命によって、近代的な学校が完成するわけですね。

いっぽう、江戸時代の日本は、まだ産業革命以前です。商家へ奉公に行き、読み書きそろばんを番頭さんから仕事のなかで教わるといった、人生＝仕事＝教育という世界に日本はあったのです。

「江戸時代は一般の庶民にも高い文化があったんやで」という考えは、「高識字率」だけでなく、別の幻想をも生み出しています。「江戸しぐさ」がその典型です。

「江戸しぐさ」のまぼろし

狭い道ですれ違う際に、お互いに片方の肩を引いて通りやすくする「肩引き」。あるいは雨の日に、お互いに傘を外側に傾けてすり抜ける「傘かしげ」。舟（電車）で人が乗ってきたら、椅子に座っている人たちがこぶしひとつ分腰を浮かせて席を詰める「こぶし腰浮かせ」……。こういった「マナー」を以前耳にしたことのある人もいるでしょう。

二〇〇五年に公共広告機構（現・ACジャパン）が、地下鉄構内やテレビCMでこれらの「江戸しぐさ」を公共マナーのキャンペーンに使い、広く社会に広まりました。

メディアも好意的に紹介し、二〇一二年には、一部の中学校の公民の教科書にまで「江戸しぐさ」が掲載されました。

「江戸しぐさ」を推進する人たちによれば、これらは、江戸時代に商人たちが生み出した所作、知恵だとされていました。

実はこの「江戸しぐさ」には、まったく史実上の根拠がありません。原田実さんの『江戸しぐさの正体』（星海社新書）には、一九八〇年代にあるひとりの作者によって生み出され、その後協力者たちによって次第に広がっていくさまが丹念に述べられています。「江戸しぐさ」は、新しく捏造された「伝統」だったわけです。

アフロ

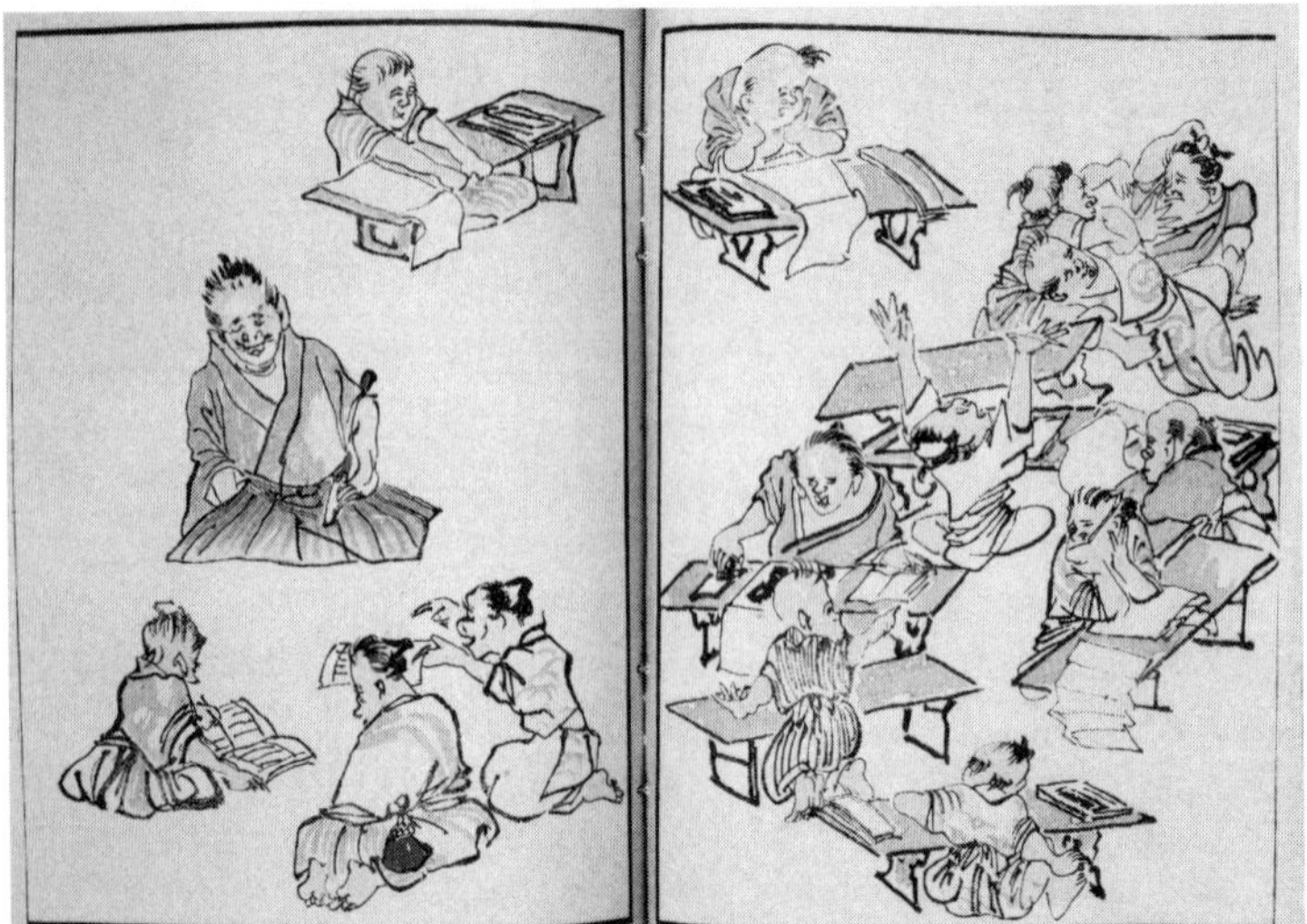

1839年の蛮社の獄で処罰された渡辺華山による『一掃百態』に描かれた寺子屋の風景。寺子屋での勉強に飽き、遊ぶ子どもたちの姿が活写されています。

同書の出版ののち、「江戸しぐさ」の名前は、表向きには急速に姿を消していきました。教科書も現在掲載を取りやめています。

しかしいまもマナー講習や教育現場などで、この「江戸しぐさ」は「昔の人が編み出した、素晴らしい生活のエチケットやで」と、根強く説かれているのが現状です。

「武士道」が、明治時代に創られた「伝統」であったのと同様です。フィクションと史実をしっかり分ける大切さを改めて思い知らされます。

第7章

開国と富国と強兵

46

「大英帝国」の登場

一八五四年、日米和親条約が結ばれ、日本は永年の鎖国政策を改めます。前年に来航したペリー艦隊の強硬な姿勢に日本が膝を屈したかのように言及されることの多い出来事ですが、もうすこし視野を広げてみると、国際情勢の絶妙なタイミングであったことが見えてきます。

この時代、もっとも大きく世界情勢を動かしていたのは、なんといっても「大英帝国」の登場でしょう。

連合王国（イギリス）が大英帝国へと変じていく過程を、一八四〇年のアヘン戦争から見ていきましょう。アヘン戦争の直前、中国のＧＤＰは世界の三割ぐらいを占めていました。アヘン戦争によって中国とヨーロッパの地位が入れ替わります。

連合王国は、十八世紀に産業革命を起こして工業化しました。ここが肝心なところですが、工場制機械産業は、二十四時間操業が理想なのです。鉄鋼の高炉などが代表的ですが、一回火を入れたら止めるとものすごいロスが生じます。機械は人間と違って疲れないので、止めずに動かし続けたほうが効率がいいのです。

紅茶を飲ませて長時間労働

ところが人間は長時間労働を続けると疲れます。そこでどうしたかといえば、清（中国）から輸入した紅茶に、カリブ海の植民地から持ってきた砂糖を山ほど入れて労働者に飲ませました。要するに気付け薬ですね。連合王国では紅茶の輸入が急増しました。十八世紀の間に紅茶の消費量は四百倍にも達しています。

そうすると、その支払いのために連合王国から銀がどんどん清へ流出していき貿易赤字になります。これはしんどいと考えて、インドのアヘンを清へ密輸出し始めました。アヘンの輸入代金として今度は中国から銀が流出し始めます。すると清では銀が不足して銀が高騰します。中国の税制は銀納ですから大変です。

清は林則徐《りんそくじょ》に命じてアヘンを廃棄させましたが、連合王国は軍艦を派遣して清と開戦します。この開戦を認めるか、連合王国の議会でもかなりの議論になり、わずか九票差で開戦が可決されました。「かくも不正な、不名誉となる戦争を私はかつて知らない」というグラッドストンの反対演説が有名です。

結果は連合王国が勝って清と南京条約を結びました。賠償金を取り、香港を割譲させ、広州・福州・厦門《アモイ》・寧波《ニンポー》・上海の五港を貿易港として開かせるのですが、条約文中では肝心のアヘン密貿易については何も触れていません。あまりに汚くて公にできない話だったからでしょう。

南京条約が結ばれると欧米の列強も悪乗りします。アメリカもフランスも同じような条約を清と結ぶのです。我も我もと、蜜に群がるハチのように集まってきたのです。

イエスの墓の管理権を争う

その後十年ぐらいすると、今度はアジアからヨーロッパに列強の目が移りました。クリミア戦争です。

当時フランスではナポレオン三世（ナポレオン・ボナパルトの甥）による第二帝政が行われていました。ナポレオン三世は、英仏対立という伝統に反して、連合王国と仲が良かった。それは不遇な時代に連合王国に亡命して、同国の裕福なガールフレンドに養われていたからです。

連合王国との友好関係を背景にして、ナポレオン三世は、一八五二年に皇帝即位後、伯父さんのナポレオン一世と同じように栄光を求めようとします。

エルサレムに聖墳墓教会があります。イエスが磔《はりつけ》になったゴルゴタの丘の上に建てられた教会です。現在はローマ教会、東方教会などが共同管理を行っています。

エルサレムは当時オスマン朝の領土でした。ナポレオン三世はオスマン朝に「聖墳墓教会の主たる管理者はフランスやで」と圧力をかけます。

アレクサンドロスの葬式を行ったプトレマイオス、信長の葬式を行った秀吉など、偉い人の葬式はその後継者が取り仕切るという約束事がありますね。「オレがイエスの墓がある教会の管理者や」というのは、「オレがキリスト教世界の守護者やで」とアピールするようなものでした。

ところがロシア皇帝ニコライ一世が、「それはちがうで。管理者はオレやで」と割って入ってきます。

ロシア帝国の前身、モスクワ大公国のイヴァン三世は、一四五三年に東ローマ帝国が滅びた後に、東ローマ皇帝の姪を娶っていましたから、勝手に「モスクワは第三のローマやで」と称します。ローマ帝国はローマからコンスタンティノープルへ、それからモスクワに移ったという理屈です。だからニコライ一世は「オレは現代のローマ皇帝であり、キリスト教世界の守護者やで」と信じていたのです。

このイエスの墓の奪い合いのようなことが遠因となり、クリミア戦争が始まります。まずロシアとオスマン朝が戦端を開き、そこに連合王国とフランスがオスマン朝と同盟して加わったのです。クリミア戦争は一八五三年から五六年まで続き、連合王国とフランス側が勝利を収めます。両国はクリミアに仮設鉄道を敷き、物資や兵隊をガンガン送り続けました。対して産業革命前のロシアはまだ馬車輸送が中心ですから、勝てるわけがありません。

この間は欧米列強の目はヨーロッパの内輪もめに向いていて、アジアは放っておかれていました。しかしクリミア戦争終結後、すぐに列強の目はまたアジアに戻ります。

インド大反乱（第一次インド独立戦争）と大英帝国

一八五六年、広州でアロー号という船が海賊捜査で清の官憲に拿捕《だほ》されます。この船は連合王国船籍でしたが登録期限が切れていました。

しかし連合王国は、アロー号が掲げていた英国旗が引き降ろされたことはオレらへの侮辱やでと、またも清と戦争を始めます。これをアロー戦争もしくは第二次アヘン戦争と呼びます。

これまたあまりに乱暴な話なので、議会は開戦を一度は否決しますが、首相のパーマストン卿は議会を解散し、新議会による承認を得て、フランスとともに中国へ出兵します。

アロー戦争は一八六〇年に連合王国・フランス軍が北京を占領して終結します。清は北京条約で賠償金の支払い、天津の開港、香港の隣接地、カオルン（九龍）半島の連合王国への割譲などを呑まされました。

一八五七年には、インド大反乱（第一次インド独立戦争）が起きました。東インド会社のインド人傭兵《ようへい》（セポイ）がムガール朝の老皇帝を担ぎ出して広範な反英暴動となったのですが、五九年に鎮圧されます。連合王国はインド統治法を成立させてムガール朝に代わりインド帝国を建てて直接統治を開始し、やがてヴィクトリア女王をインド皇帝とします。ここに、大英帝国が完成したのです。今後はこの本でも連合王国から大英帝国に呼称を変えることにしましょう。

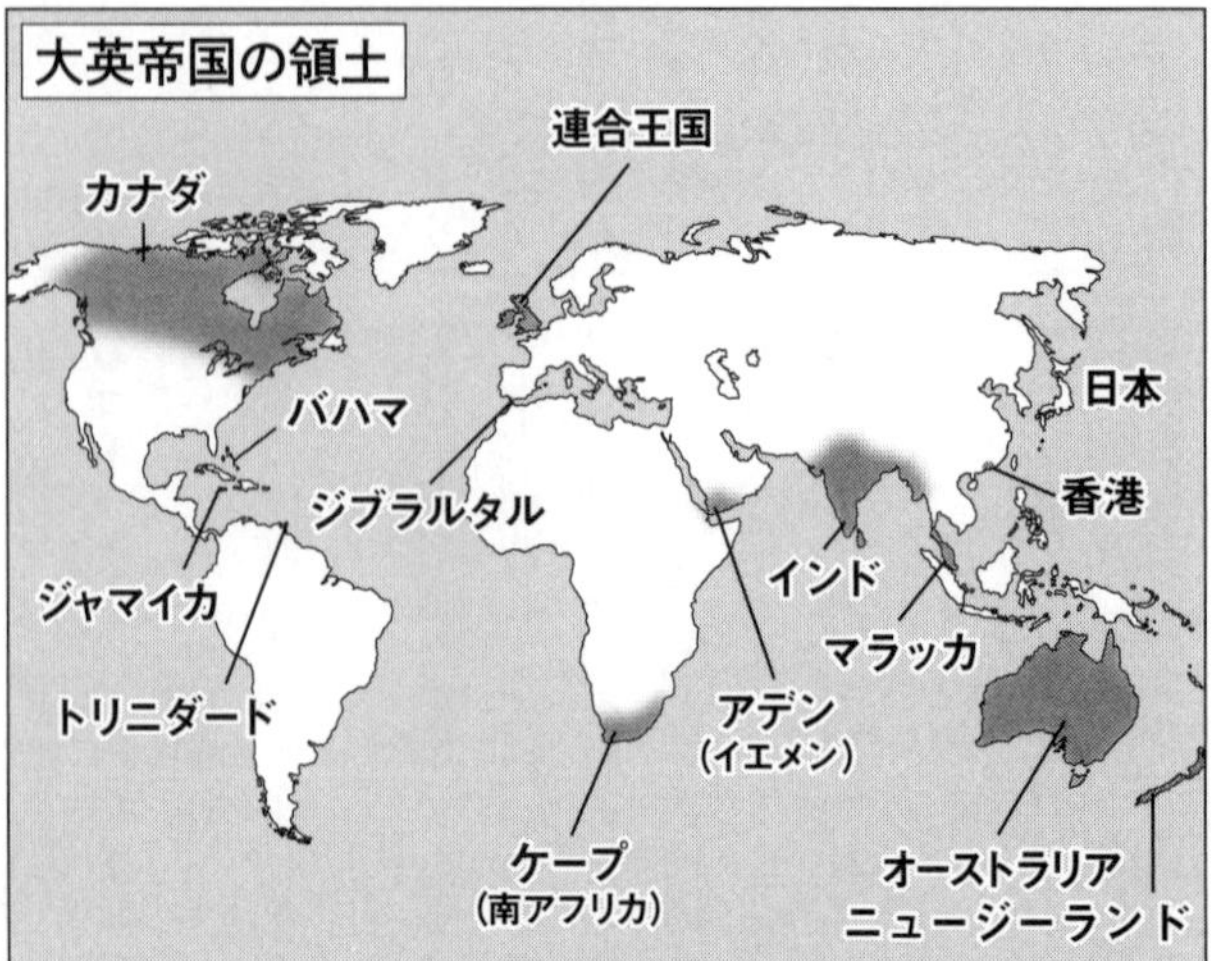

19世紀の「大英帝国」は、アメリカこそ失ったものの、アフリカ、インド、オーストラリアと全世界に版図を広げていました。

十九世紀半ば、欧米列強諸国の目は、このようにアジアからヨーロッパへ、その後またアジアにと、大きく動いていました。

ペリーが浦賀に来たのは一八五三年、まさにクリミア戦争開戦の年ですから、ヨーロッパの列強の目がアジアから逸《そ》れていた隙です。もし列強の目がアジアに向いていたら、ペリーは日本に一年の猶予を与えていたでしょうか。ペリー来航を機に列強が我も我もと押し寄せて、大変なことになっていたかもしれません。日本は幸運に恵まれていたのです。

そして日本はもうひとつの幸運に恵まれていました。老中阿部正弘《まさひろ》の存在です。

47

運命の宰相　阿部正弘

歴史には、フランスの歴史学者フェルナン・ブローデルが指摘したように、気候の変動といった、人間にはどうしようもない大きな波があり、人口動態やオーストリアのハプスブルク家とフランス王家の争いのような中規模の波があります。

さらに個人の人生の波があり、三つの波が重なったときに、歴史上の大英雄が現れたりします。典型はナポレオンです。王政から国民国家へというフランス革命の大波や、産業革命という大波が重なるなかで、ナポレオンという天才が現れたのです。

そのような天才が幕末の日本にも現れます。それが阿部正弘でした。

福山藩の阿部家は何人も老中を輩出した名門の譜代大名でした。一八一九年、阿部正弘は江戸で生まれ、十八歳で家督を継いでいます。

若くして将来を嘱望《しょくぼう》された阿部正弘は一八四〇年、二十二歳で寺社奉行になりました。十一代将軍徳川家斉《いえなり》以降、社会の風紀が乱れていました。家斉はガールフレンドとひたすら遊んでいた将軍です。そうすると、みんなもそれに倣って遊びますよね。

大奥スキャンダルを裁いて出世

そんななかで千葉県市川市にある中山《なかやま》法華経寺の日啓らが、大奥に出入りして、奥女中たちと密通を重ねるというスキャンダルが起きました。

阿部正弘がその事件を取り仕切って、日啓を島流しにします。でも女性のほうは、日啓が手を出していた田舎の農婦を捕まえて「お坊さんとデートするとはけしからんで」と、自宅軟禁（押込）の処罰にしただけで、大奥に事件を波及させませんでした。

実は日啓の娘は家斉の愛妾で、その手引きで日啓たちが大奥に入り込んでいたという事情があり、下手に追及すれば幕府の威信に関わってくるところでした。阿部正弘は上手にもみ消したわけですね。

大奥と十二代将軍家慶《いえよし》は「えらい有能なやつやな」と感心しました。そこで一八四三年、家慶は阿部正弘を二十五歳で老中に抜擢、続いて二十七歳で老中首座に据えました。

就任してすぐに阿部正弘は海岸防禦御用掛《ぼうぎょごようがかり》（海防掛）を強化します。

これは一七九二年にロシアのラクスマンが日本に来たときに、老中の松平定信が慌てて設置し、自ら就任した役職でした。臨時の役職でしたが、阿部正弘は幕府中枢メンバーの半分を入れて常設化します。この海防掛は諮問《しもん》機関でしたが、一八五三年、ペリーの黒船艦隊が浦賀沖に現れたときに行政機関に衣替えし、若手をガンガン抜擢し始めます。

御三家のなかでも一番うるさかった前水戸藩主徳川斉昭も、海防参与として幕府内に取り込み、息子の慶喜を一橋家の養子に入れて斉昭を喜ばせました。阿部正弘は政治的なセンスにも優れていたのです。

開国・富国・強兵

阿部正弘は、すでに前年ネーデルラント（オランダ）からの通報で、ペリーの来航を知っていました。アメリカ大統領親書の受理を決めた阿部正弘は、ペリー退去直後に将軍家慶が亡くなるアクシデント（後継は息子の家定）に見舞われつつも、全大名と旗本、庶民に至るまで対応策について広く意見を求めました。

七百余りも「こうしたらいい」という意見が出て、収拾がつかなくなったほどですが、明治維新時の「万機公論に決すべし」をもうすでにやっているわけです。

そして阿部正弘は肚《はら》を決めました。

幕府は、産業革命後に国民国家を完成させた欧米列強の軍事力、商工業の発展とアヘン戦争の情報を十分に持っていました。産業革命と国民国家という人類史上最大級の二大イノベーションに乗り遅れた清が敗れた結果を見ると、日本には開国以外の選択肢はありませんでした。

「交易互市の利益をもって富国強兵の基本と成す」、つまり開国して交易し、産業革命を行って国を富まし、兵隊も強くしなければあかんという「開国・富国・強兵」というグランドデザインを阿部正弘は描いたのです。

これが阿部正弘の一番の貢献だと思います。諸藩の大型船建造の禁令を解禁し、幕府もネーデルラントから蒸気軍艦七隻購入などを決めました。

富国強兵の考え方はどこに源流があるかというと、太宰春台《だざいしゅんだい》が『経済録』のなかで書いています。

国が富めば、兵隊も養えるで。外国と交易してお金を儲けて、そのお金で国を防衛すればええという考え方です。

上杉鷹山《ようざん》は富国安民論を主張しました。お金を増やして国民が安心したら政権は長く続くでという話です。江戸時代は鎖国をしていたので、富国強兵論は富国安民論というかたちで発展したのです。

こういう流れが以前からあったので、阿部正弘も開国・富国・強兵という構想が描けたのでしょう。そして「安政の改革」と呼ばれる幕政改革を行います。江戸時代の改革は享保《きょうほう》・寛政・天保《てんぽう》の三大改革が人口《じんこう》に膾炙《かいしゃ》していますが、その中身は農本主義ですから、改革という名にそもそも値しないという意見もあります。実は安政の改革のほうが、その後の日本への貢献度ははるかに大きいと思います。

明治を準備した「安政の改革」

安政の改革の一番のすごさは、川路聖謨《としあきら》、井上清直《きよなお》、江川英龍《ひでたつ》、勝海舟、永井尚志《なおゆき》、高島秋帆《しゅうはん》といった、身分が低くても有能な人を次々と抜擢したことです。

一八五一年には、鳥居耀蔵《ようぞう》によって政治の表舞台から外されていた遠山の金さん（景元）を南町奉行に復帰させ、水野忠邦《ただくに》が天保の改革で潰した株仲間を再興しています。

一八五四年には講武所をつくります。洋式砲術などを学ぶところで、これは陸軍のもとになりました。一八五五年に海軍の前身、長崎海軍伝習所をつくります。なぜ長崎かといえば、鎖国で海軍のことがわかる人間がいないので、ネーデルラントの長崎商館に頼んで、ネーデルラントの軍人を講師に招いたのです。ネーデルラントは練習艦として観光丸を幕府にプレゼントしました。明治のお雇い外国人と同じことを、すでにこの時にやっているのです。

五六年に蕃書調所《ばんしょしらべしょ》をつくります。これは蘭学の研究所でしたが、まもなく洋学の中心はネーデルラントやないで、ということで、洋書調所と名前を変えます。これが後に開成所となり、東京大学に発展するわけです。

まとめると、安政の改革では、身分を問わずに有能な人間を抜擢し、陸軍、海軍、東大の礎になる組織を阿部正弘が全て用意したわけですね。

また領国の福山藩では、それまで弘道館という学校で漢学を教えていたのですが、一八五五年に洋学を取り入れた誠之館《せいしかん》に改編します。

photoAC

長崎港に浮かぶ復元された観光丸。当時の図面と模型から建造され、福山雅治主演の大河ドラマ『龍馬伝』でも撮影に使用されました。

誠之館のすごいところは、八歳から十七歳の全藩士の子どもに教育を受けさせ、義務教育を始めたことです。しかも庶民のなかからも優秀な子どもには入学を許しました。

そして仕進《ししん》法という試験を導入します。勉強しただけではあかんというので、試験で優秀な成績をとったら「十二石二人扶持《ぶち》」の士分に取り立てます。つまり、ＰＤＣＡ（計画・実行・評価・改善）のサイクルを回したわけです。

「安政の改革」にみられる開国・富国・強兵という阿部正弘のグランドデザインを、大久保利通や伊藤博文がそのまま実行したのが明治維新だともいえるでしょう。

ペリー来航時がクリミア戦争で列強の目がアジアから逸れているさなかで、しかも大局観に優れたリーダーがたまたま老中首座に就いていたのは、日本にとって、ものすごく幸運なことでした。

次章ではアメリカとの交渉の様子をもう少し詳しく見ていきましょう。

48 鎖国の終わり――日米和親条約

僕の子どもの頃の日本史の授業では、アメリカの黒船が突然浦賀沖に現れて、仰天した幕府は鎖国を破って日米和親条約を結ぶことを余儀なくされました――と教わってきた気がします。

しかし最近の研究では、幕府の冷静な対応に一定の評価がなされるようになってきています。

一八四〇年六月下旬にアヘン戦争が始まりますが、七月には長崎に入ったネーデルラント（オランダ）船から、アヘン戦争開戦の情報が幕府に伝わっています。

緒戦《しょせん》から大英帝国が清を圧倒していることは日本にも伝わっており、長崎の砲術研究者、高島秋帆《しゅうはん》も「英国の強さは近代砲術にあり」と幕府にレポートを上げていました。

翌年には老中臨席のもと、高島秋帆の指揮で洋式砲術の演習が行われています。この演習には各藩も駆けつけその威力を目にしました。

一八四二年に清は敗北して南京《ナンキン》条約が結ばれます。幕府はこの六月に長崎のネーデルラント商館長から「大英帝国の軍艦が清を破ったで。この後日本に来るかもわからんで」と連絡を受けます。すでに大英帝国の軍事力には敵《かな》わないと判断していた幕府は、すぐさま異国船打払令を薪水《しんすい》給与令に切り替えています。

四六年には、アメリカ東インド艦隊司令長官のビッドルが、帆船二隻で浦賀沖に来航しました。ビッドルは通商の打診に来たのですが、「薪《まき》はやるけれど、中国とネーデルラント以外の国との通商はしない」と言われて帰国しています。

そうした経緯をたどり、五三年、ペリーがフィルモア大統領の親書を携えて浦賀沖にやってきました。

ペリー艦隊の威容

ペリー艦隊の旗艦サスケハナ号は二五〇〇トン、もう一隻のミシシッピ号も一七〇〇トン、ともに強力な最新鋭蒸気式軍艦です。当時の日本最大の船は一五〇トン程度でした。

ペリー艦隊四隻（残り二隻は帆船）の大砲を合わせると六十三門になるのに対し、幕府砲台で対抗できそうな大砲は二十門程度しかありません。圧倒的な軍事力の差を見せつけながら、ペリーは「長崎に回るつもりはない。ここで親書を受け取らなければ上陸するで」と幕府を脅し親書を受け取らせました。

ペリーの来航目的については、昔の歴史の授業では、アメリカの捕鯨船への補給や避難港を求めたものとされていました。

この頃、欧米ではクジラの油を取るための捕鯨が太平洋全域で広く行われ、時に捕鯨船が難破して日本に遭難者が漂着したりしていました。

しかしペリー来航の目的としてそれは副次的なものです。

当時アメリカは中国のマーケットをめぐり大英帝国と争っていました。ペリーはアメリカ議会ではっきりと、「大西洋を渡ってアジアに向かっていたら、ニューヨーク―ロンドン間の船賃が乗るので、大英帝国との競争に勝ち目はない。アメリカは太平洋航路を開いて中国に乗り込むしかないで」と証言しています。

「アメリカにとって、中国との航路上にある日本は重要な拠点になるで」というわけです。

クジラより中国のマーケット

アメリカからは北太平洋を渡って日本に立ち寄り、それから上海《シャンハイ》・広州に行くのが一番の早道なのです。現在の航空路と同じです。

フィルモア大統領の親書にも「日本はアメリカから中国へいく航路に位置しているので石炭や食料や水を供給してほしい」とはっきり書いてありました。ただ鎖国下の日本と交渉するときに、始めからそんな国益丸出しの話はできませんから、捕鯨の話もしたのでしょう。

幕府は翌年再来航したペリーと日米和親条約を結びます。下田と箱館《はこだて》を開港し、領事を駐在させ、漂流民を救済して、最恵国待遇《さいけいこく》を与えるという内容です。

最恵国待遇というのは、「ほかの国にオレより有利な権利や条件を与えたら、オレもそれと同じ権利をもらうで」というものです。企業間のビジネス上の契約でも、これはよく見られる約束事です。

老中阿部正弘《あべまさひろ》は保守派の顔も立て、日米和親条約交渉の日本全権には、林《はやし》大学頭復斎《ふくさい》を首席にしています。林家はこれまで朝鮮などとの幕府外交を担ってきていました。もちろん阿部正弘が抜擢した少壮官僚たちが、実務的な話を詰めています。

実は、一八五三年には、ロシアのプチャーチンがペリーより一か月遅れて長崎に来て、宰相ネッセルローデの書簡を提出していました。幕府はこれも受け取ります。

交渉の途中で、クリミア戦争が勃発したことによりプチャーチンは一度引き上げますが、再来航して五五年二月に日露和親条約を結びます。

下田・箱館・長崎を開港し、千島は択捉《エトロフ》島と得撫《ウルップ》島の間に国境線を引く。樺太《カラフト》はとりあえずペンディングにして両方が主権を持つということになりました。

ただ、こういった条約を冷静に結べたのは、クリミア戦争で大英帝国はじめ列強の関心がアジアに向いていなかったので、列強から干渉されずにゆっくり交渉できたからです。

事実、クリミア戦争中の大英帝国も、ロシアの日本への接触を知り長崎にやってきました。しかし対ロシア戦争で忙しい大英帝国は、日本に対してあまり深入りはせず、五四年に日英和親条約を結んでいます。

ハリスの不平等条約

一八五五年、阿部正弘から堀田正睦《ほったまさよし》に老中首座が譲られました（五七年、阿部正弘は三十九歳の若さで死去しました）。

堀田はもとから洋学好きで、領地だった千葉県佐倉に西洋医学の私塾順天堂を開かせたほどでした（のちの順天堂大学です）。堀田は幕府内ではとりわけ明快な開国派でした。

五六年にアメリカ総領事ハリスが下田に到着します。ハリスはピアス大統領の親書を持って将軍徳川家定《いえさだ》に謁見し、その折に堀田の屋敷を訪ねて、「アメリカは平和主義のええ国やで。でも大英帝国はアヘンを売りつけて中国に戦争を吹っかけたひどい国やで。その大英帝国が日本を狙っている。アヘンを売りつけられて、戦争になるで。早くアメリカと通商条約を結んだほうが日本にも得やで」とおおいに煽りました。

その後ハリスと何度も交渉を行った末、五八年に日米修好通商条約草案が合意されます。

長崎・箱館・神奈川・兵庫・新潟の開港と江戸・大坂の開市、アメリカ人の居住地からの行動制限、アヘン輸入禁止、そして片務的最恵国待遇と領事裁判権（治外法権）などが定められ、このとき、日本は関税を自主的に決める権利を失いました。

現在ではこれは不平等条約だと思われるのですが、当時のことを考えたら致し方のない側面もあります。

「裁判権は自国にある」「自国の関税は自国で決められる」というのは、西洋の近代国家の考え方です。

でもまだ近代国家の考え方は日本にはありません。江戸時代は、それぞれの領主が領民の裁判を行っていたわけ

文藝春秋写真資料室

下田市のペリー艦隊が上陸した場所に建つ記念碑。
ペリーの乗艦であった「サスケハナ」は、のちに市民（南北）戦争に北軍艦隊の一隻として参加しています。

ですから、「外国人が悪さをしたら、外国人の領事が法律で裁きます」、「貿易の関税率はお互い相談で」といわれたら、それは道理やなという感覚だったと思います。

実際、条約の不平等性がクローズアップされていくのは、明治に入ってからでした。日米が合意した通商条約は、しかし調印に持ち込むのは容易ではありませんでした。

49 大老井伊直弼の暗殺

幕府の老中首座堀田正睦《ほったまさよし》はアメリカ総領事ハリスと日米修好通商条約締結で合意しましたが、朝廷の勅許《ちょっきょ》が得られず、公武の不一致から多くの血が流される結果となりました。

堀田正睦は合意案を手に京都に行き、天皇から「条約を結んでもええで」というお墨付きを得ようとします。

以前見てきたとおり、鎖国を始めたのは幕府でしたが、それから二百年以上が経《た》って鎖国をやめるときには、もう幕府は自分たちだけでは決められなくなっていました。有力大名の合意を得て、そのうえでさらに「天皇も許したんやで」という大義名分を必要としていたのですね。

ところが当時の孝明《こうめい》天皇は、「日本に外国人が入ってくるのは嫌やわ」という「攘夷《じょうい》（野蛮な外国人を払いのける意味）派」だったのです。

孝明天皇のおじいさんの光格《こうかく》天皇は、遠い閑院宮《かんいんのみや》家から養子に入って天皇になった人だけに、かえって天皇の権威向上に頑張って、平安時代の村上天皇以来ずっと使われていなかった「天皇」という称号を復活させた人でもありました（それまでは「院」などが用いられていました）。

その光格天皇のプライドを孝明天皇も受け継いでいました。

孝明天皇は条約勅許について高位の公卿《くぎょう》に意見を聞き、「積極的にＯＫはしないが、調印は将軍に任せるわ」という回答案が決定されます。

公家の一揆集会

ところがその翌日、諮問《しもん》を受けなかった公家八十八人が集会し、回答案に反対する建言書を関白に提出します。これが孝明天皇の内心の考えに適《かな》うものだったようで、条約承認は保留されてしまいます。

堀田正睦の狙った、幕府、大名、さらに朝廷が一致しての協調路線がうまくいかず、幕府と朝廷の意見が分かれてしまったのです。

約七十年前の松平定信《さだのぶ》の時代にあった「尊号一件《そんごういっけん》」（光格天皇がその実父の親王に太上天皇の称号を与えようとして、幕府に反対され挫折した事件）では、最終的には幕府が従わない公家を処分して朝廷をコントロールしましたが、この時は公武一致の破綻が顕《あらわ》になってしまいます。

この頃、幕府中央では、将軍の跡継ぎをめぐる争いが起きていました。十三代将軍の家定《いえさだ》は虚弱体質で、子どもが望めないことがわかっていました。じゃあ家定の後をどうするのかという問題です。

薩摩《さつま》（鹿児島）藩主の島津斉彬《なりあきら》、越前（福井）藩主の松平慶永《よしなが》（春嶽《しゅんがく》）、宇和島藩主の伊達宗城《だてむねなり》、土佐（高知）藩主の山内豊信《やまうちとよしげ》（容堂）といった有力大名と、阿部正弘《あべまさひろ》、堀田正睦を筆頭とする幕府の開国派の官僚たちは一橋慶喜《ひとつばしよしのぶ》を推していました（一橋派）。

慶喜は徳川斉昭《なりあき》の子どもで一橋家の養子に入り、幼い頃から優秀と評判でした。ただし水戸藩の出身ですから、将軍との血のつながりをたどるには家康まで三百年近く遡《さかのぼ》ります。

対して、彦根藩主井伊直弼《なおすけ》を筆頭とする譜代大名、それに家定の生母などの大奥は、紀州（和歌山）藩主の徳川慶福《よしとみ》（家茂《いえもち》）を推しました（南紀派）。慶福のお父さんは紀州藩主で、十二代将軍家慶《いえよし》の弟です。慶福は家定の従弟《いとこ》にあたります。

堀田正睦が朝廷の同意を得るのに失敗したのを受けて、将軍家定は一八五八年四月、井伊直弼を非常職の大老に任命します。

諸大名に総登城が命じられ、井伊直弼は大名らに通商条約調印について意見を聞きます。ここで調印にはっきりと反対する意見は出ませんでした。五月には家定が次代将軍を慶福と定めます。

アロー戦争と安政の大獄

六月、アメリカ軍艦ミシシッピ号とポーハタン号が下田に入港し、アロー戦争で清が英仏に敗れたという知らせをもたらします。これ以上調印を引き延ばすと英仏が攻めてきて不利な条約を結ばされるで、とハリスに急かされて、幕府は日米修好通商条約に調印します。

いっぽう堀田正睦はじめ、一橋派の幕臣たちは罷免《ひめん》されました。

この間に家定は危篤になり（翌月死去）、徳川斉昭、徳川慶篤《よしあつ》（水戸藩主）、徳川慶恕《よしくみ》（尾張藩主）、松平慶永、一橋慶喜らが江戸城に押しかけて「天皇の同意を得ていない違勅調印やで」と井伊直弼を非難しました。

そして将軍の跡継ぎを、孝明天皇の覚えがめでたい一橋慶喜に代えれば、朝廷へこの不手際の弁明をするのに都合が良いのではと主張したのですが、井伊直弼ははねのけます。

「幕府は大政を委任されているのや。朝廷と意見が合わなかったら、決定権を持っているのは幕府や。勝手に江戸城に上がってきて何文句言ってるのや、謹慎せい」と、ビシッと彼らを処分したのです。

直後に家定は亡くなり、徳川家茂が十三歳で将軍の座につきました。幕府は、アメリカに続いてネーデルラント（オランダ）、ロシア、英、仏との通商条約も立て続けに結びます。

そこに「戊午《ぼご》の密勅」という事件が起こりました。

条約に不満の孝明天皇が、幕府の無断調印を責め、みなで協力して公武合体の実をあげるよう求める趣旨の密書を出すのです。

孝明天皇は水戸藩に御三家・御三卿・越前松平家・会津松平家などへの伝達を命じたのですが、天皇が幕府を差し置いて大名に直接命じたのはこれが初めてのことでした。

そこで井伊直弼は「安政の大獄」と呼ばれる大弾圧を始めます。

幕府の決定に文句を言っている主に一橋派の大名や幕臣たちをことごとく隠居謹慎させ、公家も辞職、出家に追い込みました。

またその下で奔走していた越前藩士橋本左内《さない》（開国論者）、京都の儒学者頼三樹三郎《らいみきさぶろう》（尊王論者）、長州（山口）藩士吉田松陰《よしだしょういん》らを死刑に処します。この弾圧で処分を受けた者は百人を超えました。

井伊直弼は老中間部詮勝《まなべあきかつ》を京都へ送り、公家の処分をちらつかせながら「やがて鎖国に戻しますから」と天皇に約束して、孝明天皇に通商条約を事後的に認めさせました。

井伊直弼と吉田松陰

さらに水戸藩に密勅の天皇への返納を迫るのですが、これに憤激した水戸藩士によって「桜田門外の変」が起こり、井伊直弼は暗殺されてしまいました。

さて、ここで触れておきたいのは、吉田松陰についてです。吉田松陰といえば松下村《しょうかそん》塾《じゅく》で維新の志士を育てたことで有名です。でも松陰が松下村塾で教えた時間はほんの一、二年でした。半藤一利《かずとし》さんは、吉田松陰や松下村塾が有名になったのは、維新の元勲《げんくん》と呼ばれた伊藤博文《いとうひろぶみ》や山縣有朋《やまがたありとも》らが身分の低い自分たちを権威付けるために、「松陰の直弟子やで」と吹聴したからではないかと指摘しています。

吉田松陰は老中間部詮勝が京都に来たときに暗殺計画を立てていますから、現代からい

文藝春秋写真資料室

現代の桜田門。現在は、警視庁がこの門前に位置するため、刑事ドラマなどで「桜田門」は、しばしば警視庁の通称として使われます。

えばテロリストといってもおかしくない人です。

井伊直弼自身は、開国・富国・強兵派ではなく、保守的な鎖国主義者でした。しかし軍備の整わない現状では攘夷はできないと考えていました。安政の大獄のせいで、井伊直弼は独裁者のとんでもないやつやといわれていますが、史実を見れば困難な時代に冷静に状況を見て決断を重ねた偉大な政治家だったと思います。

井伊直弼は茶道《さどう》にも詳しく、「一期一会《いちごいちえ》」という言葉を自著で紹介しています。「いまこの茶会は、生涯に一度きりやで」という精神ですね。

井伊直弼が暗殺されたことで、幕府の弱体化が加速していきます。

50 「公武合体」への気運

「大政は朝廷から幕府に委任されているのや。文句いうやつは力で抑えるで」と強いリーダーシップを発揮した保守派の大老井伊直弼《なおすけ》が、「朝廷に逆らうやつは俺たちが殺すで」という水戸藩の過激派に桜田門外の変で暗殺されたことで、幕府の権威はいっそう低下しました。

このうえは権威の高まりつつあった朝廷と幕府の一体化をはかり、難局を乗り切るしかない。「公武合体」路線はこうして生まれます。

しかし幕末の乱世のうねりのなかで公武合体路線も翻弄され、幕府はますます力を失っていくのです。

一八六〇年春（万延元年三月）の井伊直弼暗殺の後、老中の安藤信正と久世《くぜ》広周《ひろちか》の二人は、強硬策ではヤバいことになるでと、井伊直弼の「安政の大獄」路線を緩和して、反対派の懐柔を図ります。次に条約で、江戸、大坂、兵庫、新潟を開市、開港することになっていたのを、孝明天皇の反対の意志が堅いとして延期しました。

一方、前年の六月に長崎、箱館とともに開港していた横浜は、貿易額が一気に拡大して栄えていきます。六七年までの外国との総貿易額の八〇パーセントを横浜が占めました。

生糸とお茶が大売れ

日本がその当時何を輸出していたかといえば、生糸やお茶です。生糸は日本の輸出額の五〇パーセントから八〇パーセント、それに次ぐお茶が一〇パーセントを占めました。

この当時の貿易相手国は、実はほとんどが大英帝国でした。取引総額の八割にも上っています。アメリカ公使のハリスは何してたんやと思われるかもしれませんが、アメリカでは市民（南北）戦争（一八六一～六五年）が始まり、対外交易どころではなくなっていました。

ちょうどこの頃、フランスやイタリアでは蚕《かいこ》の病気が蔓延して大打撃を受け、また清（中国）も太平天国《たいへいてんごく》の乱（一八五一～六四年）が全土に広がり、生糸のマーケットが混乱していました。日本の生糸は、価格が安いという条件も重なって、その輸出量は一八六〇年からわずか五年で五倍以上になりました。

生糸やお茶が飛ぶように売れるとなると、輸出に回されるようになり、国内では生糸やお茶が品不足になって価格が上がりました。生糸の値段は四倍以上になります。日本の絹織物産業が大打撃を受け、生糸輸出禁止を求めて暴動が起きるほどでした。

幕府もこれはまずいと思って、六〇年の春、五品江戸廻送令《かいそう》を出します。生糸と雑穀と水油（菜種油）、蝋、呉服といった外国人が欲しがるものは、まず江戸に送って問屋を通さんとあかんということにしました。幕府直下の問屋なら、コントロールできると思ったわけです。

でもこんなことをいわれても守る人はいませんよね。江戸に廻したら値段を抑えられてしまいますから。

もうひとつ混乱したのが、為替でした。

幕末のマネー戦争

ハリスは同種同量の交換という主張を行いました。天保一分銀は八グラム強の銀を含んでいました。対して一ドル銀貨は二十四グラムの銀を含んでいましたから、「一ドルは一分銀三枚や」ということになります。

日本では、その一分銀四枚で、金貨の天保小判一枚と交換していました。日本での銀貨と金貨の法定交換比は四：一です。

百ドルを一分銀三百枚に替えると、小判七十五枚に交換できます。これを上海や香港に持っていって地金として売却すると、約三百ドルになりました。

国際的な銀と金の地金の価格比は一五：一だったので、両替するだけで三倍のもうけになったのです。ハリスもせっせと稼いでいたようです。

そこで日本から金貨が流出します。その量は諸説ありますが、半年で十万両から五十万両に達したとも推定されています。

幕府も当然この問題には気がついていて、一八五九年には外国奉行の水野忠徳が安政二朱銀や安政小判を出して、一ドル対一分の交換に誘導しようとします。六〇年には天保小判の品位と目方を三分の一にした万延小判を発行して、なんとかこのぼろ儲けをやめさせようと試みました。

日本は長い鎖国のなかで国内だけで安定した社会を築いていたので、対外交易は社会に大きな混乱をもたらしました。その結果、幕府はさらに弱体化しました。そうしたなかでは、「公武合体」は多くの人たちに期待された政策だったのです。

儚い和宮の公武合体

老中の安藤信正と久世広周は、「公武合体」のシンボルとして、孝明天皇の妹の和宮《かずのみや》、親子《ちかこ》内親王と将軍徳川家茂《いえもち》を結婚させようと働きかけました。

孝明天皇は、幕府に攘夷の実行を確約させて、これを認めます。

一八六一年の秋（文久元年十月）、公武合体路線に反対する過激派の襲撃に備えて、和宮は一万人以上の大行列で江戸へと入り、翌年二月、家茂と結婚しました。

実はその前に和宮は有栖川宮熾仁親王《ありすがわのみやたるひと》と婚約していました。それを解消して家茂と結ばれたのですが、この熾仁親王がやがて新政府の総裁になって徳川幕府を滅ぼすのですから、歴史は皮肉なものですよね。

この結婚で公武合体が世間に演出されたのですが、前後して、坂下門外の変が起きます。安藤信正が、井伊直弼と同じように水戸藩の過激派に襲われたのです。

安藤信正は、命は助かりましたが、背中に傷を負ったことで「逃げ出した際の後ろ傷やろ」などと批判があがり、安藤は四月、久世も六月に老中を辞任させられます。

この情勢のなか、六二年に公武合体派の有力者、薩摩藩の島津久光（藩主茂久の父）が藩兵一千人を率いて京都にやってきます。

朝廷から過激派取り締まりの依頼を得て、過激派の薩摩藩士グループを寺田屋で始末すると、勅使とともに江戸に行きました。

「弱くなった幕府を盛りたてて立て直さなあかん」というわけで、天皇の指示として、将軍が上洛して朝廷で国事を議論すること、薩摩・長州・土佐・仙台・加賀の藩主を五大老にすること、一橋慶喜《よしのぶ》を将軍後見職に、越前藩主の松平慶永《よしなが》（春嶽《しゅんがく》）を大老にすることを要求しました。この頃には、外様大名だった島津家が、「雄藩」として幕府中央の人事にも口を出せるようになっていたわけです。

幕府は雄藩と朝廷に抗しきれず、この年七月、一橋慶喜を将軍後見職、松平慶永を政事総裁職に任命します。

翌八月には慶喜、慶永と老中が「これからは天皇の指令に従って政治をします」と京都へ誓いの手紙を送ります。もはや幕府と朝廷の力関係が完全に逆転していますね。

夏には会津藩の松平容保《かたもり》を京都守護職に任命して、会津藩兵一千人で朝廷を警護させます。そして参勤交代を三

photoAC

和宮の降嫁の行列は京都から中山道を通り、板橋宿（東京・板橋区）にある「縁切榎」を迂回して江戸城へ向かいました。現在の榎は三代目です。

年に一回に緩和し、大名妻子の帰国を許可しました。

さらには水戸藩に、井伊直弼暗殺の原因となった「戊午《ぼご》の密勅」を「そのまま持っててええで」と追認します。政治の指令が幕府だけではなく、朝廷からも出せることを幕府が認めたことになってしまいます。

このあたりで一橋慶喜が取り仕切るかたちで、公武合体政権が生まれたといえるでしょう。ですが、これは実に儚い政権に終わってしまうのです。

51

「京都」と「江戸」の二重政権

孝明天皇の妹の和宮《かずのみや》が将軍徳川家茂《いえもち》に嫁ぎ、実際の政治は、将軍後見職の一橋慶喜《よしのぶ》と政事総裁職の松平慶永《よしなが》（春嶽）が取り仕切る、「公武合体」政権が誕生しました。

しかし本音では「外国人を追い払う（攘夷）のはムリやで」と思っている幕府と、強い攘夷思想の持ち主であり、攘夷の実行を幕府に迫り続ける孝明天皇との連携は、初めから困難に直面します。

孝明天皇を中心とした朝廷は、急進的な攘夷派が主導権を握るようになり、朝廷は江戸の幕府に「破約（外国との条約破棄）攘夷」を督促する勅使を送りつけます。

幕府は、正面切って朝廷の意志に逆らうのは得策ではないと、従うと見せてのらりくらりと先延ばしする、微妙な舵取りを続けます。

二百三十年ぶりの将軍上洛

一八六三年春、「攘夷の戦略を孝明天皇に申し上げるため」という名目で家茂が将軍として上洛します。

禁中並公家諸法度で、天皇と公家は歌を詠んでいたらええで、学問していたらええでと、徳川政権は朝廷を政治から遠ざけてきました。

三代目の徳川家光の後は、幕府の権力が盤石となって、将軍が天皇に挨拶するため京都に行くこともなくなっていました。

それが、幕府の力が弱まるとともに、朝廷の求心力がどんどん高まっていき、とうとう将軍が約二百三十年ぶりに上洛して「報告」することになったのですね。

家光の上洛のときには大名たちが付き従う三十万人規模の、まさに京都への大進軍というものでしたが、このときの家茂の行列は三千人程度（加賀前田藩の参勤交代規模）で、将軍自身もところどころは自分で歩くような質素なものでした。

そこで、家茂上洛を警護するという名目で、浪士組が誕生します。プーチンやトランプが来日するときは、屈強なボディーガードがついているでしょう。あれと同じようなものが浪士組で、やがてそれが新選組に発展するわけです。

家茂が上洛すると、孝明天皇は「おまえにちゃんと政権を委任しているんやで。しっかりやってや」という勅旨を出します。そして上下賀茂社と石清水八幡宮へ祈願に行きます。賀茂社には天皇の鳳輦《ほうれん》に家茂が騎馬で従って、二人揃って参拝しました。

「公武合体」の姿を人々に見せるためでしたが、そこで朝廷側がいちいち「攘夷の誓い」をやるものですから、源氏の氏神の八幡宮参拝は、家茂は仮病を使ってサボります。

この参拝は、三条実美《さねとみ》ら攘夷派のなかの過激派が「この機会に、朝廷が政治のイニシアティブをとったろ。王政復古やで」と考えて仕組んだものだったようです。

実は孝明天皇は三条実美を「過激派の公家や」と嫌っていました。孝明天皇も強い攘夷思想の持ち主でしたが、「大政を委任している幕府と協調するのや」という考えでした。

石清水八幡宮に行くときも、無理矢理、三条らに行かされたと怒っていたという記録もあります。

三条実美らは天皇を押し立てて、この年五月十日（一八六三年六月二十五日）に攘夷を決行すると幕府にいわせます。幕府は「外国船が襲ってきたら、打ち払うんやで」と諸藩に通知して、家茂は江戸に戻ることが許されました。

攘夷決行

「攘夷決行」を何よりも喜んだのが長州（萩・山口）藩でした。

長州藩では、前年に攘夷過激派が公武合体・開国派の藩の重鎮を追い落として、藩を支配していました。京都の攘夷派（三条実美ら）とも結びついた彼らは、「すぐに攘夷をやるで」と血気にはやってさっそく、下関事件を起こします。

五月のうちに、関門海峡を通過したアメリカ商船、フランス軍艦、ネーデルラント軍艦を砲撃したのです。しかし米仏の軍艦に報復攻撃を受け、いっぺんに海軍力を喪失して砲台も破壊され、村や寺を焼かれます。

七月には薩摩（鹿児島）藩が「生麦事件（前年八月、横浜市周辺で、島津久光の行列に制止を聴かずに入り込んだ英国人を、行列の藩士たちが殺傷した事件）の落とし前をつけんかい」と、鹿児島へ遠征した大英帝国東洋艦隊七隻と交戦しています（薩英戦争）。

ここでも蒸気船の艦隊に砲台、兵器廠を破壊され市街を焼かれ、まだ若い大久保利通らが「あかんわ。勝てへんわ」と悟るわけです。

血気にはやって攘夷を実行したことで、実は長州藩や薩摩藩のなかに開明派が生まれたのです。攘夷を実行しても、相手の腕力が上やでと認識したのは、ある意味で日本の幸運でした。

さて八月、天皇が大和行幸を行うという詔《みことのり》を、長州藩の過激派たちと組んだ三条実美らが出させます。

これは、孝明天皇が奈良の神武天皇陵と春日社へ参って「攘夷をやりまっせ」と報告し、幕府に代わり天皇が先頭に立って親征《しんせい》攘夷を実行するでという、現実離れした話です。

孝明天皇はうんざりしました。

その意を汲んで、八月十八日に、会津藩と薩摩藩と淀《よど》藩が組んでクーデタを起こします。御所の門を兵たちが固めるなかで朝議が開かれ、大和行幸の中止、過激派公家の御所立ち入り禁止、長州藩兵の帰国が発表されたのです。

三条実美ら過激派公家は長州藩兵に守られながらともに長州へ逃げます。有名な「七卿落ち」ですね。

その後、松平慶永（春嶽）、松平容保《かたもり》、伊達宗城《むねなり》、山内豊信《とよしげ》（容堂）が上洛し、冬、一橋慶喜とともに朝議参預《ちょうぎさんよ》になり、御所内の殿舎（小御所）や二条城で国政を議論します。翌年一月には島津久光も加わりました。天皇が御簾《みす》の奥で見守るなか、雄藩大名の国政参画が実現したわけです。

この流れを、一橋慶喜は警戒しました。「日本も開国せなあかん」と天皇に訴える雄藩の大名たちに対して、幕府代表の慶喜は「天皇がお望みやから、貿易港の横浜を閉じる（鎖港）ことを先に審議しよう」と主張したのです。だからこの参預会議は全然まとまりません。
天皇のもとで、国政に参加しようとする有力大名と、政治の主導権を譲りたくない幕府を代表する慶喜が対立したのです。

一会桑政権

結局、翌一八六四年春に、一橋慶喜が島津久光らに参預の辞職を促して参預会議を崩壊させます。そして三月二十五日（改元して元治元年）、慶喜自身は将軍後見職を辞任すると同時に、御所を守る「禁裏《きんり》守衛《しゅえい》総督《そうとく》」などの朝廷の役職に就きます。

さらに京都守護職の松平容保（会津藩主）、京都所司代の松平定敬《さだあき》（桑名藩主）の兄弟と組んで、三者連携して孝明天皇を囲い込み、雄藩の影響力を排除して、京都における主導権を握ります。

　こうして京都にいわゆる「一会桑《いっかいそう》政権」、つまり一橋と会津、桑名藩の合同政権ができました。この間、慶喜たちはずっと京都

文藝春秋写真資料室

一橋（徳川）慶喜は、水戸藩主の徳川斉昭の子として生まれ、一橋家の養子に入りました。1863年に将軍の後見として上洛すると、その後、1868年の戊辰戦争まで、ほぼ関西で過ごすことになります。

にいました。

朝廷が征夷大将軍を任命するのと同じく、禁裏守衛総督を任命したのですから、京都にもうひとりの将軍ができたようなものです。

幕府は、天皇のもとでその意を汲む京都の政権（一会桑）と、これまで通り江戸の老中たちによって運営される政権との、二重政権状態となったのです。

52 禁門の変から長州征討へ

「王政復古」を目論む過激派公家と組んで、朝廷を担いで攘夷（外国人を追い払う）を行おうとした長州藩は、孝明天皇の意を汲んだクーデタ「八月十八日の政変」で京都から追われてしまいます。

京都では一橋慶喜《よしのぶ》が、京都守護職松平容保《かたもり》（会津藩主）、京都所司代の松平定敬《さだあき》（桑名藩主）と組んで（一会桑政権《いっかいそう》）、孝明天皇を囲いこみ、江戸の幕府と事実上の二重政権をかたちづくります。長州藩はどうなっていくのでしょうか。

八月十八日の政変で頑張った傭兵部隊、浪士組には、新選組という名が与えられ、京都守護職の預かりとなります。臨時雇いだったのが待遇的に正規雇用になったら、当然張り切りますよね。「京都に巣食う過激派テロリストは潰すで」ということで、一八六四年夏（元治元年六月五日）に池田屋事件を起こします。池田屋に集まっていた過激派メンバーに斬り込んで十数名の死傷者を出したのです。

禁門の変と長州征討

すると今度は長州藩が怒ります。「天皇を抱えて一会桑が好き勝手しよる。その手先が俺らの同志を殺しとるで。天皇を俺らが取り返さなあかん」ということで、千五百人の兵で京都に上り、七月に「禁門の変（蛤《はまぐり》御門《ごもん》の変）」を起こします。

長州の兵たちは御所を守る幕府軍——実質的には会津と薩摩の軍にボコボコにされて撤退します。この戦いで京都の二万八千軒が焼失したといわれています。

さらにこのタイミングで海外列強も「去年俺たちを砲撃した長州に仕返しするチャンスや」と、下関戦争を起こします。

英仏蘭米の四か国の連合艦隊、十七隻が下関の砲台を攻撃し、陸戦隊も上陸して占領しました。長州藩は敗北して関門海峡の通航保障などを取り決めた講和条約に調印します。攘夷の最先端をいっていた長州が敗れ、列強の連合艦隊が瀬戸内海で示威航行を行い、もはや誰の目にも「攘夷はムリや」ということが明らかになりました。

翌年秋（慶応元年九月）、この四か国は兵庫沖に軍艦を展開して「一週間以内に勅許がでなければ、どうなっても知らんで」と通告、一橋慶喜は「もうムリです。戦争になれば日本は負けて外国の属国になりますで」とあけすけに天皇の前で語り、通商条約の勅許が下りました。こうして攘夷政策の放棄が決まります。

さて下関戦争直後、「京都で戦を起こした長州藩の罪は重いで」ということで、幕府は諸藩を動員して一八六四年夏（元治元年七月）、長州征討（第一次）を起こします。

元尾張藩主の徳川慶勝《よしかつ》が征長《せいちょう》総督に就きますが、実際に戦争を指揮したのは総督府の参謀だった薩摩藩の西郷隆盛でした。長州征討は徳川と薩摩の連合軍だったわけです。

西郷隆盛は、「軍資金も意欲もないので、長州征討にはあまりコストはかけられへんで」と考えていました。そこで長州藩の内部分裂を利用して、戦わず決着に持ち込みます。

長州は過激派の家老三人を禁門の変の責任者として切腹させ、「許してください」と和議を結びます。幕府側（西郷）は「反省したか。過激派はみんな処分したんやな」と首実検《くびじっけん》して、矛《ほこ》を収めます。

しかし長州藩内部では幕府に恭順《きょうじゅん》して藩を保とうとする保守派と、「恭順はフリだけや、幕府に反撃する機会を待つで」という過激派に分かれて内戦状態になり、翌六五年にはまたも過激派が藩を支配します。

そこで幕府は「長州はやっぱり潰さなあかん」と、ふたたび長州征討（第二次）に乗り出します。

薩長同盟の密約

しかし長州は、これ以上罰せられる理由はないと抵抗します。

なんでこれほど長州が頑張れるかといえば、財政再建を果たし、新田開発をさかんにやっていただけではなく、下関港を持ち、関門海峡を押さえていたからです。

当時、新潟や金沢など日本海側のお米は、船で下関を通って瀬戸内海経由で大坂へ運ばれていました。

下関は流通の要《かなめ》ですから、大きな利益を生むのです。だから長州藩は、公認石高は三十七万石ですが、実質百万石といわれていました。

また、長州再征討は本当に必要かと疑問を持つ藩も出てきます。

とくに第一次長州征討で西郷隆盛が参謀を務めた薩摩藩は、今度は出兵を拒否します。実は、薩摩藩は長州藩と融和的になり、朝敵とされて武器の購入ができなくなった長州藩に薩摩藩が武器を融通する密約ができていました。

幕府が「もう一回、長州征討をやるで」と準備しているさなかの一八六六年春（慶応二年一月）、「薩長同盟（盟約）」が結ばれます。

有名な「坂本龍馬が斡旋して、薩摩と長州とがタッグを組んで、幕府を倒す密約をしたんやで」という、あの劇的な幕末のエピソードですね。

しかしこの時代の研究者、家近良樹《いえちか》さんの『江戸幕府崩壊』（講談社学術文庫）によれば、この密約は「倒幕」を意図したものではないということです。

長州が勝っても敗けても薩摩は長州を援助し続けること。そして、長州助命に京都の「一会桑」政権が邪魔をするのであれば、薩摩藩が彼らを排除する、というものでした。

薩長から見れば「一会桑」こそが天皇を囲い込む奸臣《かんしん》なわけです。

斡旋したとされる坂本龍馬についても、実のところはどこまで関与したのか、よくわかっていません。

司馬遼太郎さんの小説『竜馬がゆく』などで、坂本龍馬のイメージは大きく膨らんでいますが、例えば大政奉還構想のもとになったといわれる龍馬の「船中八策」にしても、この「船中八策」という言葉が世に出てくるのは、明治時代の後半から大正期になってからなのです。

坂本龍馬を敬愛している政財界の重鎮は多いようですが、史実としてはよくわからないというのが現在の学問的な評価だと思います。

幕府軍の意外な敗戦

幕府は一年かけて準備して一八六六年夏（慶応二年六月）に開戦します。幕府直属軍は二万人を超え、大型蒸気艦隊、動員を命じた三十一藩の兵も加えて、数のうえでは長州軍を圧倒していました。

ところが幕府軍は戦意が低く、各藩の軍備もバラバラ、戦況は膠着《こうちゃく》状態となり、幕府軍の敗色が濃くなりました。そうこうしているうち、長州征討のために大坂城に出張っていた徳川家《いえ》茂《もち》が病死してしまいます。

徳川宗家を継いだ一橋改め徳川慶喜は、朝廷からの支持を改めて受けて、大攻勢に出ようとしますが、九州諸藩の兵が「もう征討はムリやで」と国元へ勝手に引き上げたという報せを受けると、急に出陣を中止して、「話し合いで解

文藝春秋写真資料室

山口県下関市火の山から望む関門海峡。日本海側と瀬戸内海をつなぐ要衝として、のちの明治21年には、外敵に備え、ここに下関要塞が設置されました。

決しよう」と言い出します。

この根回しすらない慶喜の方針転換に、長州征討を支持していたグループはガタガタになります。ことに慶喜を支持してきた朝廷や、長州征討に多数の兵を出していた会津藩などは慶喜に対して不信感を抱き、「一会桑」の結びつきが瓦解《がかい》してしまいます。

こうして第二次長州征討は、なんら成果を出すことができず、幕府の無力を日本中に周知して終わることになりました。社会不安の高まるなか、「ええじゃないか」現象が世を席巻します。

53 「ええじゃないか」の広がり

一八六七年夏（慶応三年）、人々が「ええじゃないか、ええじゃないか」と歌いながら「世直し」を唱えて踊りまくり、各地で臨時の祭礼が行われるという現象が起きました。

前年、諸藩を動員しての第二次長州征討がうまくいかないまま尻すぼみに終わり、そのさなか将軍徳川家茂《いえもち》は大坂で亡くなってしまいました。次の将軍、徳川慶喜《よしのぶ》も江戸に戻らず京都にとどまり続けます。

いったいこれから世の中はどうなるのか。日本中に社会的不安が高まっていたのです。

一八四七年から一八五五年の間に、善光寺地震から安政の江戸地震まで、大地震が五回も起きていました。

そして以前に見たとおり、一八五九年（安政六年）、横浜を開港したことにより、外国に生糸やお茶が大量に輸出されるようになります。輸出によって貿易商が儲かる一方で、国内では品不足で価格がはね上がりました。

また銀と金の交換比率が日本と外国で違っていたために日本の金貨が大量に国外へ流出したことで、景気が悪化し、人々の生活が苦しくなります。

さらに一八六四年春（元治元年三月）には、水戸藩士たちによる「天狗党の乱」が起きていました。

水戸藩は、孝明天皇の密勅を直接得て、その密勅の幕府への差し出しを迫る大老井伊直弼を暗殺するほど、攘夷過激派の強い藩でしたが、攘夷の実行を求めて、過激派（天狗党）が筑波山《つくばさん》で挙兵します。

天狗党は北関東を中心に暴れまわり、この動きに影響を受けた長州藩が、同年七月、禁門《きんもん》の変（蛤御門《はまぐりごもん》の変）を起こすに至ります。

十二月に天狗党の乱は加賀藩と幕府によって鎮圧されました。その後水戸藩では徹底的に攘夷派が弾圧されたので、明治維新では水戸藩の人たちはあまり活躍できませんでした。

平安時代の末には、「仏の教えが廃れる末法の世が来たで」という末法思想が流行《はや》りましたが、この時代にも「世の中おかしいで」という空気が醸成されていました。「世直しが必要や」という機運が出てきたわけです。

世直し一揆と「ええじゃないか」

幕末三大新宗教と呼ばれる黒住教《くろずみ》（一八一四年）、天理教《てんり》（一八三八年）、金光教《こんこう》（一八五九年）は、どれも「世直し」を訴えて、十九世紀の初めから半ば頃に始まっています。

「ええじゃないか」が起こる前年の六六年（慶応二年）には、一揆や打ちこわしが未曽有《みぞう》の高揚を見せていました。「世直し一揆」です。

六月に発生した武州《ぶしゅう》世直し一揆では、武蔵国秩父郡《ちちぶ》（現在の埼玉県飯能《はんのう》市）の人々が「平均世直将軍」の旗を押し立てて、米商人を打ちこわし、貿易で儲けていた「浜商人」を襲いました。

三百人で始まった世直し勢が北関東各地の人々を集めて、短期間に十万人ほどにまで膨れ上がったといわれています。

世の中が騒然としているなか、六七年夏に「ええじゃないか」が始まるわけですが、そのきっかけは、三河国吉田領の牟呂村《むろむら》（現在の愛知県豊橋市）の、道に落ちていた伊勢神宮のお札だったといいます。

昔から飛神明《とびしんめい》という考え方がありました。神様はどこへでも飛んで、「ここに暫《しばら》く落ち着こうか」と自分の住処を見つけるという信仰です。そこから、伊勢神宮の神様が雲に乗ってここに飛んできたのではないかと思われたのですね。

信心深い人たちがお札を祀って歌い踊り、餅や饅頭や酒を振舞いました。

このときから、同じようにお札が降り、人々がお祭騒ぎで「ええじゃないか」と歌いながら踊り出すという現象が、中部地方から西のほうにずっと広がっていくのです。

おかげ参りのアナロジー

あちこちでお祭騒ぎが広がると、京都の警備もゆるくなって、過激派のメンバーが出入りしやすくなるという副作用も生じました。

だからこれは尊王攘夷派がお札をまいた陰謀だという説もあります。

しかし、陰謀でこれほど大規模な大衆運動が起こせるものでしょうか。

「ええじゃないか」が生まれる素地は、「おかげ参り」にあったと考えられています。

伊勢神宮は、中世には朝廷からの援助もなくなり、有名な式年遷宮もできないほど貧しくなっていました。そのため、全国を回ってお金を集めようと考えました。

一番いいのは、人々に全国から伊勢にお参りに来てもらい、お金を落としてもらうことですよね。そのため御師《おんし》という人々が、各地でお札を配り歩いて、お伊勢さんに行ったら功徳があるで、と宣伝したのです。

これに応えたのがおかげ参りで、江戸時代におよそ六十年周期で三〜四回ほど大ブームが起きています。

慶安のおかげ参り（一六五〇年）に次ぐ、宝永のおかげ参り（一七〇五年、発祥地京都）は五十日間で約三百六十万人、明和のおかげ参り（一七七一年、発祥地宇治）は四、五か月で二百万人以上、文政のおかげ参り（一八三〇年、発祥地阿波《あわ》〈徳島〉）は五、六か月で約五百万人、という膨大な数の人々がお伊勢さんに参っているのです。

伊勢に住んでいた本居宣長《もとおりのりなが》が、日記に「えらいようけ来よったで」と書き残しています。

おかげ参りがなぜさかんになったのかといえば、ひとつは、江戸幕府が人々の移動を厳しく禁じていたからです。箱根の関所で、「入り鉄砲に出女」を厳しく調べたという話を聞いたことがあると思います。

目的のない普通の人は通行手形がなかなかもらえなかったのですが、伊勢参りが目的だと、比較的簡単に通行手形が出してもらえたのです。

アナーキーな世直し

「ええじゃないか」は、このおかげ参りのアナロジーで始まったものが、世情が不安定ななか、伝統的なお伊勢参りの枠を越えて伝染病のようにワッと広がったものだと思います。「仕事せいでもええじゃないか」と歌って、民衆がアナーキーに爆発した感じです。根本的な世直しへの待望が現れたのでしょう。

この年（一八六七年）十月には、徳川慶喜による大政奉還がありました。後に詳しく見ますが、「政治の実権を朝廷にお返しします」と訴え出たのですね。

すると、「日本国のよなおりは　ええじゃないか」（徳島の記録）などと歌って踊りまくるようになります。

「踊りこみ」といって、踊りながらお金持ちの家に押し入って、床を踏み抜いたり酒や食

文藝春秋写真資料室

現在の伊勢神宮。伊勢神宮では20年に一度、社殿などを新しくする式年遷宮が行われます。平成25年に、持統天皇4年（690年）に行われた最初の遷宮から数えて、62回目の遷宮が行われました。

事を出させたりして、まるで打ちこわしのようになることもありました。

この頃大坂に着いた大英帝国の外交官アーネスト・サトウも、「伊勢神宮のお札の雨を口実に」イイジャナイカ、イイジャナイカと晴着の人の山が歌い踊る様を目撃しています。

尾道では、長州藩の兵士たちが上陸したときにお札が降ったということで、「長州さんの御登り、エジャナイカ、長と薩とエジャナイカ」と踊り歩いたそうです。

「ええじゃないか」の狂騒が広島、四国まで広がるなかで、朝廷の一部公家と組んだ薩摩藩と長州藩によって、王政復古のクーデタが起こり、徳川家の支配に終止符が打たれることになります。

54

王政復古のクーデター徳川幕府の終わり

徳川慶喜《よしのぶ》は、徳川幕府最後の将軍として知られています。その在任期間は、わずか一年でした。長州（山口）藩との二回目の戦いが始まってひと月半、一八六六年夏（慶応二年七月）に将軍家茂《いえもち》が大坂城で亡くなると、一橋慶喜が徳川家の家督を継ぎました。幕府軍が長州から引き上げたのち、慶喜が十五代将軍に就任します。

ところがその二十日後に、孝明天皇も突然亡くなってしまいます。天然痘だったといわれています。

孝明天皇は攘夷派ではありましたが、長州藩や三条実美《さねとみ》ら過激派を嫌い、大政を委任している幕府と協調していこうという考えでした。

そこで古くから孝明天皇を邪魔と見た過激派が暗殺したのではといわれてきましたが、確かな証拠は何もありません。

これを受けて、翌年一月明治天皇が十六歳で即位します。もちろん自分で政治が行えるわけではなく、摂政に二条斉敬《なりゆき》がついてサポートしました。

元老たちの会議

同年夏（慶応三年五月）に、京都で四侯会議が開かれます。

薩摩（鹿児島）の島津久光、越前（福井）の松平慶永《よしなが》（春嶽《しゅんがく》）、土佐（高知）の山内豊信《とよしげ》（容堂《ようどう》）、宇和島藩の伊達宗城《むねなり》といった、以前、長州藩や過激派公家を追放した八月十八日の政変（一八六三年）で、孝明天皇のもとで朝議参預となっていた雄藩の藩主OBたちが京都に集まりました。

ところが、前回の参預会議同様、徳川慶喜が政治の主導権を握って、この四侯会議も機能しません。それを見ていた薩摩藩の大久保利通《としみち》や西郷隆盛は、「こんな年寄りの会議を延々やっても時間の無駄や。もう政治を牛耳っている慶喜と徳川幕府を倒すしかないで」と、長州藩や公家の岩倉具視《ともみ》と結ぶのです。

和宮と徳川家茂の結婚に尽力した岩倉具視は、攘夷過激派の三条実美らから敵と見られ、一八六二年以来謹慎を命じられていました。

その間、岩倉具視は、摂関家が支配する朝廷の改革を志すようになっていました。大久保や西郷は密かに岩倉具視とクーデタの準備を始めます。

大政奉還からクーデタへ

そのことを察知した土佐の山内容堂は、慶喜に「薩摩の大久保利通らが、跳ね返りの公家と結んで幕府を倒す陰謀を進めていますよ。先手を打って大政奉還をして、倒幕の大義名分をなくしましょう」と、十月三日に大政奉還建白書を差し出します。慶喜はその十日後、十月十四日に大政奉還を願い出ました。

「長らく徳川家に委任されていた政権を、朝廷にお返しします」

ということは、政治の主宰者が、朝廷に一本化されることになるわけです。

といって、慶喜が完全に権力を失うことにはなりません。朝廷には政治を行う実力も組織もないからです。

朝廷が政治を行うには、大名（諸侯）たちの支持が必要です。その大名らを集めると、四百五十万石の徳川家は、筆頭大名となります。

この諸侯会議の議長として、徳川慶喜は総理大臣のようなポジションを得られることになります。慶喜はそれを狙ったと考えられます。

一方、薩摩藩はすでに前日の十月十三日付けで、朝廷から「幕府を倒すんやで」という「密勅」を手にしていました。これは藩兵を動員するために、西郷隆盛や倒幕派公家が勝手につくったニセモノだという説もあります。同じものが長州藩にも出され、両藩は十一月末に兵を率いて上洛してきます。

そして十二月九日早朝、クーデタを起こします。

西郷隆盛は、薩摩藩とその行動に協力するグループ（土佐・越前・尾張〈愛知〉・安芸《あき》〈広島〉）の藩兵を御所中に配置して、御所を軍事制圧しました。長州藩からも兵が駆けつけ、クーデタに加わります。

御所に入れるのは、賛同するグループの人々だけとなり、幕府寄りとみなされた人々は、摂政二条斉敬はじめ、みな排除されました。

そして前夜の朝議で復帰が認められたばかりの岩倉具視が、同志の公家たちとともに、明治天皇を擁して王政復古を宣言したのです。

この「王政復古の大号令」で、幕府や朝廷の摂政、関白制度を廃止して、天皇のもとに総裁、議《ぎ》定《じょう》、参与の三職を置くことを宣言しました。

総裁は有栖川宮熾仁《たるひと》親王。和宮の元婚約者でしたね。

議定が山階宮《やましなのみや》、仁和寺宮《にんなじのみや》、島津茂久、徳川慶勝、山内容堂、松平春嶽たち。総裁の下に顧問会議のような議定を置き、その下に参与を置いて、岩倉や西郷、大久保など、各藩の藩士たちが入りました。

その日の晩には御所内の殿舎（小御所）でこの三職による評議を開きます。この手回しのよさは、岩倉具視のフィクサーとしての能力の高さを示していますね。

小御所会議では、薩摩藩と組んだ岩倉らが「これまでの徳川慶喜の失政の責任は重いで」と主張し、これまで大政奉還路線を主導してきた山内容堂らの強い反対を押し切って、慶喜の内大臣（将軍は辞任しましたが、朝廷の大臣職は残っていました）解任と徳川家領地の一部返上を命じることが決まります。

慶喜は「これはまずいことになったで」ということで、十二日には京都の本拠地であった二条城を出て大坂城に移りました。

幕末日本のボリシェヴィキたち

久住真也さんは、著書『王政復古』（講談社現代新書）で、このクーデタについて、四年前の八月十八日の政変の手法を踏襲したものだと指摘しています。

その時は、慶喜らが薩摩藩や会津藩と組んで御所の門を固め、過激派公家を排除して、長州藩を追放したのでしたね。今回は、逆に慶喜がしてやられたわけです。

それにしても、このとき京都を守護していた幕府側の兵力を総動員すれば、結果はどうにでもなったのでは、という疑問も生じます。

しかし慶喜はなまじ賢い人だったので、薩摩藩に禁門を封じられて御所を奪われた時点で、「あ、投了や」と思ってしまったのですね。

慶喜は薩長のクーデタの動きについて、事前にある程度の情報を得ていました。

それでも彼らに先んじて動かなかったのは、「大政奉還で、倒幕の大義名分はなくなったから大丈夫だ」と考えていたのかもしれません。

アフロ

第二次世界大戦前に撮影された御所の殿舎、小御所の上・中・下段の間の写真。ここで行われた小御所会議には、かつて天皇が臨席していたとされていましたが、現在の研究では疑問視されています。

一方、西郷隆盛や大久保利通ら若い下級藩士出身者たちは、「既得権にあぐらをかいた徳川家と旧体制を潰して、天皇を中心とした（俺たちの動かす）新しい体制をつくるで」と腹を決めていたのですから、もう大義などはどうでもいいのです。

ここで連想されるのが、一九一七年のロシア革命です。当初の革命（二月革命）後にできた臨時政府や議会では、レーニンの率いるボリシェヴィキ（後のソ連共産党）は、多数派ではありませんでした。しかし暴力によって議会を封じて政権を奪取（十月革命）し、その後のソ連をつくりました。西郷や大久保はボリシェヴィキだと考えればわかりやすいでしょう。

こうして実質的にはここで徳川の時代、日本の近世が終わりを迎えました。やがて日本のボリシェヴィキたちが明治新政府をリードしていきます。それは次巻の「近・現代篇」で見ていくことにしましょう。

第8章

戦国・江戸篇まとめ

江戸時代に生まれてみたい?

55

創業と守成　近世の扉を開いた三傑

この本では、織田信長の足利将軍義昭《よしあき》を奉じての京都入り（一五六八年）から、徳川家の江戸幕府崩壊（一八六八年）までの三百年間を、日本の近世として述べてきました。これからそのポイントを、三章に分けてまとめてみます。

江戸時代に入るまでの約半世紀の間に、織田信長、豊臣秀吉、徳川家康の三傑が、日本の近世の扉を開いたことから話を始めましょう。

それぞれの天下は、織田信長十五年、豊臣秀吉十六年、徳川家康十八年。だいたい同じ期間です。信長が討たれた本能寺の変が一五八二年ですから、上洛から正味十五年。秀吉の死去が一五九八年で、政権を取ってから十六年。家康の死が一六一六年で、秀吉の死から十八年。

面白いことに、武家政権を開いた平清盛と源頼朝も同様です。平清盛が一一六七年に太政大臣になってから八一年に没するまでが正味十五年、源頼朝も一一八五年に壇ノ浦で平家を滅ぼしてから九九年に没するまでが正味十五年だったのですね。

会社の経営にしても全力で取り組めるのは十五、六年が限界だと思います。昔からリーダーの寿命は変わらないのかなと思ったりもします。

信長、秀吉をコピーした家康

武家政権の始まりでは、清盛が武家政治の設計図を描き、頼朝がそれを実現したのを見てきました（本シリーズ、中世篇）。そして近世の始まりでは、信長が設計図を描き、秀吉がそれをかたちにし、家康がそれを持続させました。

信長が永禄《えいろく》貨幣法をつくって金、銀の通貨としての使用を法制化し、金、銀、銭の換算額を定めたのに倣《なら》い、家康は慶長貨幣法で慶長金、慶長銀、永楽通宝とビタ銭の換算額を定めました。

また秀吉が太閤検地や度量衡《どりょうこう》の統一、大名たちに収穫量のわかる御前帳と国絵図を提出させて日本全体の土地を把握したのに倣い、家康は諸大名に収穫量の帳面（郷帳《ごうちょう》）と国絵図を出させています。

家康は信長、秀吉の政策をほぼそのまま採用し、徳川二百六十年の治世の基礎としました。

こういう例は日本だけではなく、世界中にあります。

ほぼ同時代のインドでは、十六世紀にムガール朝と争い、ムガール朝を一時滅ぼして北インドにスール朝を建てたシェール・シャー（在位一五三九〜四五年）がいます。

ガンジス川流域を整備し、北インドを四十七州に分割し、官僚制度を整備して、道路網と駅伝システムをつくり上げました。

交易を重視して楽市楽座政策をとり、ルピー銀貨を発行して貨幣改革を行い、土地台帳を整えて徴税組織を確立しました。治世はたった六年間でしたが、その後の混乱に乗じてスール朝を破ったムガール朝のアクバル大帝は、そのシステムを受け継ぎ、ムガール朝の繁栄を築きます。

始皇帝と劉邦

中国でも秦漢帝国、隋唐帝国など、二つの王朝をセットにした呼び方があります。

秦の始皇帝は一代で中国を統一し、大改革を行った天才です。まず皇帝という称号をつくりました。統一前は各国でバラバラだった書体、度量衡、車輪の幅の統一を行い、郡県制を敷いて中央集権国家をつくり上げたのです。

中央のエリート官僚が法律にもとづき全国を支配するという中国のグランドデザインは、現在に至るまで踏襲されています。しかし始皇帝が亡くなると、秦は項羽《こうう》と劉邦《りゅうほう》に滅ぼされてしまいます。統一からわずか十五年でした。

その後に漢を建てた劉邦は、「オレの国は、法律ばっかりの秦とは違って、法律は殺人、傷害、窃盗の罪を罰する三つだけ（法三章）やで」と宣言しましたが、実際には秦の制度をほぼそのまま受け継ぎました。そのおかげで漢は四百年も持続することになったのです。

隋も、古代の日本が真似をした律令制度や、人民に田畑を給付する均田制などを整備しました。二代皇帝の煬帝《ようだい》は天津《てんしん》から杭州まで南北二五〇〇キロに及ぶ大運河網を完成させ、南北の流通網を革新します。しかし煬帝は暗殺され、隋は三十年で滅んでしまいます。

その後、煬帝のいとこで唐を建国した李淵《りえん》は隋の制度をほぼそのまま受け継ぎます。

二人の政治上の関係は始皇帝と劉邦の関係によく似ています。李淵は隋の制度をやや緩めて、農民の自治を尊重したのです。それが成功して、二代目の太宗、李世民の時代は、「貞観《じょうがん》の治」と称えられ、唐は大帝国になるのです。

その太宗と臣下の問答録『貞観政要《じょうがんせいよう》』に「創業と守成」という言葉が出てきます。太宗からゼロからつくる「創業」が難しいか、つくったものをきちんと守り続ける「守成」が難しいかと下問され、臣下が議論を始めます。

太宗はそれぞれの意見をもっともだとしながら、唐の創業はすでに成ったので、これからはみんなで守成に努力しようとまとめます。

僕は百年以上続く生命保険会社に長く勤め、その後仲間とインターネット生保の「ライフネット生命」をゼロから起業しました。

その経験からいうと、創業も守成もそれぞれに難しいと感じています。創業と守成では、それぞれに求められる能力が違うからです。

創業は百メートル走、守成はマラソンにたとえられます。創業に必要なのはダッシュ力で、新機軸の組織はそのままの勢いで五〜十年ぐらいはやっていけるでしょう。でもその後は、組織を整え合理的なマネジメントを行わなければ長続きはしません。

ビジネスの創業と守成

ビジネスの世界でも、新しいものを生み出す人とそれを大きくする人は別だ、とよくいわれています。

例えばスマートフォンの世界で、アップルのｉＰｈｏｎｅに対してグーグルのＡｎｄｒｏｉｄを思い浮かべると、わかりやすいでしょう。

ｉＰｈｏｎｅはスマホを生み出しましたが、世界的なシェアでは、実は二割以下です。後から参入したＡｎｄｒｏｉｄが、七割のシェアを握っているのです（日本はｉＰｈｏｎｅがシェアの五割近くを占める特殊な市場です）。

ゼロから何かをつくる人は、スティーブ・ジョブズのように、どこか秩序の破壊者的な側面があります。

一方で新しいものを成長させ収穫をする人には、それを人々や時代環境に合うように調整してメンテナンスしていく才能が必要です。

近世を開いた三傑のなかで、僕が仕えたいのは信長だという話をしましたね。その理由は簡単で、創業者的な信長は、部下をこき使

アフロ

スティーブ・ジョブズは、2007年にiPhoneを発表。スマホは現代の生活になくてはならないもののひとつになっています。

う一方で、フェアに部下の才能を見ていたと思うからです。

それに信長はイメージと違い部下を理由なく殺してはおらず、不始末があっても追放するだけでした。

秀吉は、甥の秀次一家を根絶やしにしたように、冤罪でも気分次第で断罪される怖さがあります。

家康は二百六十年続いたシステムの大成者ですが、はっきりものを言わない人なので、僕は上司としては仕えにくいと感じます。

とはいえ、この三人は好き嫌いも分かれていて、いまもそれぞれ人気があるので、やはり人物として傑出していたのだと思います。

その家康がつくった徳川幕府の施策のうち、近世日本のかたちを決定づけたのは、鎖国です。

56 鎖国体制の意味

近世日本の一番大きいエポックは、鎖国（海禁）だと僕は思います。

もっとも、以前の章でも書いたとおり、現代の識者のなかには、いわゆる四つの口が世界に開いていたことを強調する人もいます。

アイヌとの交易を行っていた松前藩、朝鮮と交流した対馬の宗氏、島津氏（薩摩）の琉球、それからネーデルラント（オランダ）や中国と交易していた長崎。だから江戸時代は鎖国ではなかったという意見もあります。

ところが、鎖国否定論の人も、「幕末に開国があった」ことは認めています。「開国」は鎖国の反対概念ですから、開国はあったけれど鎖国はなかったという理屈は、やはり難しいと僕は思います。大局的に見て、「江戸時代は鎖国されていたんやで」と考えていいと思います。

この鎖国について、僕は学校では「キリスト教の日本への広がりを防ぐため」と習いました。それも理由になるでしょうが、自由な交易がなければ、幕府と諸大名の力関係が変わらないというところがキモだったのだと思います。

幕府は四百五十万石、最大の大名の加賀前田家でも百万石ですから、石高の差は圧倒的です。しかし外様《とざま》大名などが交易で大きな利益を上げると、そのパワーバランスが変わる恐れがありました。

それから第二のキモは、諸外国が日本が鎖国を長く続けることをなぜ許したのかという視点です。

中国の明《みん》も鎖国（海禁）しましたが、やがて北虜南倭《ほくりょなんわ》が起こりました。北方のモンゴル（北元）や、南方の倭寇（日本・中国・朝鮮の東南アジア海域で活躍する海民の共同体）に悩まされます。

中国はお茶や絹、陶磁器など、世界中の人が欲しがるもの（世界商品）をたくさん持っていますから、鎖国すると北からも南からも武力を使った買い物に人々が押し寄せてきます。

江戸幕府が鎖国をしても、北虜南倭は起きませんでした。なぜか。世界商品がなかったからです。織田信長が登場した頃、石見銀山や佐渡金銀山などから銀がたくさん産出されて、世界中から商人がたくさんやって来ました。

それから百年ぐらいたって鎖国する頃は、ちょうど金銀を掘りつくしたタイミングでした。その後は別子銅山の銅や海産物ぐらいしか日本には売るものがなかったのです。

「日本には、たいしたものがないで」と思われたので、鎖国を続けられたのですね。

十九世紀に入ると、中国との交易上の地政学的な視点から、世界の目に日本が映るようになります。

体制維持のシステムとして

江戸幕府は、国内に江戸を拠点とするいくつかの街道を整備しましたが、軍事上の理由から大河川に橋を架けなかったので、移動には費用と時間がかかりました。

各藩の海軍力を抑えるために船の大きさも制限しています。

諸藩が幕府に歯向かえないよう、様々な規制をしていたのですね。

ところが、各藩の領民支配については、それぞれの領主たちに任されていました。裁判にしても、薩摩（鹿児島）の領民は島津家が、加賀（石川）の領民は前田家が裁いていたのです。つまり封建体制の徳川政権は、かなり分権的でした。現代のアメリカ合衆国のように、州の権限が市民の生活レベルではものすごく強い。

幕末、アメリカなどと結んだ通商条約では、外国の領事裁判権を認めて日本の裁判権を放棄したと批判されますが、幕府の体制そのものが各藩の領事裁判権を認めていました。

幕府は四百五十万石やでといっても、そのポケットマネーで日本全体を治めようと思ったら、お金が足りません。

だからしょっちゅう幕府は財政が苦しくなっているのです。

徳川幕府は「キモのところはオレが仕切るけれど、あとは独立採算でよろしくやってや」というシステムでした。封建制というのは、そういうことだと思います。

鎖国は統治者である幕府が、各藩に対して実力で上回る体制をいつまでも維持するために、必要だったのでしょう。

鎖国の結果、日本にとって一番不幸だったのは、鎖国の二百年の間に西洋で、人類史を大きく変えた産業革命とネーションステート（国民国家）という二大イノベーションが起きてしまったことです。

鎖国が破れたとき

連合王国(イギリス)の経済学者アンガス・マディソンさんが『世界経済史概観』(岩波書店)という本で、「一九九〇年購買力平価国際ドル」を基準に世界のGDPを計算しています。

その表によれば、一七〇〇年、鎖国が完成した頃、日本のGDPは一五三億九〇〇〇万ドル、世界全体が三七一四億二八〇〇万ドルで、日本のシェアは四パーセントを超えていました。

ところが明治維新直後の一八七〇年には、日本は二五三億九三〇〇万ドル、世界が一兆一一〇九億五一〇〇万ドルで、日本のシェアは二パーセント台に落ち込んでいます。

江戸時代の日本も多少は成長していましたが、十八世紀の連合王国から始まった産業革命によって、欧米諸国の成長スピードが桁違いだったので、相対的に日本のシェアが半減してしまったのです。

マディソンさんは、「鎖国政策は安全保障上の考慮によるものであったが、経済成長の可能性に重大な制約となった」と断言しています。

また十八世紀末、連合王国からの独立戦争を戦ったアメリカの市民や、フランス革命でフランス国王を打倒したフランスの市民は、メディアの浸透によって、国家に対して「オレたちの国やで」という国民意識を持つようになりました。国民国家という「想像の共同体」が成立したのです。

彼らは「自分たちの国は自分たちでつくるんや」と、国政や軍隊に積極的に参加するようになります。

こうして成立した近代的な国民国家では、中央政府が全ての税金を一元的に集約し、国軍を一元的に掌握します。産業革命と国民国家が組み合わさることで、強大な国家権力が生まれました。

幕府や各藩がそれぞれ財布を管理して、それぞれ武士を食べさせている体制が敵うはずがありません。

一八五三年、日本にアメリカのペリーがやってきたとき、幕府の老中首座に阿部正弘《あべまさひろ》という開明的な人がいたことはとてもラッキーなことでした。

阿部正弘は、日本が欧米の列強に後れをとっていることを正しく理解していたと思います。

だから阿部正弘が行った「安政の改革」は、明治維新の先駆として、その後の日本の進路に大きな影響を与えました。

アフロ

江戸時代の長崎の出島は特徴的な扇形をしていますが、数度の周囲の変化、とくに1904年に行われた長崎港の改良工事の結果、現在では、扇形の島のかたちは残っていません。

講武所（陸軍の前身）、長崎海軍伝習所（海軍の前身）、蕃書調所（東京大学の前身）などをつくって、開国・富国・強兵というグランドデザインを描いたのです。

下級幕臣の勝海舟や長崎の商人だった高島秋帆など、身分にかかわりなく有為な人材を登用しました。

朝廷や大名、江戸の町の人々の意見を求めて、五箇条の御誓文の「万機公論に決すべし」を地でいっています。近代国家を目指して明治政府が行った政策のひな形のほとんど全てを、阿部正弘が用意したのです。

こうして終わりを迎えた江戸時代は、時代小説などではいまも大人気です。ではその時代に、みなさんは生まれてみたかったと思いますか？　僕の答えは次章で。

57

江戸時代は最低の時代だった？

江戸時代は、トータルで見ると日本の長い歴史のなかでは最低の時代だったと僕は思っています。なぜかといえば、僕は江戸時代に生まれ変わりたくはないし、子どもや孫にも絶対江戸時代に生まれてきてほしくないからです。

人間として生まれた以上は、普通にごはんが食べられて、好きなことにチャレンジができて、人並みに人生を終えることができるというのが幸せの最低条件であり、途中で不意に死ななければならないことほど人生の理不尽はないと思います。

「江戸時代は戦争のない平和な時代だったんやで」と漠然と思っている人が多いと思いますが、データはそれとは別の世界を示しています。

相次ぐ飢饉

江戸時代には、四大飢饉というのが起こっています。

寛永（一六四二～三年）、享保（一七三二～三年）、天明（一七八二～七年）、天保（一八三三～六年）の飢饉です。

これらの飢饉では、飢餓や病死などでそれぞれ数万人から百万人ほど、人口が減少しています。

江戸時代の百万人といえば、当時の総人口三千万にあてはめると、三パーセント前後。現代の約一億三千万人の人口で換算すれば四百万人前後に相当します。

第二次世界大戦で亡くなった人が三百十万人。あの頃の総人口が満洲や朝鮮も含めてほぼ一億人でしたから、三パーセント。つまり第二次世界大戦と同じくらいの割合の人が江戸時代には飢饉で亡くなっていたのです。

四大飢饉より規模の小さいものも頻発しています。江戸時代は地球の気候変動を見ると寒冷な〝小氷期〟が長く続き、しばしば冷害で作物が収穫できない状態が生じていました。

その結果、江戸時代には、確かに戦争はなかったかもしれませんが、庶民は戦国時代以上にたくさん死んでいたのです。

加えて、もうひとつの原因として江戸時代の政治システム上の問題がありました。

江戸幕府は、大名同士の婚姻や交流を厳しく制限していましたね。ということは、例えば熊本で飢饉が起きたときに、隣の鹿児島から自由にお米を運べないのです。勝手にやり取りしたら幕府に叱られます。

飢饉が起きたときはどの国でも外国から食糧を緊急輸入するものですが、鎖国していたためそのルートもありません。

だから江戸時代は、幕府が成立してから人口があまり増えていません。高島正憲さんの『経済成長の日本史』(名古屋大学出版会)で紹介されている数字などを見ると、一六〇〇年、関ヶ原合戦のときは千二百万人ぐらいだった人口が、一七二一年にはだいたい三千万人になり、その後は幕末までゆっくりした成長を続けます。

食糧の問題を別の視点から見ることもできます。江戸時代末期の日本人の男子の平均身長は一五五センチぐらいと、日本の歴史のなかでは一番低くなりました。

これはなぜかといえば、飢饉に加えて、食糧はほとんどお米や雑穀で、牛肉や豚肉などの動物性タンパク質は滅多に摂らなかったということがあげられます。加えて、原則として移住が禁止されていたので、婚姻相手も同村もしくは隣村からがほとんどでした。

日本の貧しさを示すデータ

高島さんの本で紹介されている推計値によれば、日本全国の石高は、一六〇〇年で約三千万石。一七二〇年で約五千万石弱。

ひとりあたりの石高にすると一六〇〇年が一・八石で一七二〇年が一・五六石になっています。

この間の日本の総生産の成長率は〇・五二パーセント、総人口の成長率が〇・五一パーセントと数字が拮抗していて、ひとり当たり総生産の成長率は、一六〇〇年から一七二一年は年率〇・〇一パーセントです。

つまり江戸時代の前期はほとんど成長しない社会でした。

世界のひとりあたりGDP（一九九〇年国際ドル）を見ると、一七〇〇年の連合王国（イギリス）が一五六三ドル、ネーデルラント（オランダ）が二一〇五ドルに対して、日本は六七六ドル。一八〇〇年は連合王国が二〇八〇ドル、ネーデルラントが二六〇九ドル、日本が八二八ドル。連合王国やネーデルラントに比べると日本の低さが目立ちます。二分の一、三分の一というレベルです。ちなみに、二〇一八年のデータ（名目GDP）で見ると、ネーデルラントが五三三二八（米ドル）、連合王国が四二五八〇ドル、日本が三九三〇四ドルとなっています。

だから出島の商館にいたネーデルラントの人たちが、「日本は貧しい国やなぁ」と思っていたであろうことは、数字上明らかです。

それが江戸時代の後半になると伸び出します。

ひとり当たり総生産の成長率が一七二一年から一八〇四年が〇・二五パーセント、一八〇四年から一八四六年が〇・二一パーセントです。これはなぜかといえば、商工業が生まれ始めたということです。

町人の力が強くなって、産業が起こってきたのです。

このデータを見て、「江戸時代後期は産業革命を準備していたんやで」と見る人もいます。ただこれも世界と比べれば、ヨーロッパはもっと成長しています。

ひとり当たりGDPでは、一八五〇年になると、ヨーロッパでは産業革命の成果がもろに出てきて、ネーデルラントが二三五五ドル、連合王国が二九九七ドルとネーデルラントを逆転したのに対し、日本は九〇四ドルです。

データで見たら、「本当に江戸時代は平和でいい時代なのか」と思いたくなりますよね。

とくに、「現代の日本に置き換えたら、四百万人（横浜市の人口以上）規模の人たちが飢饉で亡くなるような大事件が、複数回起こっているんやで」というファクトは、もう少し知られてもいいと思います。

戦乱の中世のほうがまし？

中世にも大飢饉はあり、たくさんの人が亡くなっています。

例えば一四五九～六一年、室町幕府の足利義政の時代に西日本を中心に全国的な大飢饉が起こりました（長禄・寛正《かんしょう》の大飢饉）。飢えた人々が京都に流入し、餓死者は八万人以上に及んだといいます。

こういう危機が生じると貧しい人が生死の境をさまようことは避けられません。

しかし支配の仕組みが江戸時代ほどガッチリしていなかったので、庶民は簡単に他の土地に逃げることができました。飢饉になったときに一番簡単な対策は、逃げることです。

昔は国境がなかったので、人間はみんな、寒くて食べるものがなくなったらその土地から移動したのです。いわゆる五胡十六国やゲルマン民族の大移動がその典型です。

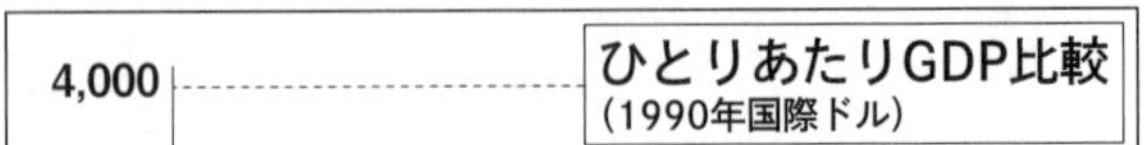

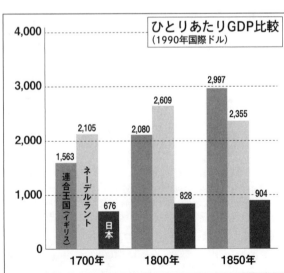

高島正憲『経済成長の日本史』より、棒グラフ化しました。

江戸時代も初期はかなり流動的な社会でしたが、鎖国システムが完成してくると、移動が禁止され、村のなかの連帯責任のシステム上からも、簡単に逃げることができなくなります。職業も居所も固定され、流動性の乏しい社会となりました。秀吉のように諸国を渡り歩いて主人を見つけるような自由がなくなったのです。

政治とは何かといえば、市民に腹いっぱい食べさせて、好きな人生を送らせることが要諦だと僕は思うので、好きな土地に移動が出来ず、死者を多く出し、身長を低くした江戸時代には、高い評価を与えることができないのです。中国の明によく似た江戸時代は、日本の歴史上、最低の時代だったのではないかと考える所以です。

徳川家略系図

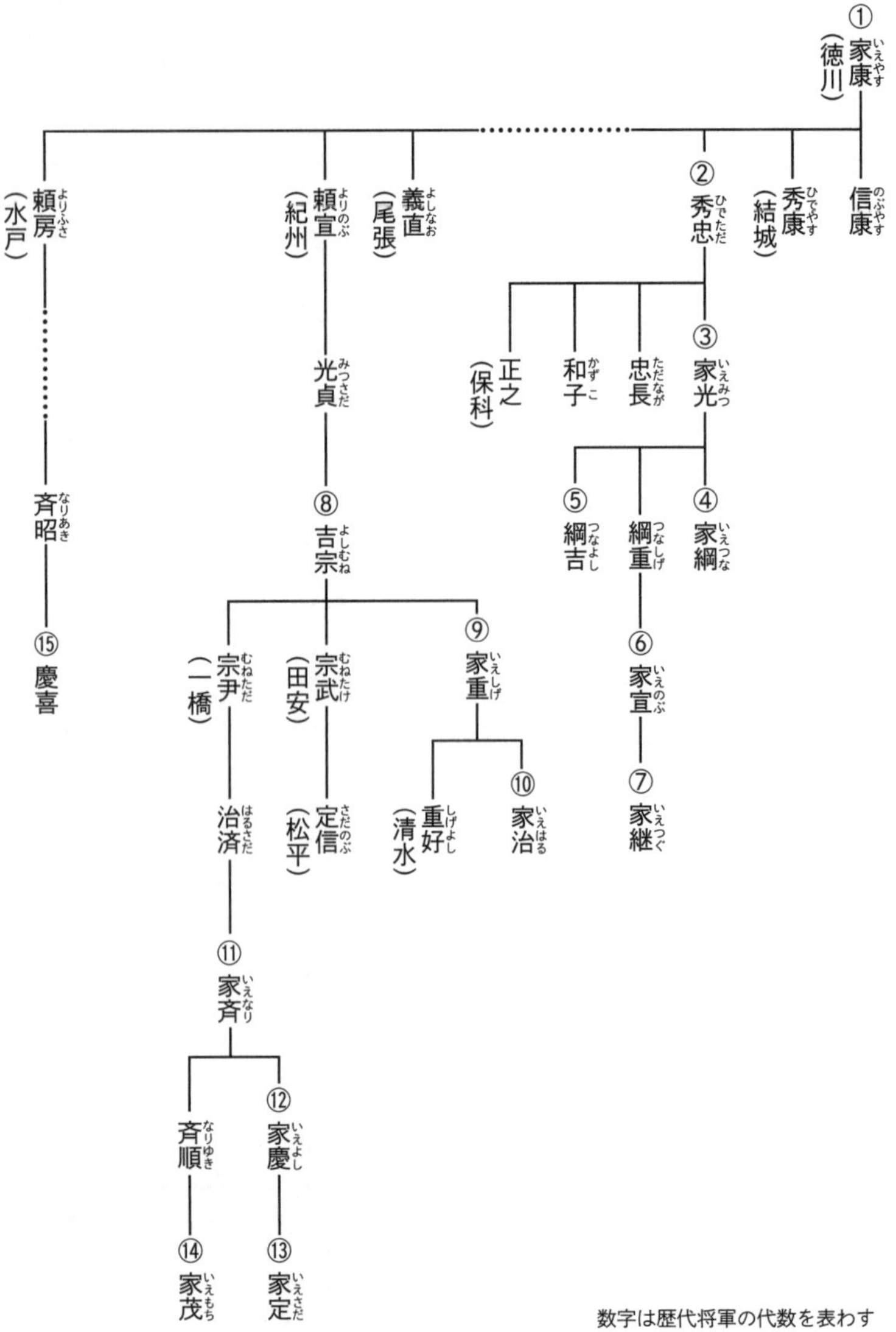

数字は歴代将軍の代数を表わす

＊年表は375ページからの左開きです。

	世界
	●この頃連合王国(イギリス)で産業革命始まる
	●アメリカ独立戦争(～1783年)
	●アメリカ独立宣言
	●アメリカが合衆国憲法を採択
	●フランス革命(～1799年)
	●フランスでルイ十六世処刑
	●ナポレオン・ボナパルト、フランス皇帝に即位
	●連合王国でヴィクトリア女王即位
	●アヘン戦争(～1842年)、連合王国が清に大勝
	●クリミア戦争(～1856年)
	●アロー戦争(第二次アヘン戦争、～1860年)
	●インド大反乱(第一次インド独立戦争、～1859年)

《戦国・江戸篇◉年表》

	年号	日本
江戸時代	1760年	●家治、十代将軍に
	1772年	●明和の大火
	1774年	●杉田玄白ら『解体新書』翻訳、出版
	1775年	
	1776年	
	1782年	●天明の飢饉（～1787年）
	1787年	●家斉、十一代将軍に。天明の打ちこわし、寛政の改革（～1793年）
	1789年	●尊号一件
	1791年	●異国船取扱令制定
	1793年	
	1804年	●この頃化政文化が花開く
	1806年	●文化の大火
	1808年	●フェートン号事件
	1825年	●異国船打払令制定
	1828年	●シーボルト事件
	1833年	●天保の大飢饉（～1836年）
	1837年	●家慶、十二代将軍に。モリソン号事件。大塩平八郎の乱
	1839年	●蛮社の獄
	1840年	
	1841年	●大御所家斉死去、天保の改革
	1842年	●異国船打払令撤回、薪水給与令制定
	1853年	●家定、十三代将軍に。ペリー来航
	1854年	●日米和親条約締結。安政の改革
	1856年	●タウンゼント・ハリス総領事来日
	1857年	
	1858年	●家茂、十四代将軍に。安政の大獄（～1859年）。日米修好通商条約締結
	1860年	●桜田門外の変
	1862年	●坂下門外の変、生麦事件、寺田屋騒動
	1863年	●七卿落ち、薩英戦争
	1864年	●天狗党の乱、池田屋事件、禁門の変（蛤御門の変）、第一次長州征伐
	1866年	●薩長同盟、第二次長州征伐、武州世直し一揆、慶喜、十五代将軍に
	1867年	●大政奉還。ええじゃないか騒動

＊年表は375ページからの左開きです。

	世界
	●アンボイナ事件
	●中国で清建国
	●イングランドとスコットランドが合同して連合王国（イギリス）となる

《戦国・江戸篇●年表》

	年号	日本
	1597年	●慶長の役（～1598年）
	1598年	●秀吉死去
	1600年	●関ヶ原の戦い
江戸時代	1603年	●徳川家康、征夷大将軍に。江戸幕府成立
	1605年	●秀忠、二代将軍に
	1608年	●慶長貨幣法制定（～1609年）
	1609年	●島津氏、琉球侵攻
	1613年	●伊達政宗、支倉常長ら慶長遣欧使節団派遣（～1620年）
	1614年	●禁教令（キリスト教禁止令）全国に公布。大坂冬の陣
	1615年	●大坂夏の陣、豊臣氏滅亡。武家諸法度、禁中並公家諸法度制定
	1616年	●家康死去、神号事件
	1622年	●元和の大殉教
	1623年	●家光、三代将軍に
	1627年	●紫衣事件
	1629年	●隠れキリシタン対策に踏み絵導入
	1633年	●第一次鎖国令
	1634年	●第二次鎖国令
	1635年	●武家諸法度改正、参勤交代の義務化など。第三次鎖国令
	1636年	●寛永通宝発行、第四次鎖国令
	1637年	●島原天草一揆（島原の乱）
	1639年	●第五次鎖国令
	1642年	●寛永の大飢饉（～1643年）
	1651年	●家綱、四代将軍に。武断政治から文治政治へ。慶安事件
	1657年	●明暦の大火（振袖火事）
	1663年	●武家諸法度改正、殉死の禁止など
	1665年	●諸宗寺院法度制定
	1671年	●宗門人別改帳作成
	1680年	●綱吉、五代将軍に。綱吉統治下で元禄文化が花開く。儒学隆盛
	1683年	●武家諸法度改正、末期養子の禁の緩和など
	1685年	●生類憐みの令（～1709年）
	1695年	●元禄の改鋳
	1707年	
	1709年	●家宣、六代将軍に
	1710年	●武家諸法度改正、和漢混交文を和文に統一
	1713年	●家継、七代将軍に
	1716年	●吉宗、八代将軍に。享保の改革。蘭学興隆
	1717年	●武家諸法度改正、和文から漢文に戻すなど全面的な差し戻し
	1722年	●定免法制定、年貢の税率を定量化
	1730年	●堂島米会所（大坂米会所）開設、幕府公認に
	1732年	●享保の大飢饉（～1733年）
	1733年	●享保の打ちこわし
	1742年	●公事方御定書制定
	1745年	●家重、九代将軍に

	世　界
	●中国で明建国
	●琉球王国誕生
	●東ローマ帝国滅亡
	●コロン、新大陸到達
	●ヴァスコ・ダ・ガマ、インド到達
	●朝鮮で三浦の乱起こる
	●ルター、『九十五か条の論題』発表
	●マゼラン、世界一周へ出航
	●イングランドで国王至上法成立。イエズス会設立
	●ペルーでポトシ銀山発見

《戦国・江戸篇◉年表》

	年号	日本
室町時代	1368年	
	1399年	●応永の乱(大内義弘対足利義満)
	1429年	
	1443年	●嘉吉条約締結、朝鮮との交易開始
	1453年	
	1492年	
	1493年	●細川政権成立
	1498年	
	1510年	
	1517年	
	1519年	
	1533年	●石見銀山で灰吹法導入、銀産出量増大
	1534年	
	1543年	●種子島に鉄砲伝来
	1545年	
	1549年	●フランシスコ・ザビエル来日。三好政権成立
	1555年	●厳島の戦い
	1560年	●桶狭間の戦い
	1563年	●ルイス・フロイス来日
	1565年	●永禄の変(三好三人衆、足利義輝を殺害)
	1567年	●稲葉山城の戦い
	1568年	●織田信長、上洛。足利義昭を十五代将軍に擁立。近世の始まり
	1569年	●信長、永禄貨幣法制定
	1570年	●元亀の争乱。伊勢長島一向一揆(〜1574年)。長崎開港
	1571年	●信長、比叡山焼き討ち
	1572年	●三方ヶ原の戦い
	1573年	●信長、将軍足利義昭を京都から追放。室町幕府滅亡
織豊時代	1575年	●長篠の戦い
	1576年	●安土城築城開始(1579年、天主完成)
	1578年	●耳川の戦い
	1582年	●天正遣欧使節派遣。本能寺の変、信長死去。太閤検地(〜1598年)
	1583年	●賤ヶ岳の戦い
	1584年	●小牧・長久手の戦い
	1585年	●藤原(羽柴)秀吉、関白に。四国平定
	1586年	●秀吉、豊臣姓となり太政大臣に
	1587年	●秀吉、九州平定。バテレン追放令。天正通宝発行
	1588年	●秀吉、刀狩令発令。天正大判発行
	1590年	●秀吉、小田原征伐、天下一統
	1592年	●文禄の役(〜1593年)
	1595年	●御掟制定
	1596年	●サン・フェリペ号漂着、二十六聖人殉教事件

アーネスト・サトウ、坂田精一訳
『一外交官の見た明治維新（下）』（岩波文庫　1960）
青木美智男他編『一揆2』『一揆4』（東京大学出版会　1981）
青山忠正『明治維新』（吉川弘文館　2012）
朝尾直弘『将軍権力の創出』（岩波書店　1994）
天野忠幸『松永久秀と下剋上』（平凡社　2018）
天野忠幸『三好一族と織田信長』（戎光祥出版　2016）
新井白石『折りたく柴の記』（桑原武夫訳　中公クラシックス　2004）
アンガス・マディソン、政治経済研究所監訳
『世界経済史概観』（岩波書店　2015）
井伊直弼『茶湯一会集・閑夜茶話』（岩波文庫　2010）
家近良樹『江戸幕府崩壊』（講談社学術文庫　2014）
家近良樹『徳川慶喜』（吉川弘文館　2004）
池上裕子『織豊政権と江戸幕府』（講談社学術文庫　2009）
池田嘉郎『ロシア革命』（岩波新書　2017）
磯崎康彦『松平定信の生涯と芸術』（ゆまに書房　2010）
伊藤忠士『「ええじゃないか」と近世社会』（校倉書房　1995）
井上裕正『林則徐』（白帝社　1994）
井上勝生『開国と幕末変革』（講談社学術文庫　2009）
揖斐高『江戸幕府と儒学者』（中公新書　2014）
上田信『海と帝国』（講談社　2005）
宇神幸男『シリーズ藩物語　宇和島藩』（現代書館　2011）
大石慎三郎『江戸時代』（中公新書　1977）
大石慎三郎『田沼意次の時代』（岩波現代文庫　2001）
大石学『大岡忠相』（吉川弘文館　2006）
大石学『新選組』（中公新書　2004）
大石学『日本史リブレット　徳川吉宗』（山川出版社　2012）
大石学他編『現代語訳徳川実紀　家康公伝1』（吉川弘文館　2010）
太田牛一、榊山潤訳
『現代語訳　信長公記（全）』（ちくま学芸文庫　2017）
大谷敏夫『魏源と林則徐』（山川出版社　2015）
大塚英樹
「江戸時代における改鋳の歴史とその評価」（金融研究　1999.9）
大戸安弘・八鍬友広編
『識字と学びの社会史（オンデマンド版）』（思文閣出版　2016）
大野瑞男『江戸幕府財政史論』（吉川弘文館　1996）
大橋幸泰『検証　島原天草一揆』（吉川弘文館　2008）
岡村青『シリーズ藩物語　水戸藩』（現代書館　2012）
岡本隆司『「中国」の形成』（岩波新書　2020）
小倉貞男『朱印船時代の日本人』（中公新書　1989）
小和田哲男『駿府の大御所　徳川家康』（静新新書　2007）
小和田哲男『秀吉の天下統一戦争』（吉川弘文館　2006）
笠谷和比古『関ヶ原合戦』（講談社学術文庫　2008）
笠谷和比古『徳川家康』（ミネルヴァ書房　2016）
笠谷和比古『徳川吉宗』（ちくま新書　1995）
加藤祐三『幕末外交と開国』（講談社学術文庫　2012）
金子拓『織田信長　〈天下人〉の実像』（講談社現代新書　2014）
川副義敦『シリーズ藩物語　佐賀藩』（現代書館　2010）
神田千里『織田信長』（ちくま新書　2014）
神田千里『島原の乱』（講談社学術文庫　2018）

菅野覚明他訳『新校訂　全訳注　葉隠』（講談社学術文庫　2017）
北島万次『日本史リブレット　秀吉の朝鮮侵略』（山川出版社　2002）
鬼頭宏『文明としての江戸システム』（講談社学術文庫　2010）
久住真也『王政復古』（講談社現代新書　2018）
黒木喬『江戸の火事』（同成社　1999）
黒田明伸『貨幣システムの世界史　増補新版』（岩波書店　2014）
桑田忠親『茶道の歴史』（講談社学術文庫　1979）
桑田忠親『千利休』（小和田哲男監修、宮帯出版社　2011）
呉座勇一『一揆の原理』（ちくま学芸文庫　2015）
呉座勇一『陰謀の日本中世史』（角川新書　2018）
小西四郎『開国と攘夷』（中公文庫　1974）
五野井隆史『島原の乱とキリシタン』（吉川弘文館　2014）
斎藤成也『日本列島人の歴史』（岩波ジュニア新書　2015）
佐伯弘次
『日本史リブレット　対馬と海峡の中世史』（山川出版社　2008）
佐藤昌介『高野長英』（岩波新書　1997）
塩川伸明『民族とネイション』（岩波新書　2008）
篠田達明『徳川将軍家十五代のカルテ』（新潮新書　2005）
ジョナサン・スウィフト、山田蘭訳『ガリバー旅行記』（角川文庫　2011）
鈴木健一『林羅山』（ミネルヴァ書房　2012）
須田努『幕末の世直し　万人の戦争状態』（吉川弘文館　2010）
角知行「日本の就学率は世界一だったのか」
（『天理大学人権問題研究室紀要』　2014）
杣田善雄『将軍権力の確立』（吉川弘文館　2012）
高木久史『撰銭とビタ一文の戦国史』（平凡社　2018）
高木久史『通貨の日本史』（中公新書　2016）
高澤憲治『松平定信』（吉川弘文館　2012）
高島正憲『経済成長の日本史　古代から近世の超長期GDP推計
730−1874』（名古屋大学出版会　2017）
高瀬弘一郎『キリシタンの世紀』（岩波オンデマンドブックス　2015）
高槻泰郎『大坂堂島米市場』（講談社現代新書　2018）
高埜利彦『天下泰平の時代』（岩波新書　2015）
武部善人『太宰春台』（吉川弘文館　1997）
田中健夫『倭寇』（講談社学術文庫　2012）
谷川稔『国民国家とナショナリズム』（山川出版社　1999）
谷口克広『信長の天下布武への道』（吉川弘文館　2006）
壇上寛『陸海の交錯』（岩波新書　2020）
圭室文雄編『天海・崇伝』（吉川弘文館　2004）
塚本学『生類をめぐる政治』（平凡社ライブラリー　1993）
辻善之助『日本仏教史研究　第三巻』（岩波書店　1984）
辻達也『徳川吉宗』（吉川弘文館　1958）
辻ミチ子『和宮』（ミネルヴァ書房　2008）
鶴田啓『日本史リブレット　対馬からみた日朝関係』（山川出版社　2006）
デイヴィド・ヴィンセント、北本正章監訳
『マス・リテラシーの時代』（新曜社　2011）
土居良三『開国への布石』（未來社　2000）
東野治之『貨幣の日本史』（朝日選書　1997）
徳善義和『マルティン・ルター』（岩波新書　2012）
中野等『戦争の日本史16　文禄・慶長の役』（吉川弘文館　2008）
新渡戸稲造、矢内原忠雄訳『武士道』（岩波文庫　1938）

日本史史料研究会編『戦国僧侶列伝』（星海社新書　2018）
根崎光男『生類憐みの世界』（同成社　2006）
野村玄『徳川家光』（ミネルヴァ書房　2013）
長谷川貴彦『産業革命』（山川出版社　2012）
秦新二『文政十一年のスパイ合戦』（文春文庫　1996）
原田実『江戸しぐさの正体』（星海社新書　2014）
半藤一利・出口治明『明治維新とは何だったのか』（祥伝社　2018）
平松義郎『江戸の罪と罰』（平凡社選書　1988）
深井雅海『綱吉と吉宗』（吉川弘文館　2012）
福島克彦『畿内・近国の戦国合戦』（吉川弘文館　2009）
福田千鶴『徳川秀忠』（新人物往来社　2011）
福田千鶴『日本史リブレット人　徳川綱吉』（山川出版社　2010）
藤井讓治『江戸開幕』（講談社学術文庫　2016）
藤井讓治『戦国乱世から太平の世へ』（岩波新書　2015）
藤井讓治
『岩波講座　日本歴史　第10巻　近世1』（岩波書店　2014）
藤木久志『刀狩り』（岩波新書　2005）
藤田覚『勘定奉行の江戸時代』（ちくま新書　2018）
藤田覚『近世の三大改革』（山川出版社　2002）
藤田覚『田沼意次』（ミネルヴァ書房　2007）
藤田覚『田沼時代』（吉川弘文館　2012）
藤田覚『遠山景元』（山川出版社　2009）
藤田覚『幕末から維新へ』（岩波新書　2015）
藤田覚『幕末の天皇』（講談社学術文庫　2013）
藤田覚『松平定信』（中公新書　1993）
藤田覚『水野忠邦』（東洋経済新報社　1994）
藤田達生『天下統一』（中公新書　2014）
藤田恒春『豊臣秀次』（吉川弘文館　2015）
麓慎一『開国と条約締結』（吉川弘文館　2014）
フロイス著、松田毅一・川崎桃太訳
『完訳フロイス日本史』（中公文庫　2000）
ベネディクト・アンダーソン、白石隆・白石さや訳
『定本　想像の共同体』（書籍工房早山　2007）
保谷徹『幕末日本と対外戦争の危機』（吉川弘文館　2010）
保坂智『百姓一揆と義民の研究』（吉川弘文館　2006）
保坂智『百姓一揆とその作法』（吉川弘文館　2002）
星野博美『みんな彗星を見ていた』（文春文庫　2018）
堀新『天下統一から鎖国へ』（吉川弘文館　2010）
堀勇雄『林羅山』（吉川弘文館　1964）
堀越祐一『豊臣政権の権力構造』（吉川弘文館　2016）
松井洋子『ケンペルとシーボルト』（山川出版社　2010）
松岡英夫『鳥居耀蔵』（中公文庫　2010）
松尾龍之介『踏み絵とガリバー』（弦書房　2018）
水本邦彦『徳川の国家デザイン』（小学館　2008）
南塚信吾『「連動」する世界史』（岩波書店　2018）
宮城スサナ
「16世紀ペルー総督府の最初の日本人移民」
（都留文科大学研究紀要第85集　2017）
宮崎克則『逃げる百姓、追う大名』（中公新書　2002）
宮崎ふみ子「動乱の中の信仰」
（井上勲編『開国と幕末の動乱』吉川弘文館　2004）

宮崎道生『新井白石』（吉川弘文館　1989）
村井淳志『勘定奉行 荻原重秀の生涯』（集英社新書　2007）
村井章介『中世倭人伝』（岩波新書　1993）
村井章介『分裂から天下統一へ』（岩波新書　2016）
村井康彦『千利休』（講談社学術文庫　2004）
村上隆『金・銀・銅の日本史』（岩波新書　2007）
母利美和『井伊直弼』（吉川弘文館　2006）
守屋毅『元禄文化』（講談社学術文庫　2011）
森良和『リーフデ号の人びと』（学文社　2014）
山口啓二『鎖国と開国』（岩波現代文庫　2006）
山田邦明『戦国の活力』（小学館　2008）
山本英二
『日本史リブレット　慶安の触書は出されたか』（山川出版社　2002）
横田冬彦『天下泰平』（講談社学術文庫　2009）
横山伊徳『開国前夜の世界』（吉川弘文館　2013）
リチャード・ルビンジャー、川村肇訳
『日本人のリテラシー』（柏書房　2008）
ルシオ・デ・ソウザ、岡美穂子
『大航海時代の日本人奴隷』（中公叢書　2017）
若桑みどり
『クアトロ・ラガッツィ――天正少年使節と世界帝国』
（集英社文庫　2008）
渡辺尚志『百姓の主張』（柏書房　2009）
和辻哲郎『鎖国（上下）』（岩波文庫　1982）
HUYNH・TRONG・HIEN
「環シナ海における近世日越関係史の研究」（広島大学大学院　2014）
M・C・ペリー、宮崎壽子監訳
『ペリー提督日本遠征記　上』（角川ソフィア文庫　2014）
R.P.ドーア、松居弘道訳
『江戸時代の教育』（岩波書店　1970）
T・S・アシュトン、中川敬一郎訳『産業革命』（岩波文庫　1973）
出口治明『座右の書「貞観政要」』（KADOKAWA　2017）
出口治明『仕事に効く教養としての「世界史」Ⅰ』（祥伝社　2014）
出口治明『仕事に効く教養としての「世界史」Ⅱ』（祥伝社　2016）
出口治明『人類5000年史Ⅰ』（ちくま新書　2017）
出口治明『人類5000年史Ⅱ』（ちくま新書　2018）
出口治明『人類5000年史Ⅲ』（ちくま新書　2020）
出口治明『全世界史（上）』（新潮文庫　2018）
出口治明『全世界史（下）』（新潮文庫　2018）

初出　「週刊文春」2018年11月8日号〜2020年1月23日号

写　真　石川啓次（帯）
アフロ
PhotoAC
文藝春秋写真資料室
装　丁　征矢武
構　成　神長倉伸義
DTP　M&K
図版協力　大竹崇文
編集協力　川口貴子

出口治明（でぐち はるあき）

立命館アジア太平洋大学（APU）学長、ライフネット生命創業者。1948年三重県生まれ。京都大学法学部卒業後、72年日本生命に入社。企画部、財務企画部にて経営企画を担当、ロンドン現地法人社長、国際業務部長などを経て、同社を退職。2006年ネットライフ企画（2年後、ライフネット生命に変更）を設立、代表取締役社長に就任。12年に上場。13年より代表取締役会長。17年退任、18年よりAPU学長に就任した。著書に『生命保険入門 新版』（岩波書店）、『世界史の10人』（文春文庫）、『仕事に効く 教養としての「世界史」』（Ⅰ・Ⅱ、祥伝社）、『人生を面白くする 本物の教養』（幻冬舎新書）、『哲学と宗教全史』（ダイヤモンド社）、『全世界史』（上下、新潮文庫）、『人類5000年史』（Ⅰ〜Ⅲ、ちくま新書）など多数。

0《ぜろ》から学《まな》ぶ「日本史《にほんし》」講義《こうぎ》

戦国《せんごく》・江戸篇《えどへん》

2020年10月15日　第1刷

著者

出口治明《でぐちはるあき》

発行者

島田 真

発行所

株式会社 文藝春秋

〒102-8008　東京都千代田区紀尾井町3-23

電話　03-3265-1211（代表）

印刷所

凸版印刷

製本所

加藤製本

ISBN978-4-16-391272-1

教養の達人が読み解く
世界史の中の「日本史」!

0《ゼロ》から学ぶ「日本史」講義

出口治明
Haruaki Deguchi
立命館アジア太平洋大学 学長